HAYMON verlag

Uge

❀ ULRIKE LUISE ❀
WEISSENSTEINER

Wer Geld und keine Kinder hat,
der ist nicht wirklich reich.
Wer Kinder und kein Geld hat,
der ist nicht wirklich arm.
(chinesisches Sprichwort)

Inhalt

Vorwort

In 35 Jahren ärztlicher Tätigkeit, vor allem als Land- und Hausarzt, habe ich eine Beobachtung gemacht: Im Vergleich zu früher hat sich unsere Beziehung einerseits zum Tod, andererseits zum Prozess des Sterbens von alten und ältesten, kranken oder nur betagten Menschen deutlich verändert. Für unsere Gesellschaft scheint das Sterben-Müssen heute eine inakzeptable Bedrohung darzustellen, für die Medizin ist es zum zentralen Interessenspunkt geworden. Unter anderem wohl auch deshalb, weil die Medizinindustrie sowohl das Alter selbst als auch den letztlich unabwendbaren Tod des Menschen als eigene Krankheit erkannt hat, die mit allen Mitteln des modernen Medizinbetriebes bekämpft wird. Geld spielt dabei, so wird uns von Seiten der Politik ständig versichert, keine Rolle.

Und während das Alter, das Sterben, der Tod immer mehr an Aufmerksamkeit und an finanziellen Mitteln erhalten, verschwinden andererseits, von der öffentlichen Wahrnehmung weitgehend unbemerkt, herumtollende, lebendige und lärmende Kinder nicht nur aus dem Straßenbild unserer Ortschaften, sondern auch aus dem Selbstverständnis einer ganzen Gesellschaft. So wie die alten Menschen in Pflege- und Altersheimen, geriatrischen Stationen, Hospizen und anderen Einrichtungen versorgt werden, sammelt die moderne Wohlstandsgesellschaft ihre wenigen Nachkommen – oft schon Monate nach der Geburt – in Krippen, Horten, Kindergärten, Ganztagsschulen und anderen Betreuungseinrichtungen. Hauptsache, niemand stört den öffentlichen Spaß, die vermeintliche Lust am Leben und eine schon verdächtig egozentrierte allgemeine Selbstverwirklichung. Und auch hier sagt die Politik als offizielle Vertreterin des Zeitgeistes, dass Geld keine Rolle spielen darf.

Als Arzt erlebe ich immer mehr verzweifelte Eltern, die sowohl mit ihrem eigenen Leben als auch mit ihren Kindern nicht mehr zurechtkommen. Überforderung und Stress sind selbstverständliche und nur wenig hinterfragte Lebensbegleiter für Eltern wie für Kinder geworden. Und immer mehr Frauen zerbrechen im Spannungsfeld von emanzipatorischem Ideal und gelebter Wirklichkeit, während verunsicherte junge Männer nach einer neuen Identität, einem zeitgemäßen Rollenbild suchen. Jeder zehnte Österreicher ist depressiv, jeder vierte Österreicher leidet oder litt an einem Burnout-Syndrom. In meinem medizinischen Alltag bin ich weit häufiger mit unerfülltem Kinderwunsch und sexuellem Desinteresse konfrontiert als mit tödlichen Verkehrsunfällen auf der Straße.

Und während Prellungen, Zerrungen, Schnitt- und Schürfwunden bei Kindern und Jugendlichen im Laufe der vergangenen 30 Jahre weitgehend aus dem landärztlichen Alltag verschwunden sind, leiden meine jungen Patienten immer öfter unter psychischen Problemen wie Konzentrations- und Bewegungsstörungen, kindlichem Burnout-Syndrom, Überforderung, Mobbing im Kindergarten und der Schule, ungerichteten Aggressionen und Selbstverletzungen, ADHS und Suchterkrankungen. Für die Behandlung dieser Erkrankungen wird auch laufend mehr Geld gefordert.

Trotz verminderter Klassenschülerzahlen, eines deutlich vermehrten pädagogischen Aufgebots und noch nie da gewesener Kosten für das Schulsystem verlassen immer mehr Jugendliche die Schule als lebensuntüchtige Teilanalphabeten. Zunehmende Jugendarbeitslosigkeit und mangelnde Perspektiven auf persönliches Glück und Erfüllung im Leben lassen junge Menschen schon früh in ihrem Leben zu chronisch kranken Patienten werden.

Nach menschlich intensiven Arbeitstagen in meiner Praxis, an denen ich mit Patienten vom Kindes- bis zum Greisenalter über unterschiedlichste Probleme, Krankheiten, Behandlungen und Medikamente gesprochen habe, geht mir oft die – zugegebenermaßen provokante – Frage durch den Kopf, ob wir die finanziellen Mittel, die uns zur Verfügung stehen, nicht falsch einsetzen. Ob wir nicht, im Sinne des Fortbestandes unserer Gesellschaft, einen Teil der Millionen, die wir ausgeben, um das Leben von schwerkranken Menschen um ein paar Tage oder Wochen zu verlängern, besser in den Erhalt familiärer Strukturen und in die Entwicklung unserer Kinder investieren sollten. Denn letztlich steht fest: Ohne lebensfähigen Nachwuchs würde das natürliche Experiment Menschheit ein – ebenso natürliches – Ende finden.

Vor zwei Jahren habe ich mich im Buch „Sterben. Zwischen Würde und Geschäft" mit dem eigenartigen Bild vom Sterben und vom Tod, das sich in unserer Gesellschaft wie auch in unserer heutigen Medizin durchgesetzt hat, auseinandergesetzt. Dabei ist mir bewusst geworden, dass die Kinderarmut unserer Zeit einen wesentlichen Anteil am „nicht mehr sterben Können" und am „nicht loslassen Können" hat. Sozusagen als Gegenpol dazu will ich in diesem Buch nun das Thema Kindheit in den Mittelpunkt rücken.

Im ersten Teil werde ich mich mit den allgemeinen Gründen beschäftigen, die dazu führen, dass unsere Gesellschaft definitiv zu wenig Nachwuchs zur Welt bringt, um als solche überleben zu können. Im zweiten Teil geht es darum, wie diese, unsere Gesellschaft mit ihren wenigen Kindern umgeht – also um konkrete Fragen der medizinischen Überversorgung und deren Folgen, der Erziehung, der veränderten familiären Verhältnisse und des Schulsystems.

Die Arbeit an diesem Buch war eine intensive und bereichernde Erfahrung, mit unzähligen Stunden an interessanten Recherchen, inspirierenden Gesprächen und ernüchternden Überlegungen. Sie hat mir angesichts der Nachlässigkeit, Unvernunft und des individuellen Egoismus, den wir gerade dort an den Tag legen, wo es um unseren Nachwuchs geht, Phasen des Erstaunens, aber auch des Erschreckens und der Fassungslosigkeit beschert.

Gleichzeitig habe ich während dieser Recherche auch Momente der Freude und Dankbarkeit erlebt, denn nicht zuletzt war dieses Buch für mich als Vater von drei mittlerweile bereits mehr oder weniger erwachsenen Kindern eine Art Reise in die eigene erzieherische Vergangenheit. Ich hoffe, dass für Sie als Leserin oder Leser dieses Buches auf den folgenden Seiten beides spürbar sein wird: der kritische Geist ebenso wie der väterliche, die nüchterne Bestandsaufnahme unserer Gegenwart ebenso wie die Hoffnung auf zukünftige Vernunft.

Teil 1:
Unsere sterbende Wohlstands-
gesellschaft

Die Geschichte zeigt: Je wohlhabender eine Gesellschaft wird, umso weniger Nachkommen bringt sie zur
Welt. Eine Fortpflanzungsrate von 1,4 Kindern pro Frau
reicht – ohne Zuwanderung – nicht aus, die Bevölkerungszahl eines Landes konstant zu halten. Dabei
verwendet unsere Gesellschaft einen ungleich höheren
Anteil ihrer finanziellen Ressourcen, um das Sterben
von alten und kranken Menschen zu verhindern und
hinauszuschieben, als dass sie Kinder und deren Wohlergehen fördern würde.

Lebensgrundlage Kindheit

Wissenschaftliche Untersuchungen zeigen – und die persönliche Erfahrung jedes einzelnen älteren Lesers wird das bestätigen –, dass die ersten 18 Lebensjahre subjektiv als ebenso lang empfunden werden wie der gesamte Rest des späteren Lebens. In der ersten Klasse Volksschule erscheinen Hauptschule oder Gymnasium fast unerreichbar weit entfernt zu sein. Und ich erinnere mich noch sehr gut an die ersten Jahre im Gymnasium, als das Ziel der Matura nicht und nicht näher kommen wollte. Ich dachte, dass eher mein Leben vergehen würde, als dass ich je die Reifeprüfung ablegen würde können – vielleicht lag das auch daran, dass ich ein schlechter Schüler war. Wenn ich heute an meine damaligen Gedanken und die unendliche Langsamkeit zurückdenke, mit der die Zeit damals verstrichen ist, dann denke ich mir oft: Es wäre schön, das Wissen des gereiften Menschen mit dem langsamen Zeitempfinden eines Kindes kombinieren zu können.

Man sagt, dass alte Menschen oft in der Vergangenheit leben. Und meine medizinische Erfahrung bestätigt, dass demente Patienten, sofern sie noch ein Erinnerungsvermögen haben, sich am ehesten in ihrer Kindheit und Jugend zurechtfinden. So kann es durchaus vorkommen, dass ein 87-jähriger Patient nicht mehr weiß, wo er sich befindet und welches Datum geschrieben wird, er sich aber genau an ein Geschenk zu seinem sechsten Geburtstag erinnern kann. Der Schenker z.B. eines hölzernen blauen Autos ist zwar längst verstorben, das Spielzeug längst verschwunden, aber das Erlebnis war offensichtlich so intensiv, dass es selbst im schwerkranken, längst nicht mehr richtig funktionierenden Gehirn immer noch präsent ist. Und doch hat ein Vater in den 1920er Jahren das Spielzeugauto seinem Sohn lediglich zum sechsten Geburtstag geschenkt und nicht zur späteren Erinnerung im 87. Lebensjahr.

Dieses Beispiel zeigt zum einen, wie wichtig die Kindheitsereignisse für ein ganzes Leben bleiben. Zum anderen aber auch, wie wenig erwachsene Menschen an die Langzeitfolgen ihrer Handlungen gegenüber kleinen Kindern denken. So staunen Eltern bei Konflikten mit ihrem pubertierenden Nachwuchs oft nicht schlecht, welch ungeheuer detaillierte Erinnerung Jugendliche an ihre Kindheit haben und wie präzise sie ihren Eltern bestimmte Ereignisse und Aussagen auch viele Jahre später noch vorhalten können. Und jeder erwachsene Mensch entdeckt in seiner persönlichen Lebenserinnerung immer wieder wegweisende und einschneidende Momente in seiner Kindheit, deren Bedeutung für das spätere Leben zum damaligen Zeitpunkt nicht absehbar war.

Welche Bedeutung die erste Lebensphase eines Menschen hat, erkennt man auch, wenn man die Entwicklung von Gehirn und Nervensystem betrachtet. Zum Zeitpunkt der Geburt ist zwar der Großteil der ca. 100 Milliarden Nervenfasern im Gehirn angelegt, die Verknüpfung untereinander, die Reifung der Nervenscheiden und die Herstellung der Funktionsfähigkeit zu einem vollwertigen menschlichen Gehirn finden aber großteils erst in den nächsten zwei bis drei Jahren statt. Dabei enthält das Gehirn eines zweijährigen Kindes ebenso viele Synapsen (also Verknüpfungen von zwei oder mehreren Nervenzellen) wie das eines Erwachsenen. Der Höhepunkt der Vernetzung von Nervenfasern wird im dritten Lebensjahr erreicht, zu diesem Zeitpunkt ist die Zahl der Synapsen ca. doppelt so hoch wie später beim erwachsenen Menschen. Während bei einem Neugeborenen noch die angeborenen Reflexe für die Stillung von grundlegenden Bedürfnissen verantwortlich sind, entwickeln sich Nervensystem und Gehirn bis zum Alter von ca. zwei Jahren so weit, dass das

Kind menschliche Bedürfnisse bewusst und gezielt wahrnehmen und artikulieren oder in die Tat umsetzen kann.

Das bedeutet, dass das Gehirn eines Säuglings und Kleinkindes enormen Veränderungen unterliegt, während das Erwachsenengehirn sich anatomisch-physiologisch kaum noch verändert. Während der ersten zwei bis drei Lebensjahre finden also kontinuierlich und sukzessiv die Vernetzung von Nervenfasern, ihre Reifung und die Ausbildung jenes Nervensystems statt, das die Gattung Mensch so einzigartig macht.

Ein besonderes Kennzeichen des neuen menschlichen Lebens (sowohl im Mutterleib als auch in den ersten Jahren nach der Geburt) ist eine sehr hohe Zellteilungsrate, nicht nur in Bezug auf Gehirn und Nervenzellen, sondern in Bezug auf den gesamten menschlichen Körper. Diese häufige Zellteilung ist die Grundlage für das körperlich-organische Wachstum und die kontinuierliche psychische Reifung, bedeutet auf der anderen Seite aber auch eine hohe Anfälligkeit für Störungen und Missbildungen sowohl im körperlichen als aber auch im psychischen Bereich. Schon längst wissen wir, dass erste und frühe, ja selbst intrauterine Prägungen ein ganzes Leben lang Grundlage und Fundament für die weitere psychische Entwicklung bilden.

Besondere Bedeutung kommt dabei wiederum den Nervenzellen zu. Die Nervenzellen des heranwachsenden Fötus reagieren aufgrund ihrer hohen Teilungsrate besonders empfindlich auf Schädigungen. Neurotoxisch, also giftig für Nervenzellen, wirken insbesondere der Genuss von Alkohol, die unkontrollierte Einnahme von Schmerzmitteln und anderen Medikamenten sowie das Rauchen von Tabakprodukten.

Wenn man also davon ausgeht, dass sein hochentwickeltes Gehirn das Besondere am Menschen darstellt und ihn letztlich vom Tier unterscheidet, gewinnt die Tatsache, dass es sich bereits beim Embryo (Entwicklung der Leibesfrucht bis zur neunten Schwangerschaftswoche) und später beim Fötus (Embryo nach der Ausbildung der inneren Organe ab der neunten Schwangerschaftswoche bis zur Geburt) im Mutterleib entwickelt und Informationen aufnimmt, wesentlich an Bedeutung. In diesen ersten Lebenstagen, -wochen und -monaten fällt die rasante Entwicklung des Gehirns mit den ersten Wahrnehmungen und Erfahrungen zusammen, die der noch ungeborene Mensch macht. Das Wort „Impression" beschreibt diesen neurochemischen Prozess im wahrsten Sinne des Wortes perfekt: Gefühle, Stimmungen, Bedürfnisse und Ängste werden dem Menschen zwar später nicht mehr erinnerlich sein, prägen sich aber dennoch ein und werden in Form von neuronalen Strukturen und biochemischen Prozessen abgespeichert.

Wesentliche Bedeutung in der Phase der frühkindlichen Prägung haben sowohl visuelle als auch akustische Signale. Im Innenohr werden akustische Signale, die in Form von Schallwellen auf das Trommelfell auftreffen, in elektrische Nervenimpulse umgewandelt. Erst diese können vom Gehirn wahrgenommen werden. Dabei geht es aber nicht nur um die Lokalisierung einer Schallquelle, sondern auch um die Beschaffenheit des Gehörten und um die Zuordnung eines entsprechenden Gefühls. Während ein Pressluftbohrer die Ausschüttung von Stresshormonen bewirkt, wird die Vorlesestimme der Mutter oder des Vaters vom Kind als beruhigend und sehr oft auch einschläfernd aufgenommen. Unsere Sprache hat für diese neurologischen Tatsachen das sehr passende Wort „Stimmung" gefunden: Das bedeutet, dass die Stimmen von Mutter und Vater eine jeweilige Stimmung beim Kind erzeugen, die je nach Intensität und Stimmlage unterschiedlich ausfallen.

Je früher also ein Kind möglichst viele Stimm- und Stimmungslagen seiner Eltern kennenlernt, umso besser wird es mit verschiedenen Stimmungen umgehen können.

Vereinfacht könnte man zusammenfassen: Die emotionalen und menschlichen Erlebnisse, die ein Kleinkind an seinem ersten Lebenstag macht, sind doppelt so bedeutend für seine persönliche Entwicklung wie die des zweiten. Und die des zweiten Lebenstages wiederum wiegen doppelt so schwer wie die des dritten usw.

Gleichzeitig bedeutet das auch: Die Verantwortung der Eltern für die Entwicklung ihres Kindes ist umso bedeutender, je jünger das Kind ist. Würde man die elterliche Verantwortung in eine mathematische Funktionskurve übersetzen, so würde diese im zeitlichen Verlauf von einem Maximum zu Beginn des Lebens ausgehen und dann laufend abflachen, bis sie zum Zeitpunkt des Todes der Eltern die Nulllinie erreicht.

Ein altes Sprichwort lautet: Was Hänschen nicht lernt, lernt Hans nimmermehr.

Aber betrachten wir einmal den Umkehrschluss, nämlich: Was Hänschen lernt, verlernt Hans nimmermehr. Dann sollte uns bewusst werden, welche Tragweite unser Verhalten den uns anvertrauten Kindern gegenüber hat.

Meine Mutter hatte eine panische Angst vor Hornissen. Wann immer ein solches Insekt in unserer Nähe auftauchte, mussten wir Kinder im Kinderzimmer verschwinden, die Tür wurde sorgfältig von außen geschlossen. Drei Hornissen könnten ein Pferd töten, und schon ein einziger Hornissenstich könnte ein Menschenleben beenden – so hat es meine Mutter offensichtlich gelernt, und so hat sie es an uns Kinder weitergegeben. Auch heute noch, als 58-jähriger Arzt, der um die Harmlosigkeit des Hornissengiftes Bescheid weiß, fällt es mir schwer, ruhig zu bleiben, wenn eine Hornisse an mir vorbeifliegt. Es scheint also sehr schwer zu sein, in der Kindheit gelernte Verhaltensmuster später zu korrigieren, selbst wenn man sie als falsch oder unangemessen erkannt hat. Nicht einmal ein Psychologe könnte mir meine tiefsitzende Angst vor Hornissen nehmen.

Der logische Schluss dieser Überlegungen lautet: Eltern und Erziehungsberechtigte müssen sehr vorsichtig sein, wie sie mit den ihnen überantworteten Kindern umgehen, wie sie den Nachwuchs erziehen, was sie Kindern sagen, wie sie es sagen und was nicht. Aber gleichzeitig dürfen sie auch nicht in die gegenteilige Falle tappen: nämlich dass sie vor lauter Panik, was sie alles anrichten und falsch machen könnten, überängstlich werden, einen Erziehungsperfektionismus an den Tag legen, an dem sie nur scheitern, und nicht mehr authentisch als Eltern auftreten können. Vielleicht liegt gerade darin, zwischen diesen beiden Extremen das richtige Mittelmaß zu finden, die hohe Kunst der richtigen Erziehung.

Geförderte und überforderte Kinder

Zurzeit erleben wir, dass das Konzept einer „ungestörten" Kindheit zunehmend zugunsten der Aufzucht kleiner, voll funktionsfähiger Erwachsenenimitate abgeschafft wird. Denn schon die Tage der Kindheit sind durchorganisiert und durchgeplant. Immer wieder, wenn ich als konsultierter Arzt vorsichtig Zweifel an der Fülle der Ansprüche an ein sogenanntes „krankes" Kind vorbringe, höre ich den Satz: „Nein, nein, mein Kind kann das schon." Oder: „Nein, das ist ihm sicher nicht zu viel." Denn die wenigsten Kinder, die wegen irgendwelcher Krankheiten zu mir kommen, zeigen aus der Sicht des Arztes wirklich krankhafte organische Befunde. In vielen Fällen sind die körperlichen Symptome, derentwegen Kinder mit ihren Eltern in die Ordination kommen, nur eine Folge chronischer psychischer Überbelastung. Man könnte auch sagen: Die Kinder benützen eine scheinbare Krankheit als Hilfeschrei. Und werden in der Wunschvorstellung ihrer Eltern mit Medikamenten wieder voll funktionsfähig gemacht. Schnell und schmerzfrei.

Ja, moderne Kinder können alles. Zumindest, wenn man dem Selbstbildnis unserer heutigen Gesellschaft glauben möchte. Kinder von heute sind besser, als Kinder je zuvor waren. Und jedes einzelne Kind ist besser als ein anderes.

Geradezu perfekt.

Perfekt: Dieses Wort verdient eine tiefere Betrachtung: „Perfekt" kommt aus dem Lateinischen und bedeutet „vollendet". Wenn also was auch immer endgültig vollendet worden ist, geht es in den „perfekten Zustand" über. Gleichzeitig steht das Wort „Perfekt" in grammatikalischer Hinsicht für „Vergangenheit". Die scheinbare Doppeldeutigkeit des Wortes entpuppt sich bei näherer Betrachtung als durchaus erklärbar: Erst der letzte Pinselstrich des Künstlers, erst sein letzter prüfender Blick macht das Gemälde fertig und damit, zumindest für den Maler, perfekt. Wenn der Künstler vor seiner Staffelei steht und seine bemalte Leinwand für gut befindet, schließt er die Arbeit an dem Bild ab und führt sie in die Vergangenheit über. Was abgeschlossen ist, ist vergangen. Und was vergangen ist, wird dadurch perfekt. Weil es, zumindest im Fall einer kindlichen Entwicklung, nicht mehr verändert werden kann. Das perfekte Kind ist vollendet. Kann nicht mehr verbessert oder verändert werden. Eine moderne Kindheit ist scheinbar zu jedem Zeitpunkt abgeschlossen.

Zumindest ist sie ein abgeschlossenes System. Denn in der perfekten Kindheit gibt es wenig Raum für individuelle Entwicklung.

Moderne Kinder sind angehalten, ständig alle Erwartungen zu übertreffen und sich gegenseitig zu übertrumpfen. Angespornt vom Ehrgeiz der Eltern. Sie sind aus Sicht ihrer Eltern im Durchschnitt überintelligent. Das perfekte Spiegelbild der eigenen Wunschvorstellungen an das Leben. Jedes Kind ist der ganze Stolz seiner Eltern. Oft das und der einzige. Jedes Kind ist besonders gut, besonders begabt und muss daher schon besonders früh gefördert werden. Vergessen wird dabei aber gern, dass Kinder, denen alles zugetraut wird, auch häufig überfordert werden.

Kinder wachsen heute, wie oben schon erwähnt, häufig als kleine Imitate von Erwachsenen auf. Ihr Alltag gleicht in vielem dem ihrer Eltern: Ihr Terminkalender ist voll, ihre Smartphones unterscheiden sich nicht im Geringsten von den Smartphones von Erwachsenen. Kinder sind vernetzt wie Erwachsene. Nützen das gleiche Internet. Die gleichen Apps. Sehen fern wie Erwachsene. Sehen die gleiche Werbung, die gleichen Filme. Kinder haben zunehmend den gleichen Tag-Nacht-Rhythmus wie Erwachsene. Sind gleich leistungsfähig. Spielen Fußball und Tennis wie ihre Eltern. Ehrgeizig und verbissen. Kinder sind zusatz- und pensionsversichert. Kinder- und Erwachsenenwelt gleichen sich immer mehr aneinander an.

Und jedes einzelne Kind hat die Summe aller Ansprüche von Eltern zu erfüllen, die früher auf mehrere Kinder aufgeteilt waren. Das beginnt schon bei der medizinischen Gesundheits- und Überlebenserwartung: Wenn ein Elternpaar in früheren Jahrhunderten sechs Kinder in die Welt setzte, war unbewusst mit einkalkuliert, dass unter Umständen die Hälfte von ihnen das fünfte Lebensjahr nicht erreichen würde. Heute dagegen kann man sich dieses Risiko nicht leisten – bei einer durchschnittlichen Kinderzahl pro Paar von 1,4 muss jedes Kind medizinisch makellos sein. Und wenn früher sechs Nachkommen sechs verschiedene Berufslaufbahnen einschlagen konnten, ein Kind Pfarrer, ein Kind Arzt, eines Lehrer werden und drei Kinder ein Handwerk erlernen konnten, so teilten sich die Erwartungen der Eltern auf mehrere Hoffnungsträger auf. Heute muss das „1,4-Kind" die gesamte elterliche Zukunftserwartung erfüllen. Es soll nicht nur sich selbst, sondern auch die Wünsche der Eltern verwirklichen. Nicht nur eine eigene Identität finden, sondern möglichst auch die von den Eltern zugedachte Rolle perfekt ausfüllen.

Aber nicht nur die Zeit der Kindheit wird verkürzt, sondern auf der anderen Seite des Lebensspektrums auch die Zeit des Alters. Wie oft werde ich von weit über 80-jährigen Patienten mehr oder weniger schroff zurechtgewiesen, wenn ich feststelle, dass eine Erkrankung eine ganz normale Alterserscheinung sei: „Sie wollen mir doch nicht sagen, dass ich mit 84 alt bin, oder?" Nein, will ich nicht. Alle sind immer jung und makellos.

Man wird heute nicht mehr alt, sondern krank. Denn anders als das Alter muss eine Krankheit von einer omnipotenten Medizin heilbar sein. Die schmerzhafte Hüfte eines 86-jährigen Patienten ist nicht einfach alt oder abgenutzt, sondern krank und muss auf jeden Fall durch eine Prothese ersetzt werden. Eine schmerzlindernde Therapie für die letzten Lebensjahre kommt von vornherein gar nicht infrage. Eine zur Religion gewordene Medizin verspricht, dass alt werden nicht mehr notwendig ist. Selbst in der Werbung für Treppenlifte sind die Körper und Gesichter der sonst behinderten Menschen von jugendlicher Schönheit.

Von einem einmal eingetretenen Alter gäbe es aber keine medizinische Errettung mehr. Deshalb ist es nur logisch, dass Altersschwäche von den Statistikern auch nicht mehr als zum Tode führender Prozess anerkannt wird. Laut dem Formblatt zur „Feststellung des Todes" der Statistik Austria muss ausdrücklich eine Krankheit zum Tode führen. Anders ist Sterben hierzulande nicht möglich. „Altersschwäche" kommt nicht als Todesursache infrage. Denn Altersschwäche sei eben keine Krankheit.

Das Gegenstück dazu erleben wir bei Kindern: Ein „nicht funktionierendes" Kind muss krank und damit medizinisch heilbar sein. Keinesfalls kann es einfach überfordert sein. Keinesfalls kann es Opfer einer selbst- und spaßverliebten Gesellschaft sein. Keinesfalls kann einem Kind der Spielraum zu wenig werden. Der Zwang zu viel. Die Norm zu eng. Die Liebe zu wenig.

Immer häufiger sehe ich in meiner Ordination Kinder mit Magenschmerzen. Und sogar Achtjährige berichten bereits über Herzschmerzen – früher hat ein achtjähriges Kind noch nicht einmal eine klare Vorstellung vom Herzen, seiner Lokalisation und seiner Funktion gehabt. Und vor allem: Husten! Husten ohne Fieber, Husten ohne Erkältung, Husten ohne Geräusch über der Lunge, Husten bei unauffälligem Lungenröntgen, Husten bei negativem Allergietest. Husten ohne Erklärung. Noch nie haben Kinder so viel und unbeirrt gehustet wie heute. Schon lange frage ich mich: Worauf husten diese Kinder?

Aber nicht nur körperliche Symptome, die sich leicht auf psychische Ursachen zurückführen lassen, häufen sich. Wie wollen wir erklären, warum jedes 20. Kind in Österreich an Depressionen leidet? Warum Angststörungen laufend häufiger werden? Warum fast jeder dritte Jugendliche sich einmal oder öfter gezielt selbst verletzt? Warum psychiatrische Erkrankungen bei Kindern und Jugendlichen im Vormarsch sind und allerorts kinderpsychiatrische Krankenhausbetten fehlen? Warum Selbstmord die zweithäufigste Todesursache (nach Verkehrsunfällen) bei unter 20-Jährigen ist?

Eine mögliche Antwort für mich lautet: Weil unsere Kinder in einer Gesellschaft aufwachsen, die keinen Platz und keine Zeit mehr für sie hat. In einer Gesellschaft, die Kinder zwingt, viel zu schnell erwachsen zu werden – vielleicht gerade deshalb, weil es in dieser Gesellschaft viel zu wenige Kinder gibt.

Früher war alles besser

„Früher war alles besser" – eine typische Aussage älter werdender Menschen.

Ein junger Mensch dagegen kann seine Gegenwart nicht mit einem „Früher" vergleichen. Die Jugend sucht den Fortschritt, die Weiterentwicklung. Die Evolution, während die Revolution wörtlich das Zurückdrehen, Zurückwälzen bedeutet.

Objektiv lässt sich aber nur sagen, dass früher alles anders war. Eine Wertung, ob dieses „anders" besser oder schlechter war, kann nur ein Individuum treffen, das in seiner Lebensspanne entsprechend weit zurückblicken und die Veränderungen im Vergleich zu einem „Jetzt" beurteilen kann.

Geht man davon aus, dass die Prägung eines Menschen in seinen ersten Lebensjahren andauernde chemische „Impressionen" – vor allem im Bereich des noch frei programmierbaren Großhirns – hinterlässt, dann kann man die strittige Aussage, früher sei alles besser gewesen, besser verstehen. Denn ein Mensch kommt mit denjenigen Umständen in seiner Umwelt am besten zurecht, für die er in dieser hochsensiblen Prägungs- und Lernphase zu Beginn des Lebens vorbereitet wurde – durch Erziehung ebenso wie durch von Vorbildern erlernte und übernommene Verhaltensweisen. So darf es beispielsweise nicht verwundern, dass vor allem die Mitglieder der alten Generation, die nicht im IT-Zeitalter groß geworden sind, ihre Probleme mit Computer und Internet haben und daher den Satz „Früher war alles besser" in Zusammenhang mit der zunehmenden digitalen Vernetzung der Welt gerne verwenden. Analog dazu würde ein heute groß gewordenes Kind im Falle einer Rückkehr der Gesellschaft zur früheren analogen Kommunikation von der guten alten Zeit der IT-Vernetzung sprechen.

Ein anderes Beispiel: Ein Kind, das gelernt hat, in einer verständnisvollen Umgebung über seine Empfindungen zu sprechen, wird besser mit zwischenmenschlichen Stresssituationen zurechtkommen als ein Kind, das in einer von Rigidität und Lieblosigkeit geprägten Atmosphäre aufgewachsen ist. Nach 30-jähriger Erfahrung in der landärztlichen Praxis muss ich mit Bedauern feststellen, welche fast unüberwindbare Hürde oftmals die emotionale und sprachliche Öffnung für alte Menschen in Lebens- oder Beziehungskrisen darstellt. Auch hier höre ich oft, dass früher, als noch nicht über alles und jedes so viel geredet und die Dinge noch nicht zerredet worden seien, alles besser gewesen sei. Dann fällt auch öfter der Satz: „Reden ist Silber, Schweigen ist Gold." In Wirklichkeit spiegelt er aber nur die erlernte Unfähigkeit wider, mit Worten und Gefühlen umzugehen. Denn das richtige Wort zum rechten Zeitpunkt kann Goldes wert sein. Das ist zumindest meine ärztliche und persönliche Ansicht.

Letztlich bedeutet der Satz „Früher war alles besser" lediglich, dass älter werdende Menschen sich – je nach geistiger Flexibilität – nach denjenigen Lebensumständen sehnen, für die sie am besten geeignet und konditioniert sind. Damit war selbstverständlich früher alles besser, weil die damaligen Anforderungen der Umwelt mit den Verhaltensweisen und Reaktionsmustern, die man zu Beginn des Lebens erlernt hat, leichter zu bewältigen waren.

Immer wieder höre ich auch, dass nicht nur die eigenen Lebensumstände, sondern dass die ganze Welt früher besser gewesen sei. Vor allem ohne Asylanten, Migranten und Flüchtlinge aller Art. Ausgesprochen wird das wiederum hauptsächlich von der älteren Generation. Dem sei eine Frage gegenübergestellt. Wie war denn diese unsere Welt 50 Jahre vor unserer Geburt? War der Alltag während des Ersten oder des Zweiten Weltkrieges oder während der Zwischenkriegszeit wirklich so viel erstrebenswerter und günstiger, als es die heutigen Umstände sind?

Nein, die Welt war rückblickend immer im Wandel. Und Kinder und Jugendliche sind in jeder Epoche gut mit ihrer Umwelt zurechtgekommen. Weil sie keine andere Welt als die jeweils ihre kennen. Und weil sie sich erst in der Auseinandersetzung mit ebendieser Umwelt zu selbstbewussten und selbstreflektierten Wesen entwickeln.

Das bedeutet, dass zu jedem Zeitpunkt der Geschichte ein spezielles, eigenständiges Wertesystem von Erwachsenen vermittelt und in ihren Kindern aufgebaut wird. Erst später im Leben können diese ethischen, moralischen und rechtlichen Grundlagen des menschlichen Selbstverständnisses, in der Auseinandersetzung mit einer veränderten Umwelt, infrage gestellt und neu beurteilt werden. Ansatzweise erleben wir zurzeit einen solchen Wandel beim Toleranzgedanken gegenüber fremden Menschen.

Viele Patienten haben mich in Gesprächen mit ihrer Angst konfrontiert, ein Kind in diese unsichere Welt zu setzen. Solche Begegnungen bedürfen dann regelmäßig einer gewissen ärztlichen Einfühlsamkeit, um klarzumachen, dass ihr Kind ja nicht in Zentralafrika, sondern im Herzen Europas zur Welt käme. Und hier hat die Sicherheitslage – zumindest statistisch gesehen – einen historisch noch nie so günstigen Wert erreicht. Immer wieder sage ich dann: „Wenn wir alle so denken würden und vor lauter Angst keine Kinder mehr in die Welt setzen würden, dann gäbe es auch keine unsichere Welt mehr. Weil es dann überhaupt keine menschlich besiedelte Welt mehr gäbe." Erst dann würde der Satz zutreffen, dass früher wirklich alles besser war.

Die Sehnsucht nach dem ewigen Leben

Am einfachsten wäre es aus menschlicher Sicht, wenn die Natur den Menschen als ein ewig reifendes und unbeschränkt alterndes Wesen geschaffen hätte. Keine Zellteilung, keine Genmutationen, keine biologische Selektion, keine Infektionen, keine Krankheit, kein Krebs, keine Altersschwäche, keine tödlichen Verletzungen. Letztlich die auf Erden vorweggenommene Unsterblichkeit. Das hätte uns viel Leid und Geld erspart.

Ein solcher Mensch würde keine Medizin benötigen, keine Altersversorgung und würde nie sterben. Er könnte immer Spaß haben und unermesslichen Reichtum anhäufen.

Auf der anderen Seite müsste sich ein solcher Mensch aber auch nicht paaren und fortpflanzen. Das bedeutet, dass er sich weder verlieben noch sexuell von anderen Menschen unterscheiden müsste. Ein Geschlecht wäre genug. Sexuelle Beziehungen und Familiengründungen nicht notwendig. Und die Anzahl von einmal geschaffenen Menschen bliebe trotzdem konstant.

Keine Überbevölkerung. Kein Streit um Ressourcen, keine Kriege. Nur Unsterblichkeit.

Und Lustlosigkeit.

Und eben eine Illusion.

Die Wirklichkeit ist bekanntlich anders, die Natur hat für den Menschen – wie für die meisten Lebewesen – eine andere Vorgangsweise gewählt: Die Menschheit muss sich von Generation zu Generation erneuern. Ein oftmals schmerzlicher Prozess, nicht nur, wenn wir an das Thema Sterben und Abschiednehmen denken. Auch in Hinblick auf Enttäuschungen und Liebeskummer, scheiternde Beziehungen und Trennungen ist die Notwendigkeit der Paarung und Fortpflanzung eine nie versiegende Quelle von möglichen Schmerzen. Auf der anderen Seite aber auch regelmäßiger Anlass zu Freude und Glück.

Die von der Natur gewählte Vorgehensweise beim Erhalt der Menschheit bietet aber auch strukturelle Vorteile: Durch Mutation und Selektion wird unter anderem die Anpassung an veränderte Umweltbedingungen möglich. Wenn sich z. B. herausstellt, dass Menschen mit dunkler Hautfarbe besser mit der Sonneneinstrahlung zurechtkommen als hellhäutige, verstehen wir, warum sich im Laufe der Evolution in den sonnenintensiven Gebieten der Erde dunkelhäutige Menschen durchgesetzt haben. Durch die Aufgliederung der Menschheit in eine Kette von einzelnen Generationen entsteht ein insgesamt wesentlich stabileres und anpassungsfähigeres „Produkt", als es ein einzelner, ewig lebender Mensch sein würde. Tod und Neubeginn sind dabei die neuralgischen Verschränkungspunkte der einzelnen Kettenglieder.

Ein anderes „Nebenprodukt" dieser Strategie der Natur ist die sexuelle Lust. Die Attraktion zwischen den Geschlechtern und die Freuden der geschlechtlichen Vereinigung. Im Übrigen ein äußerst kluger Schachzug der Natur. Denn die sexuelle Lust unterbindet im Augenblick der möglichen Zeugung eines Menschen jedes weiterreichende Denken und Planen. Es wäre interessant zu wissen, wie viele Menschen es auf dieser Erde gäbe, wenn jedes Kind bewusst, gezielt und ohne den Einfluss der zwischengeschlechtlichen Lust gezeugt worden wäre.

Ja, wenn wir über Kinder reden wollen, müssen wir auch über den Geschlechtsverkehr reden. Und über die Liebe. Über die Geschlechtlichkeit als Teil der Liebe. Und über die Hormone, die im Prozess der Fortpflanzung die Steuerung übernehmen.

Oft sagt man, dass zwei Menschen – im Allgemeinen sind das ein Mann und eine Frau oder umgekehrt – sich „unsterblich" ineinander verliebt haben. Aber woher kommt da plötzlich inmitten frischer Liebe das Wort „(un-)sterblich" ins Spiel? Was bedeutet diese propagierte Unsterblichkeit einer Liebe, wo doch mit Sicherheit irgendwann die beiden Liebenden sterben müssen? Und was könnte Sterben mit Liebe zu tun haben, wo doch kein frisch verliebter Mensch ans Sterben denken wird? Allenfalls könnte noch die Angst vor dem Sterben dieser unstillbaren Liebe eine mögliche Annäherung bieten.

Woher kommt also der Begriff vom „unsterblich Verliebtsein"? Wo bleibt bei aller menschlichen Vergänglichkeit die Unsterblichkeit einer Liebe?

Mir fällt nur eine Antwort ein:

Kinder.

Und Kinder.

Und wieder Kinder.

Nur in der Manifestation eines gemeinsamen Kindes gibt es eine Unsterblichkeit dieser Liebe – zumindest in genetischer Hinsicht. Denken wir nur daran, dass wir alle mit Sicherheit einen Vorfahren im Mittelalter haben. Und stellen wir uns weiter vor, dass diese Ururur...großmutter oder dieser Ururur...großvater irgendwann im 14. Jahrhundert unsterblich verliebt gewesen wäre. Mit welcher Freude würde dieser Vorfahre wohl die Hunderten und Tausenden Nachkommen diese Liebe, die in unseren Tagen die Welt bevölkern, sehen.

So betrachtet sind Kinder die einzige Möglichkeit für uns Menschen, unsterblich zu werden. Und nur in ihnen kann auch eine Liebe unsterblich sein.

Sicherheitsdenken und Perfektionismus: Das Erbe unserer Vorfahren

Längst hat unsere aufgeklärte Gesellschaft die von der Kirche propagierte Erbsünde als Lug und Trug entlarvt. Gott sei Dank. Jahrhundertelang war sie zusammen mit Himmel, Hölle und Fegefeuer ein Mittel, um Angst und Verunsicherung zu schüren. Gekonnt machte sich die Kirche mit all ihren unerfüllbaren Forderungen die Menschen zu willigen Untertanen.

Aber wessen Untertanen sind wir heute? Wer ist an die Stelle der Kirche getreten? Oder sind wir erstmals nicht mehr Untertanen? Sind wir in der modernen Wohlstandsgesellschaft wirklich endgültig frei geworden? Frei von jeder mitgebrachten „Sünde"? Frei von jeder Erblast?

Oder gibt es sie gar noch, die Erbsünde?

Schon als Kind habe ich das Wesen der von der Kirche propagierten Erbsünde nicht verstanden. Wie kann ein frisch geborenes Baby bereits eine Sünde begangen haben? Wie soll es gelogen, gestohlen oder gar gemordet haben?

Im Gymnasium hat sich neben diesen Gedanken der Erbsünde ein zweiter eigenartiger Satz gesellt, nämlich ein Zitat von Goethe: „Was von den Vätern du ererbt, erwirb es, um es zu besitzen." Warum sollte man Dinge, die bereits da sind, noch einmal erwerben müssen? Mein kindlich-jugendliches Denken wollte die beiden Gedankengänge nicht begreifen. Gegen den Willen der Religions- und Deutschlehrer.

Der Volksmund ist im Übrigen voll von solch eigenartigen Bemerkungen zum Verhältnis der Generationen untereinander: „In diesen Anzug musst du erst einmal hineinwachsen", oder: „in jemandes Fußstapfen steigen". Überall gibt es Hinweise darauf, dass es einen unsichtbaren und zunächst unbegreiflichen Zusammenhang zwischen jeder vorherigen und der ihr folgenden Generation gibt.

Das gilt offensichtlich nicht nur für den Einzelnen, sondern auch für gesellschaftliche Zusammenhänge. Heute überblicke und betreue ich in meiner Funktion als Hausarzt in manchen Häusern bereits fünf Generationen von Menschen. Ich beobachte, dass sich nicht nur genetische Merkmale, sondern auch Verhaltensweisen sozial vererben. Gute wie schlechte. Gangbilder und Sprachmuster, Wortwahl und Bewegungsabläufe. Und manchmal denke ich mir heute: Vielleicht ist das mit der Erbsünde so gesehen gar kein so dummes Bild, mag man über Religionen denken, wie man will. Auf jeden Fall sollte man aber das Wort „Schuld" konsequent durch „Ursache" ersetzen.

Geht man nun davon aus, dass wir viele unserer Verhaltensweisen nicht aktiv selbst erworben, sondern passiv geerbt haben, können wir auch unseren heutigen Zugang zum Thema Kinder aus einer anderen Perspektive betrachten. Anders gesagt: Wenn wir den heutigen Generationen vorwerfen, dass sie zu wenig Kinder in die Welt setzen und nicht in der Lage sind, diese zu lebenskompetenten Erwachsenen zu erziehen, müssen wir konsequenterweise auch nach den Ursachen dafür fragen. Sind die Eltern der heutigen Kinder selbst bereits Opfer einer Art „gesellschaftlicher Erbsünde"? Welche „Vor-Bilder" tragen sie in ihrem Kopf? Welche Erblasten bringen sie mit? Denn keine Generation kommt zur Welt und sagt von sich aus: „Wir schaffen diese Gesellschaftsform ab, indem wir uns nicht mehr fortpflanzen."

Nachdem das durchschnittliche Alter von erstgebärenden Frauen inzwischen bei 30,2 Jahren liegt, lohnt sich ein Blick zurück in die Mitte der 1980er Jahre. Damals wurden diese Frauen und ihre männlichen Partner selbst zur Welt gebracht. Als Kinder einer Generation, deren Mitglieder den Wiederaufbau und das kontinuierliche Wirtschaftswachstum nach dem Zweiten Weltkrieg noch miterlebt haben. Und als Kinder von Eltern, die selbst noch mehrere, oftmals viele Geschwister hatten, mit denen sie das, was da war, teilen mussten. Von Eltern, die (wie vermutlich alle Eltern) wollten, dass es ihre Kinder einmal besser haben sollten. Als Kinder einer Zeit, in der Fortschritt zunehmend in Geld und materiellen Möglichkeiten gemessen wurde.

Seit 1986 als Hausarzt tätig, habe ich gerade noch die Zeit erlebt, als viele Patienten glaubten, dass ihnen neben dem gesetzlichen Urlaub auch noch mindestens 14 Tage Krankenstand pro Jahr zustünden. Ob krank oder nicht. Die wirtschaftliche Lage damals war hervorragend, es gab so gut wie keine Angst vor Kündigung und keine Arbeitslosigkeit. Im Krankenstand wurden Häuser gebaut, Urlaube verlängert und Autos repariert, ohne dass jemand ein schlechtes Gewissen gehabt hätte. Die Auswüchse eines allerletzten Höhepunktes einer boomenden Wirtschaft und damit auch einer boomenden Gesellschaft. Selbstbewusst und kraftvoll. Erst langsam wurde ich damals im Ort als der neue Arzt akzeptiert, der nicht mehr ohne Untersuchung oder ohne nachweisliche Krankheit arbeitsunfähig schrieb.

Rein wirtschaftlich betrachtet hat diese Generation der Mitte der 1980er Jahre Geborenen keine spürbare Vermehrung des Wohlstands mehr erlebt. Auch im viertreichsten Land Europas müssen Menschen heute mehr und mehr arbeiten, um den als selbstverständlich empfundenen Lebensstandard aufrechtzuerhalten. Ein wesentliches Merkmal des gesellschaftlichen Verhaltens dieser Generation ist das Bewahren, die Sicherung des Wohlstandes. Die Devise lautet heute: nur keine Reduktion!

Zusammen mit dem Erreichen eines materiellen Plafonds entstand in den 80er Jahren des letzten Jahrhunderts auch ein neues Bild der „normalen Familie": Vater, Mutter und zwei Kinder. Wenn möglich zuerst der Sohn, zwei Jahre später die Tochter. Auch in diesem Ideal offenbart sich das Prinzip des Bewahrens, das am besten gelingt, wenn Mutter und Vater Tochter und Sohn folgen. Statistisch gesehen bleibt dabei die Bevölkerungszahl konstant. Rückblickend könnte man sagen: Der Umkehrpunkt zur Reduktion ist erreicht.

Was passiert aber mit einer Gesellschaft, die erkennt, dass Mehr nicht mehr geht? Die nur noch den Erhalt ihres materiellen Standards im Blick haben kann?

Sie wird unsicher, bekommt Angst.

Angst, nicht mehr an die Erfolge der Elterngeneration anschließen zu können. Angst, dass es bergab gehen könnte. Verlust- und Versagensängste.

Diese ängstliche Grundstimmung wird heute durch eine noch nie da gewesene Flut von simultanen Informationen über Bedrohungen aller Art rund um den Globus verstärkt. Die omnipräsente Überfülle an Kommunikation bringt das Elend der ganzen Welt jeden Tag nicht nur ins eigene Wohnzimmer, sondern sickert subtil und unablässig bis in die hintersten Winkel des eigenen Denkens und Fühlens. Ozonloch, CO_2- und globaler Temperaturanstieg, das Schmelzen der Polarkappen mit weltweitem Anstieg der Meeresspiegel lassen die Erde als unwirtlichen Ort mit immer geringer werdenden Ressourcen knapp vor dem Untergang erscheinen. Die Bilder vom verletzlichen blauen Planeten, die wir seit den Reisen des Menschen zum Mond kennen, haben uns verunsichert. Der rasante technische Fortschritt führt zum Gefühl der ständigen persönlichen Überforderung. Und nicht zuletzt macht der immer schärfere astronomische Blick in die Weiten des Weltalls bewusst, wie verletzlich, klein und ungeschützt unser Planet ist – schon längst nicht mehr das Zentrum des Universums, sondern nur eine kleine Kugel im Irgendwo, auf der unsere Kinder eine ungewisse Zukunft haben.

Eine solcherart verunsicherte Gesellschaft versucht verzweifelt, das Erreichte zu verwalten. Klammert sich an den Strohhalm des eigenen Überlebens. Das „Ich" gewinnt an Bedeutung. Und auch das „Jetzt". Denn die Zukunft erscheint ungewisser als je zuvor.

Im Bereich des Staatswesens entsteht ein ausgeprägter Verwaltungsapparat. Die Gesellschaft beginnt sich abzusichern. Und Sicherheit bedeutet die Einführung von Normen und Kontrolle. Freiheit wird zugunsten von Sicherheit reduziert.

Ein gesamtgesellschaftliches Umschalten von Vermehren auf Sichern. Ein Verhalten, das der Natur selbst im Übrigen fremd ist. Denn die Natur kennt nur Wachstum oder Untergang. Aber warum sollten wir Menschen nicht etwas Besonderes schaffen? Wie z. B. Sicherheit. Teilen, Aufteilen, Zuteilen, Verwalten von Vorhandenem, ohne unterzugehen? Aber mit dem Wohlstand sinken auch die Geburtenraten. Laut Statistik Austria hat sich die Zahl der Lebensgemeinschaften ohne Kinder im Zeitraum zwischen 1985 und 2015 von 45.000 auf 216.000 erhöht. Im gleichen Zeitraum hat sich die Zahl der Ehepaare mit Kindern von 1,1 Millionen auf 930.000 verringert, die Zahl der Ehepaare ohne Kinder ist von 606.000 auf 782.000 angestiegen. Versucht die Gesellschaft den Wohlstand durch eine Reduktion der Kinder – mit denen sie ihn teilen müsste – zu bewahren?

Unwillkürlich denke ich an dieser Stelle an den biblischen Satz: „Wer sein Leben bewahren will, der wird es verlieren."

Dieses Prinzip regiert auch in der Familienplanung: In den meisten Familien gibt es ab der Jahrtausendwende nur noch ein oder maximal zwei Kinder. Zur Sicherheit. Damit nicht zu viel geteilt, riskiert oder geopfert werden muss. Damit alle genug haben. Damit die Verantwortung überschaubar bleibt. Denn wenn – wovon viele Menschen heute überzeugt sind – moderne Eltern schon ein Leben lang für ihre Kinder verantwortlich sein sollen, dann ist der einzige Ausweg aus dieser erdrückenden Verantwortung, nur mehr wenige Kinder in die Welt zu setzen. Wer glaubt, dass er für jedes seiner Kinder mindestens eine eigene Wohnung zur Verfügung stellen muss, tut gut daran, nicht zu viele Kinder zu bekommen.

Immer wieder frage ich finanziell erschöpfte Patienten oder Freunde, warum sie glauben, dass sie ihren Kindern den Lebensstandard, den sie gewohnt sind, im Voraus und lebenslang sichern zu müssen. Die Antwort lautet in der Regel: Bei der heutigen Wirtschaftslage wären die Kinder nicht mehr in der Lage, von sich aus und ohne die Hilfe der Eltern Haus, Schwimmbad, Garage und zwei Automobile zu erwirtschaften. Aber ich frage mich: Ist das wirklich notwendig? Ist es wirklich das, was Kinder von ihren Eltern erwarten? Nehmen wir damit nicht unseren Kindern die Möglichkeit, selbst etwas zu schaffen und stolz darauf zu sein? Drängen wir damit sie nicht in die Rolle der unfreiwilligen Bewahrer? Zwingen sie gar zu ewiger Dankbarkeit? Und wäre nicht ein geringerer materieller Lebensstandard bei einem gleichzeitigen Mehr an Freiheit, Lebensfreude und Zufriedenheit erstrebenswert?

Sicherheitsdenken und Bewahren prägen unser gesamtes gesellschaftliches Leben: Die Zahl der Versicherungspolicen steigt, Automobile und Straßen werden laufend sicherer, Sicherheit bei Sport und Freizeit wird zunehmend großgeschrieben, Videoüberwachung, Datenspeicherung und Sicherheitschecks bewahren uns vor Verbrechen, Vorsorgeuntersuchungen und eine ausreichende Zahl von Impfungen sollen die körperliche Gesundheit absichern, und eine Flut von bürokratischen und gesetzlichen Regelungen soll vermeintliche Sicherheit im öffentlichen Leben schaffen. Die Hersteller von Kinderspielzeug sichern sich gegen das versehentliche Schlucken kleinerer Einzelteile ebenso ab, wie Wohlstandskonsumenten darauf hingewiesen werden, dass sich ein Mikrowellengerät nicht zum Trocknen einer nass gewordenen Katze eignet. Nicht zu vergessen die aufblühende IT-Industrie mit ihrer permanenten Forderung nach Sicherung unserer Daten. Ob Baunormen, Haushaltsgeräte oder Konsumentenschutz, Tempolimits oder Helmpflicht für Ski- und Fahrradfahrer, Warnhinweise auf jeder Verpackung, verpflichtende medizinische Untersuchungen vor dem Beitritt zu einem Sportverein, vor Beginn einer Ausbildung, vor einem Berufsantritt oder die ausufernden, für den Laien nicht mehr verständlichen Beipacktexte von Medikamenten, fast alle Lebensbereiche werden dem übergeordneten Dogma Sicherheit untergeordnet.

Das bedeutet auf der anderen Seite, dass der gerade für das Gedeihen von Kindern so wichtige „Spiel"-Raum im Sinne einer freien Lebensgestaltung weniger wird, dass der Hausverstand durch ein rechtliches Regelwerk ersetzt wird. Weil es sicherer und fassbarer ist. Doch der Gewinn von Sicherheit bedeutet stets den Verlust von Freiheit. Umgekehrt singt Janis Joplin: „Freedom's just another word, for nothin' left to lose." Das Sprichwort, dass jemand, der nichts riskiert, auch nichts gewinnen kann, bekommt unter diesem Gesichtspunkt eine neue Bedeutung.

Eng verbunden mit dem zunehmenden Streben nach Sicherheit gedeiht ein Perfektionismus, der, einmal in die Welt gesetzt, vor nichts und niemandem haltmacht. Die besagte Generation 1985 ist hochgradig damit beschäftigt, perfekt zu sein. Denn perfekt zu sein bedeutet, sicher zu sein, Sicherheit auszustrahlen. Perfekt muss nicht nur das Äußere des Körpers sein, auch auf ein perfektes Funktionieren der inneren Organe wird zunehmend Wert gelegt. Richtiges Essen, richtiges Verdauen, Silikonbrüste und mühsam auftrainierte Schultermuskeln machen perfekte Menschen. Richtiges Atmen, Lachen und körpergerechte Fortbewegung werden in speziellen Kursen gelehrt. Eine 2016 in Österreich durchgeführte Umfrage bestätigt, was schon längst befürchtet werden muss: In der Gruppe der bis 30-Jährigen ist ein makelloser Körper oberste Lebenspriorität.

Glattrasierte Männerbrüste und doppelbelastbare leistungsfähige Frauen sind Ausdruck einer perfekten geschlechtlichen Gleichstellung. Kleidung und Schuhe, Automobil, Wohnung, Job und Bank, Sexualleben und Seelenleben, Make-up und Gesichtsausdruck, alles ist perfekt. Und wo man die Perfektion nicht selbst erreicht, konsultiert man Fachleute. Coaches und Psychotherapeuten ersetzen Selbstwertgefühl und Selbstvertrauen. Vor lauter Angst, dass eine Beziehung scheitern könnte, lässt man sie lieber gleich weg. Außerdem lässt der Status „Single" den perfekten Menschen immer sexy, frei und zu ständiger Paarung bereit erscheinen. Das Klischee der potentiellen Freiheit wird wichtiger als das gelebte Bekenntnis zu einem Rollenbild.

Aber die zunehmende Einsamkeit macht ängstlich. Die Medaille zeigt ihre Kehrseite.

Die Angst zu versagen nagt am angekratzten Selbstwertgefühl. Dass unsere Ansprüche an ein perfektes Leben einen gewaltigen inneren Druck erzeugen, zeigt nicht nur die hohe Rate an Burnout-Patienten.

Die Angst, etwas falsch zu machen, nicht entsprechen zu können, belastet nicht nur jeden einzelnen Menschen, sie erstickt auch jeden Kinderwunsch im Keim. Denn natürlich müsste auch ein Kind perfekt sein, müsste auch ein Kind noch zusätzlich in dieses belastende Drucksystem eingebaut werden. Aber wie sollte man Verantwortung für ein „perfektes" Kind übernehmen können, wenn man schon mit sich selbst nicht zurechtkommt? Also lieber ganz bewusst keine Kinder! Um seiner selbst und des theoretischen Kindes willen.

Selbstverwirklichung und biologische Pflicht

Wer sich selbst zu wichtig nimmt, hat keine emotionalen Ressourcen mehr, andere wichtig zu nehmen. Und der klassische Typus des modernen Wohlstandsmenschen ist definitiv einer, der sich selbst sehr wichtig nimmt. Berufliche und private Selbstverwirklichung, Erfolg und Wohlstand, sichtbare Gesundheit, äußere und innere Eitelkeiten, Statussymbole und nicht zuletzt eine perfekt abgestimmte Lebensplanung kennzeichnen das häufig propagierte Idealbild. Die gesamte verfügbare Energie wird für diese Selbstverwirklichung verwendet, alle Ressourcen in das Ich investiert.

Kinder lassen sich mit einem solchen Lebensprinzip nur schwer in Einklang bringen – insbesondere stehen Kinder für Männer und noch viel mehr für Frauen dem Ideal der beruflichen Karriere im Wege. Wenn Kinder den Satz hören: „Deinetwegen habe ich meinen Beruf aufgegeben!", stürzt sie das oft in Schuldgefühle und Selbstzweifel. Denn Eltern bringen damit unmissverständlich zum Ausdruck, dass ihre Karriere einen höheren Stellenwert gehabt hätte als die Erziehung und Begleitung des Kindes. „Vielleicht", so könnte das Kind später, wenn es selbst erwachsen geworden ist, denken, „vielleicht ist es besser, auf ein eigenes Kind zu verzichten, um diesen Fehler nicht wiederholen zu müssen. Ich werde meinem Kind nie sagen, dass ich seinetwegen auf den Beruf verzichtet habe. Weil ich wegen meinem Beruf lieber gleich auf das Kind verzichte."

Wenn wir Kinder bekommen, dann immer öfter erst nach der beruflichen Karriere, nach der Erreichung materieller Ziele, noch rasch, bevor das unwiderrufliche Altern einsetzt. Dabei spielt es gar keine Rolle, ob die Bedingungen für ein Kind sprechen oder nicht. Denn Kinder sind, wenn einmal gewollt, machbar geworden. In jedem Lebensalter, in jeder partnerschaftlichen Konstellation, in jedem Körper (auch wenn er derzeit noch weiblich sein muss), mit oder ohne Erektion, mit oder ohne Geschlechtsverkehr, mit oder ohne Eisprung, auch mit zu wenigen oder zu langsamen Samenzellen, auch ohne Lust, im Reagenzglas, mit einer Sonde in der Gebärmutter, mit Samenspende, aus einem Kühlschrank in eine beliebige Gebärmutter transferiert, mit mehr oder weniger großem finanziellen Aufwand. Man könnte auch den Eindruck gewinnen, dass es sich bei der umgangssprachlichen „Anschaffung eines Kindes" lediglich um ein weiteres materielles Gut handelt. Leist- und machbar. Im Gegensatz zu einer Zeit, als Kinder noch „passiert" sind oder ein „Unfall" waren. Für die Betroffenen im Übrigen auch nicht schön, solches über sich gehört zu haben.

Immer wieder zeigen mir alte Patienten oder deren Angehörige Fotografien und Schriftstücke von früher. Vor allem in der Nachkriegsgeneration wurden häufig regelrechte Lebenschroniken, Dokumentationen in Wort und Bild, geführt, die mit dem Zeitpunkt der Verlobung eines Paares einsetzen.

In einer solchen Familienchronik aus dem Jahre 1956 liest man unter einem Foto, das eine frischgebackene Mutter mit einem Säugling zeigt: „unser erstes Kind". Wer käme heute noch auf die Idee, ein frisch zur Welt gebrachtes Baby bewusst „unser erstes Kind" zu nennen? Denn diese drei Worte inkludieren einen in unseren Tagen weitestgehend abhandengekommenen Grundgedanken, nämlich dass von vornherein feststeht, dass auf ein erstes Kind zumindest ein zweites folgt. Dass also von vornherein klar ist, dass man eine Familie im Sinne der Mehr-Kind-Familie als einem jahrhundertelang gültigen Grundprinzip einer sich weiterentwickelnden Gesellschaft gründen will.

Meine viel zu früh verstorbene Mutter hat mir, ihrem Erstgeborenen, immer wieder gesagt: „Weißt du, eine richtige Familie sind wir erst geworden, als dein Bruder zur Welt gekommen ist." Und unvergesslich bleibt mir ihr Satz: „Er war das beste Spielzeug, das wir für dich machen konnten."

Wenn man weiter in besagte Familienchronik eintaucht, erlebt man als stiller Zeuge den Beginn einer Familie in einer bescheidenen Untermiet-Zwei-Zimmer-Wohnung. Schon im Jahr darauf wird das zweite Kind geboren, und bereits 1958 zählt die Familie fünf Mitglieder. Insgesamt sollten es sechs Kinder werden. Erst 1965 gelingt es der Familie, in eine größere Wohnung umzuziehen. Zugleich erlebt man in Bild und Wort den beruflichen Aufstieg des Vaters, dem es schließlich gelingt, eine eigene Firma zu gründen. Zu diesem Zeitpunkt sind die ältesten Kinder bereits in der Pubertät. Die Schwarz-Weiß-Fotografien zeigen berührende Bilder von Ausflügen in die Berge, von Besuchen bei Onkel und Tanten und von einem ersten Automobil im Jahr 1962, in dem auf einer schmalen Rückbank vier Kinder ohne Rückhaltesysteme und TÜV-geprüfte Kindersitze anscheinend ausreichend Platz und Sicherheit gefunden haben. Man sieht Kinder, die dem Vater behilflich sind, Regale in seiner Firma einzuräumen, man sieht eine Mutter, deren Aufgabe hauptsächlich im Versorgen der Familienmitglieder zu liegen scheint. Die Chronik endet bezeichnenderweise mit dem Erwachsenwerden der Kinder. Über die eheliche Beziehung und den weiteren Lebensverlauf der beiden Familiengründer erhält man so gut wie keine Einblicke. Lediglich erste Farbfotografien, wie sie im letzten Teil der Aufzeichnung aufscheinen, lassen erkennen, dass das Leben sichtliche Spuren in den Gesichtern von Mutter und Vater hinterlassen hat.

Wenn zukünftige Forscher aus den Tausenden Smartphone-Fotos, die heute im Laufe eines Lebens entstehen, eine solche Chronik einer typischen Familie des 21. Jahrhunderts erstellen wollten, könnte eine durchaus ähnliche Geschichte dargestellt werden. Allerdings mit zwei gravierenden Unterschieden:

Zum Ersten erschienen die Ereignisse in umgekehrter Reihenfolge. Das Baby würde erst am Schluss, nach der Verwirklichung aller materiellen Ziele, auf der Bildfläche dieser imaginären Familienchronik erscheinen, sozusagen als Krönung aller Wünsche.

Und zum Zweiten sähen wir lediglich ein bis zwei Kinder statt der sechs in besagter Familienchronik oder statt der 2,5 bis 2,7, die eine Frau im Durchschnitt der 1960er und 1970er Jahre zur Welt gebracht hat.

Provokant könnte man nun fragen: Welche Gründe sprechen unter diesen Voraussetzungen überhaupt noch dafür, Kinder zu bekommen? Kinder als Statussymbol, als Mittel zur Festigung einer Beziehung? Oder erfüllen wir einfach eine biologische Verpflichtung, indem wir uns fortpflanzen?

Diese „biologische Pflicht" könnte man auch als übergeordnete Liebe zur Menschheit insgesamt bezeichnen.

Als Ausdruck eines tiefen Glaubens an die Sinnhaftigkeit und den Fortbestand der Menschheit. Sie anerkennt weder Gründe, die für das Kinderkriegen, noch solche, die dagegen sprechen. Sie erfüllt einfach die von der Natur vorgegebene Funktion des Genitalapparates. Denn die Natur hat ja zweifelsfrei vorgesehen, lustvoll Kinder zu zeugen und in die Welt zu setzen. So wie auch die Beine zum Gehen verwendet werden müssen, wenn sie nicht verkümmern sollen. Oder die Lunge zum Atmen. Und niemand käme auf die Idee, zu fragen, ob es Gründe dafür oder dagegen gibt, sich zu bewegen oder zu atmen.

Die Aufhebung der Geschlechter

Sicherlich ist es legitim, gesellschaftliche Rollenbilder zu hinterfragen – aber ebenso sicher sind solche Rollenbilder nicht von vornherein verwerflich. In vielen Fällen sind sie sogar notwendig. Ganz besonders gilt das für die unterschiedlichen Rollenbilder von Männern und Frauen, die sich über Jahrtausende hinweg etabliert haben.

Die körperlichen und charakterlichen Unterschiede zwischen den beiden Geschlechtern lassen sich am ehesten mit der Anziehungskraft vergleichen, wie sie die Pole eines Magneten oder die Gravitation ausüben. Und so wie ein Apfel seinen freien Fall erst beenden wird, wenn er am Boden aufschlägt, endet die Anziehungskraft der Liebe zwischen zwei Menschen, zumindest physikalisch gesehen, erst dann, wenn sie einander nicht mehr näher kommen können, als das beim Geschlechtsakt der Fall ist. Über Jahrtausende sind durch diese Anziehungskraft zwischen Mann und Frau Kinder entstanden.

Die Evolution hat die beiden Geschlechter körperlich unterschiedlich gestaltet. Das männliche Fortpflanzungsorgan hat im Laufe der phylogenetischen Entwicklung seinen Platz deutlich sichtbar außen am Körper gefunden. Es ist durch seinen Träger in Bezug auf seine Funktion mehr oder weniger begreifbar, beherrschbar oder zumindest beeinflussbar. Im Gegensatz dazu befindet sich der weibliche Geschlechtsapparat weitgehend unsichtbar innenliegend, unbegreiflich und ist von außen nur durch die Öffnung der Scheide zu erkennen. Die Reifung der Eizellen und deren monatliche Freisetzung können von der Frau nicht willentlich beeinflusst werden. Frauen sind nur für kurze Zeit fruchtbar, einmal im Monat, und das nur für zwei bis drei Jahrzehnte ihres Lebens, während Männer ab der Pubertät theoretisch bis an ihr Lebensende in der Lage sind, Kinder zu zeugen. Frauen haben einen einmaligen Vorrat an Eizellen in den Eierstöcken, während die Samenzellen im Hoden der Männer unbegrenzt nachgebildet werden.

Die körperlichen Unterschiede beschränken sich aber nicht nur auf die Geschlechtsorgane: Die Muskelmasse von Männern überwiegt die von Frauen deutlich. Männer und Frauen werden von stark unterschiedlich wirkenden Hormonen gesteuert. Diese eindeutigen anatomisch-physiologischen Unterschiede zwischen den Geschlechtern können nicht geleugnet werden. Und sie haben eine nicht zu unterschätzende Wirkung auf Verhaltens- und Denkweisen, auf die Wahrnehmung der eigenen Rolle und der des jeweils anderen Geschlechts im gemeinsamen Leben. Denn Körperbau und Seelenleben sind nicht zu 100 Prozent voneinander entkoppelbar. Der Versuch, diese Unterschiede in einer gesellschaftlichen Entwicklung wegzudiskutieren, muss scheitern.

Aus meiner Sicht gibt es ein grundsätzlich klar weibliches und ein grundsätzlich klar männliches Rollenbild: Behüten, bewahren, beschützen, mit Ressourcen sorgsam umgehen und versorgen, aber auch Fürsorge, Feinfühligkeit und Subtilität, gepaart mit praktischer Intelligenz und zwischenmenschlicher Intuition sind eher weibliche Verhaltensweisen und Eigenschaften, zielorientiertes Agieren, mathematisches Denken, Experimentieren, großzügiger Umgang mit Ressourcen, Suchen und Versuchen, Einsatz von Kraft und von technischer Intelligenz eher männliche. Wenn ich mit meiner Frau in unserem Lieblingskaffeehaus sitze, sagt sie zu mir: „Siehst du die schönen Blumen im Park vis-à-vis?" Ich hätte die bunten Blüten nie bemerkt, sondern wollte gerade sagen: „Schau, da drüben fährt gerade ein Tesla vorbei!"

Männer funktionieren einfacher und sind einfacher zu befriedigen als Frauen. Diese Aussage ist auf den ersten Blick vielleicht provokant, rein sexuell betrachtet ist ihr allerdings kaum zu widersprechen. Als Arzt erlebe ich die Gefühlswelt von Frauen im Gegensatz zur männlichen als deutlich komplexer.

Auch in der Streitkultur gibt es klare Unterschiede zwischen den Geschlechtern. Immer wieder bin ich beruflich mit häuslicher Gewalt konfrontiert. Oft sind Frauen weit besser in der Lage, mit Mimik, Gestik, Argumenten und scharfer Zunge zu kämpfen, während derart in die Enge getriebene Männer eine deutlich erniedrigte Hemmschwelle zur körperlichen Gewalt haben – wobei die hormonellen Unterschiede zwischen den Geschlechtern hier selbstverständlich lediglich eine Erklärung und keine Entschuldigung sein können.

Mann und Frau sind also zwei unterschiedliche, einander im Idealfall perfekt ergänzende Varianten des Menschen.

Es sei denn, man versucht, diese signifikanten Unterschiede zwischen den Geschlechtern einzuebnen und zu vereinheitlichen. Ohnehin ein Zug der Zeit. Die Standardisierung. Die Vereinheitlichung.

Häufig kann man heute eine gesellschaftliche Entwicklung beobachten, die in einer – von der Emanzipationsbewegung schon lange geforderten – Angleichung der Rollenbilder von Frau und Mann besteht: in einer zunehmenden Verweiblichung der männlichen Gesellschaftsmitglieder und andererseits einer entsprechenden Virilisierung (Vermännlichung) der weiblichen. Sowohl auf der Ebene des Körpers als auch auf der psychischer Eigenschaften der einzelnen Menschen.

Alleine ein Blick auf die Entwicklung der Bekleidungsgewohnheiten in den letzten beiden Jahrhunderten zeigt, wie sehr sich der weibliche und männliche Bekleidungsstil aneinander angenähert haben. Schon lange ist es nicht mehr möglich, nur anhand der Bekleidung mit annähernder Sicherheit auf den ersten Blick einen Mann von einer Frau zu unterscheiden. Der Anzug gehört schon längst zum anerkannten Outfit der Business Lady, die Jeans als Einheitshose der westlichen Welt hat schon längst zu gleichen Teilen sowohl die männliche als auch die weibliche untere Körperhälfte erobert. Auch im Bereich der Kopfbedeckung gibt es keine nennenswerten Unterschiede zwischen männlich und weiblich. Das Stichwort in der Bekleidungsindustrie lautet Unisex.

Angenähert haben sich aber auch die Rollenbilder, was die Verantwortung für Beruf und Familie betrifft. Die Vereinbarkeit von Karriere und Kindererziehung ist ein seit vielen Jahren propagiertes Schlagwort, ebenso wie die Forderung, die Väter in Bezug auf die Kindererziehung stärker in die Pflicht zu nehmen. Ein im Übrigen verständlicher Wunsch der Frauen. Allerdings bleibt die Zahl der Männer, die eine stärkere Einbindung in den Haushalt und die Kinderbetreuung fordern, überschaubar. Dabei entspricht es dem Zeitgeist, dass stets nach der Weiterentwicklung von gesellschaftlichen Strukturen und neuen Definitionen des Rollen- und Familienbildes gerufen wird. Die Frage, wie es zu bisherigen Verhältnissen und Betrachtungen im Bereich der Rollenbilder von Mann und Frau gekommen ist, wird aber gar nicht gestellt, geschweige denn beantwortet.

Nun muss ganz klar festgehalten werden, dass eine Frau, die als Mutter gleichzeitig noch einen Job wahrnimmt oder überhaupt für das Familieneinkommen sorgt, nicht gleich als „Rabenmutter" und „Karrierefrau" verurteilt werden darf – eine Meinung, die gemäß einer Umfrage unter 1.000 Österreichern zwischen 16 und 60 Jahren 80 Prozent teilen. Und genauso wenig ist ein Vater, der in Karenz geht oder zur Gänze die Betreuung der Kinder übernimmt, ein „Softie" oder „Weichei". Aber trotzdem bleibt die – von der Natur selbst initiierte – Annahme, dass Frauen besser geeignet sind, die klassische Rolle der Mutter in der Familie und Kindererziehung auszufüllen. Das archaische Bild vom Mann als Jäger und Sammler und von der Frau als Behüterin des Hauses und des Feuers hat im Lauf der Geschichte unzählige entwicklungsbedingte und experimentelle Wandlungen erfahren, die aber letztlich immer wieder in der unterschiedlichen sexuellen Grundausrichtung der beiden Geschlechter an ihre Grenzen gestoßen sind. Es ist kein Zufall, dass der Großteil aller in der Kinderbetreuung und -erziehung tätigen Angestellten Frauen sind. Und genauso wenig ist es ein Zufall, dass der Großteil der im Baugewerbe beschäftigten Menschen Männer sind. Diese Tatsachen haben weder mit mangelnder Akademisierung noch dem Gehaltsniveau, sondern schlicht und einfach mit der jeweils besseren körperlichen und geistig-emotionalen Eignung für die Anforderungen des jeweiligen Berufes zu tun.

Dabei darf nicht in Vergessenheit geraten, dass die Rollen eines Vaters und einer Mutter wesentlich zur Identitätsfindung des heranwachsenden Menschen beitragen. Wer sich an seine eigene Kindheit und Jugend erinnert, wird feststellen müssen, wie bedeutend die Rolle von Vater und Mutter auf die eine oder andere Weise die eigene Entwicklung geprägt haben, unabhängig davon, ob das Bild des entsprechenden Elternteiles mit positiven oder negativen Emotionen besetzt war. Und er wird weiters feststellen, dass die Rollen von Mutter und Vater unterschiedliche waren. Wer in einer Familie welches Rollenbild stärker auslebt, ist dabei vielleicht gar nicht so wichtig. Aber wichtig für eine gesunde Entwicklung ist, dass beide Rollen vorhanden sind.

Die Bedeutung eines klar und fest vorgelebten Rollenbildes liegt nicht so sehr in seinem Inhalt, sondern in der sich entwickelnden persönlichen Reflexion und gelebten Stellungnahme dazu: Ich will so werden wie meine Mutter/mein Vater, oder auch: Ich will keinesfalls so werden wie meine Mutter/mein Vater. Natürlich sind auch alle Variationen und Abstufungen dazwischen möglich. Teile der Rolle eines Elternteils können für die eigene Entwicklung und Verwirklichung erstrebenswert erscheinen, andere Aspekte, die für den eigenen Lebensentwurf weniger geeignet oder nachahmenswert erscheinen, können bewusst in ihrer Bedeutung reduziert werden.

Während dieser reflektierte Umgang mit den vorgelebten Rollenbildern dem heranwachsenden oder erwachsenen Menschen vorbehalten bleibt, stellt sich die Situation für den Säugling und das Kleinkind fundamentaler dar: Das Urvertrauen, mit dem das zur Welt gebrachte Kind Vater und Mutter begegnet, lässt weder Fragen noch Reflexionen zu. Zunächst einmal ist nichts wichtiger als die Liebe und die Brust der Mutter. Der Vater alleine wäre, nach der Logik der Natur, nach dem gemeinsamen Zeugungsakt weder in der Lage, ein Kind in seinem Körper reifen zu lassen und zur Welt zu bringen, noch dazu, es durch die ersten Lebensmonate zu füttern.

Umgekehrt wäre natürlich auch eine Frau ohne den Zeugungsakt mit einem Mann niemals in der Lage, ein Kind auszutragen. Womit wir sehr einfach und klar bei der Tatsache angelangt wären, dass Mann und Frau, oder Frau und Mann, aus Sicht der Natur die zwei unabdingbaren Prinzipien darstellen, die zur Weitergabe des menschlichen Lebens notwendig sind. Sie sind nicht beliebig gegeneinander austauschbar. So weit der „Standpunkt" der Natur.

Auch wenn in der westlichen Wohlstandswelt medizinische Bemühungen gegebenenfalls die Umwandlung von Frauen in Männer und von Männern in Frauen möglich werden lassen, so bleibt die Erfüllung derart differenzierter Lebenswünsche einem Großteil der Menschheit verwehrt. Und es ist genau dieser Großteil der Menschheit in den Entwicklungs- und Schwellenländern, der mit einem hohen Anteil von jungen Menschen und Kindern wesentlich über das kommende Schicksal der Menschheit und die zukünftigen Gesellschaftsformen auf dieser Welt mitbestimmen wird.

Trotzdem versucht unsere Gesellschaft krampfhaft, spezifische Geschlechterrollen infrage zu stellen, und zwar schon von Kindheit an. In der Tageszeitung „Kurier" vom 31. Juli 2015 steht zu lesen: „Buben in der Bauecke, Mädchen in der Puppenecke. So werden Klischees einzementiert. Kindergärtner und Lehrer werden daher angeleitet, geschlechtssensibel zu agieren. Das fängt bei der Sprache an: Wer kleinen Kindern nur von (männlichen) Ärzten und (weiblichen) Krankenschwestern erzählt, prägt ihr Rollenverständnis. Wichtig ist auch das Spielangebot im Kindergarten, etwa für Rollenspiele: Wenn Kinder sich verkleiden, sollten ausreichend Kostüme für Buben vorhanden sein, und für Mädchen nicht nur Prinzessinnen-kleider. Hausarbeit für alle: Buben und Mädchen helfen gleich beim Tischdecken oder aufräumen mit.

In einem Pilotprojekt in Linz wurde besonders auf die emotionale Entwicklung geachtet: Alle Kinder wurden gleich unterstützt, ihre Gefühle auszudrücken oder in einem Konflikt gut zu kommunizieren. Bücher und Lieder spiegeln oft alte Verhältnisse wider – bevor Mädchen gleichberechtigt waren."

Allerdings: Bemühungen, Anweisungen und gesetzliche Überlegungen dieser Art werden die notwendige Achtung der Geschlechter füreinander und für ihre unterschiedlichen Fähigkeiten auch nicht verordnen können. Dazu bedarf es vielmehr einer intensiven und respektvollen Kommunikation und Begegnung der Geschlechter untereinander. Sowohl im öffentlichen Raum als auch innerhalb der Familien. Denn auch Spannungsfelder und Probleme zwischen den Geschlechtern werden durch eine Vereinheitlichung des Rollenbildes nicht weniger werden.

Denkt man diese gesellschaftliche Entwicklung konsequent zu Ende, landet man zwangsläufig bei der Frage: Wenn jeder Mann jede Aufgabe einer Frau gleichwertig erfüllen können sollte und wenn jede Frau in allen Bereichen des menschlichen Lebens dem Manne ebenbürtig sein soll – wozu brauchen wir überhaupt noch zwei verschiedene Geschlechter?

Natürlich für die Fortpflanzung, werden gewiefte Kritiker einwerfen. Aber die Realität scheint uns eines Besseren belehren zu wollen. Denn zusammen mit dem Verschwinden der spezifischen Geschlechtsunterschiede im öffentlichen Leben scheint sich auch die Fähigkeit einer adäquaten Fortpflanzung der Gesellschaft zu verflüchtigen. Mit einer Fertilitätsrate von 1,4 ist eine Gesellschaft aus sich heraus nicht mehr lebensfähig.

Bloß keine Zufälle

Unser Umgang mit Kindern ist heute, viel mehr als in früheren Generationen, vom Bestreben nach Sicherheit geprägt, davon, unvorhergesehene Situationen und Überraschungen zu vermeiden. Stunde für Stunde, Tag für Tag, Jahr für Jahr ist der von den Eltern vorgesehene Lebensweg eines Kindes genau geplant und sollte peinlichst eingehalten werden. Mit der Dichte und Präzision eines Manager-Terminkalenders.

Diese Planung beginnt schon beim Kinderwunsch. Oft habe ich als Arzt das Gefühl, dass wir es beim Kinderkriegen schon langsam mit einem Angstgegner zu tun haben. Werde ich das schaffen? Werde ich ein gesundes Kind bekommen? Wird mein Kind schön sein? Wird mein Kind intelligent sein? Werde ich dem Kind genug bieten können? Wie viel von meinem Leben muss ich aufgeben? Wird es mein Kind einmal besser haben als ich? Die gefährlichste Frage überhaupt. Denn Kinder wollen es nicht gut oder besser haben, sie wollen geliebt werden, das alleine empfinden sie zunächst als gut. Kinder vergleichen ihren materiellen Lebensstandard nicht mit dem der Eltern. Eine Frage habe ich dagegen noch nie gehört: Wie wird mein Kind mit mir und meinen Erwartungen zurechtkommen?

Mit Bedauern muss ich feststellen, mit wie viel Angst das Thema Kind besetzt ist. Zuerst die Angst, zu früh ein Kind zu bekommen. Dann die Angst, die Pille nicht zu vertragen. Die Angst vor einer Thrombose. Die Angst, wegen der Pille auf die Zigarette verzichten zu müssen. Irgendwann dann die Angst, den perfekten Partner fürs Kinderkriegen nicht mehr zu finden. Und zuletzt die Angst, doch kein Kind mehr zu bekommen. Nach 20 Pillenjahren. Oder nur mit medizinischer Hilfe. Oder gar das falsche Kind zu bekommen. Einen Buben statt einem Mädchen, ein Mädchen statt einem Buben. Ein dunkelhaariges statt einem blonden.

Also, bitte nur kein Zufall. Alles ist genau geplant. Das Kinderzimmer bereits zum Zeitpunkt der Zeugung fertig eingerichtet. Und sobald der Gynäkologe in der Lage ist, das Geschlecht des Fötus festzustellen, wird es auch noch in der richtigen Farbe – Blau oder Rosa – ausgemalt. Der Name ist ausgesucht. Der spätere Kinderbetreuungsplatz bereits reserviert. Schulen ausgesucht.

Als Vater von drei Kindern erinnere ich mich mit Freude an die besonderen Augenblicke zurück, als wir erst bei den Entbindungen sahen, ob unser Kind ein Bub oder ein Mädchen war. Meine Frau und ich haben es konsequent vermieden, uns das Geschlecht der Kinder vorher sagen zu lassen. Jedes Mal eine Überraschung. Ein neuer, bis dahin völlig unbekannter Mensch in unserem Leben. Neue Konstellationen in der Familie. Wird der Sohn eine Schwester oder einen Bruder bekommen? Uns das Geschlecht im Voraus sagen zu lassen, hätten wir wie ein Weihnachtsgeschenk empfunden, dessen Inhalt wir schon lange vor dem Heiligen Abend gekannt hätten. Keine Überraschung und nur die halbe Freude.

Wo bleibt heute die Bereitschaft zur Spontanität? Denn sie wird später, im Umgang mit den heranwachsenden Kindern, noch oft gebraucht.

Wo bleibt die Bereitschaft zum Abenteuer? Denn ein Kind auf seinem Lebensweg zu begleiten ist nicht planbar wie ein Cluburlaub am Meer, sondern gleicht eher einer Abenteuerreise in den Urwald.

Wo bleibt der Mut zur Auseinandersetzung? Kinder wollen nicht, dass wir Eltern ihnen alles bieten können, sie wünschen sich vielmehr, dass wir uns ernsthaft mit ihnen auseinandersetzen. Kinder brauchen Platz für unvorhergesehene Entwicklungen.

Und warum haben wir das Warten verlernt? Alles muss sofort erfüllbar sein. Ein Kind beim ersten geplanten Geschlechtsverkehr entstehen. Lieber ein geplanter Kaiserschnitt zum Wunschdatum, als auf eine natürliche Geburt zu warten – anders ist die erschreckende Zahl von 33 Prozent Kaiserschnitt-Geburten nicht zu erklären. Auch später werden Eltern nervös, wenn ihr Kind nicht zum vorgesehenen Zeitpunkt das Gehen oder Sprechen lernt. Ständige Überwachung und Kontrolle. Telemetrie für Kinder. Tausende von Kontrollleuchten im Armaturenbrett der Eltern. Ein Zahn kommt zu früh oder zu spät. Steht schief.

Und stets wird in solchen Situationen nach der Medizin gerufen. Denn nur die Medizin ist imstande, mit wissenschaftlicher Genauigkeit festzustellen, was normal und was nicht normal ist. Und eine geeignete Therapie anzubieten. Sofort.

Aber genauso wenig, wie unsere Gesellschaft in der Lage ist, den Tod und den Prozess des Sterbens mit den Mitteln der Wissenschaftlichkeit zu normieren und begreifbar zu machen, gelingt dieser verzweifelte Versuch zu Beginn des Lebens. Keine Geburt ist wie die andere. Kein Kind gleicht dem anderen. Jeder Tod ist individuell.

Natürlich ist diese Unsicherheit stets mit einer gewissen Angst verbunden. Aber Angst ist nicht in jedem Fall negativ, sollte nicht um jeden Preis vermieden werden. Denn Angst hat uns Menschen schon oft das Leben gerettet. Angst schärft die Sinne. Angst macht wach. Ein gewisses Maß an Angst und Unsicherheit macht uns sensibel und bringt uns dazu, wieder unseren Instinkten zu vertrauen.

Und diese Instinkte sind Kinder der Evolution. Sie sind zweckmäßig und zuverlässig. Sie zugunsten fester Regeln und Vorgaben aufgeben zu wollen würde sich auf Dauer bitter rächen.

Unsere kinderlose Gesellschaft

Im Jahre 1800 gab es ca. eine Milliarde Menschen auf der Welt. Im Jahre 1930 bevölkerten zwei Milliarden Menschen den Erdball. 2011 waren es bereits sieben Milliarden Menschen, und für das Jahr 2045 ist eine Weltbevölkerung von ca. neun Milliarden Menschen prognostiziert.

In Anbetracht dieser Zahlen erscheint jede Klage über Kindermangel auf den ersten Blick gesehen eine glatte Themenverfehlung darzustellen. Aber die Fragestellung gewinnt an Relevanz und Aktualität, wenn man den Blick gezielt auf die westlichen Wohlstandsgesellschaften und unsere abendländische Kultur richtet.

Im Durchschnitt lag die Fertilitätsrate – das ist jene Zahl von Kindern, die eine Frau im Durchschnitt zwischen ihrem 15. und 49. Lebensjahr zur Welt bringt – weltweit gesehen bis in die Mitte der 1960er Jahre etwa bei 5. Von da an beginnt sie kontinuierlich zu sinken, zunächst in den Industrieländern, dann aber auch in Entwicklungs- und Schwellenländern. In den Industrienationen wird die kritische Fortpflanzungszahl von 2,1 Kindern pro Frau bereits in den 1970er Jahren unterschritten. 2,1 Kinder, das sogenannte Ersatzniveau, ist genau jene Nachwuchszahl, die notwendig ist, damit sich eine Gesellschaft aus sich selbst heraus stabil erhalten kann. 2,1 und nicht bloß 2 deshalb, weil nicht jedes weibliche Neugeborene ein Alter erreicht, indem es selbst Kinder bekommen kann.

Im Jahre 1916 betrug die durchschnittliche Lebensdauer in Deutschland 43 Jahre. Und trotzdem wuchs die Gesamtbevölkerung. Im Jahre 2015 beträgt die durchschnittliche Lebenserwartung für neugeborene Knaben 77,9, für Mädchen 82,1 Jahre, und trotzdem schrumpft die Bevölkerung. Die gestiegene Lebenserwartung mag für jeden einzelnen Menschen ein Gewinn sein, aber für das Überleben der Gattung Mensch ist ein weiterer Zugewinn von Lebensjahren des einzelnen Menschen irrelevant, es zählt einzig und allein die Fortpflanzungsrate. Aus Sicht der Evolution ist also der medizinische Fortschritt, dem wir die stark gestiegene Lebenserwartung verdanken, bedeutungslos. Lediglich der Fortschritt in der Fertilitätsmedizin könnte, zumindest für die westlichen Wohlstandsgesellschaften, noch bedeutend werden. Erschreckend bedeutend.

Bemerkenswert ist die Tatsache, dass auch heute noch in den am wenigsten entwickelten Ländern der Welt am meisten Kinder zur Welt kommen. In den ärmsten Ländern Afrikas südlich der Sahara immer noch bis zu 7,5 pro Frau. Die durchschnittliche Lebenserwartung im Tschad lag 2015 übrigens bei 49 Jahren – nicht viel mehr als in Deutschland 1916. Dennoch wächst die Bevölkerung im Tschad aufgrund einer Fertilitätsrate von 6,4.

In den OECD-Ländern dagegen liegt die durchschnittliche Fertilitätsrate derzeit bei 1,8 Kindern, in Europa bei 1,6, und in Österreich beträgt sie zurzeit wie schon gesagt 1,4. Wobei es hier deutliche Unterschiede zwischen Müttern mit und ohne österreichische Staatsbürgerschaft gibt: Frauen in Österreich ohne österreichische Staatsbürgerschaft bekamen 2014 durchschnittlich 1,91 Kinder, während Österreicherinnen nur 1,37 Kinder bekamen.

Dazu kommt, dass das Alter, in dem Frauen ihr erstes Kind bekommen, immer höher wird. Wie sich das auf die Gesellschaft auswirkt, zeigt ein einfaches Rechenbeispiel: Betrachten wir einen Zeitraum von 100 Jahren. Und nehmen wir an, dass während dieser 100 Jahre alle Frauen vier Kinder bekämen, und zwar ihr erstes Kind mit 20 Jahren. Das wären dann fünf Generationen, die sich, was ihre Mitglieder anbelangt, jeweils verdoppeln. Wenn die Frauen dieser Gesellschaft aber ihr erstes Kind erst mit 33 Jahren bekommen (diesen Wert werden wir bald erreicht haben), werden sich in besagten 100 Jahren nur drei Generationen verdoppeln, der Bevölkerungszuwachs wird sich insgesamt also trotz einer konstanten Fertilitätsrate deutlich verlangsamen.

Doch das steigende Durchschnittsalter von Eltern wirkt sich nicht nur auf die Entwicklung der Bevölkerungszahl aus. Man braucht keine Studien, sondern nur den gesunden Hausverstand, um festzustellen, dass ältere Menschen vorsichtiger und damit ängstlicher sind als junge. Diese Ängstlichkeit als Grundstimmung einer ganzen Gesellschaft färbt in Form von ständiger Besorgnis und übertriebener Fürsorge auf den Umgang mit Kindern ab.

Wie immer man dieses Zahlenmaterial lesen und interpretieren will, es zeigt deutlich, dass der Nährboden für Kinder in unserer Gesellschaft immer dünner wird. Immer mehr alte Menschen tragen die gesellschaftliche Verantwortung für immer weniger junge Menschen – und umgekehrt. Dass diesen wenigen Kindern sehr bald noch die gesamte finanzielle Last für die Versorgung einer alternden Gesellschaft wie ein Mühlstein um den Hals gehängt wird, macht ihre ohnehin schon prekäre Situation auch nicht leichter.

Was bedeuten all diese Zahlen? Offensichtlich mutiert der in und von einer Gesellschaftsform erworbene Wohlstand zum Kinder- und damit auch Gesellschaftskiller schlechthin. Während frühere Generationen gestorben sind, um zu leben, leben wir offensichtlich, um zu sterben. Warum aber wollen wir unseren Wohlstand nicht mehr mit Kindern teilen?

Erleben wir gerade – parallel zum Tod des einzelnen Individuums – den biologischen Tod einer ganzen Gesellschaft? Dieser Gedanke erscheint im Rückblick auf die Geschichte der Menschheit nicht abwegig. Immer wieder sind Kulturen und Gesellschaften entstanden, um einige Jahrhunderte später wieder zugrunde zu gehen. Die Welten der antiken ägyptischen, griechischen oder römischen Gesellschaften sind geläufige Beispiele. Gibt es vielleicht gar parallel zu den Lebensabschnitten des einzelnen Individuums auch Lebensabschnitte von Gesellschaften? Von der Geburt bis zum Sterben?

Wenn man diesen Gedanken weiterspinnt und davon ausgehen würde, dass unsere Gesellschaft gerade stirbt – wozu würden dann Kinder noch gebraucht? Im Einzelhaushalt?

Und in der Gesellschaft? Würde dann nicht sogar jedes einzelne Kind das Sterben der Gesellschaft noch zusätzlich verzögern? Oder das Leben qualvoll verlängern? Wie eine Infusion den Tod eines schwerkranken oder alten Menschen auch nur hinauszögern kann.

Es entspricht der geistigen Kultur unserer Zeit, dass für jedes Problem ein Schuldiger definiert werden muss: Ob ein Zug entgleist, eine Seilbahn plötzlich nicht mehr funktioniert, die Abgaswerte eines Automobils nicht korrekt angegeben sind oder ein Kind sich im Kindergarten gemobbt fühlt, es muss immer ein Schuldiger gefunden werden. Denn nur dann, wenn dieser gefunden wird, können alle anderen sich unschuldig fühlen. Gibt es kein kollektives Versagen. Keine gesellschaftliche Gesamtverantwortung. Müssen keine systemischen Gegenstrategien entwickelt werden. Und das ist auf jeden Fall wesentlich bequemer.

Nach dieser Logik müsste auch für die niedrige Fortpflanzungsrate unserer Gesellschaft ein Schuldiger gefunden werden. Aber wer könnte dieser Schuldige sein?

Vielleicht Carl Djerassi, der Erfinder der Antibabypille? Denn zweifellos hat der „Pillenknick" einen wesentlichen Anteil an den demographischen Veränderungen der vergangenen Jahrzehnte. Oder sind es die Gynäkologen, welche die Pille verschreiben? Oder sind es vielmehr diejenigen, die uns in Hochglanzbroschüren – um der Verkaufszahlen willen – ständig eine Glitzerwelt vor Augen führen, die es in der Realität nicht gibt? Sind es die Schauspieler Hollywoods, die uns verkleidet und geschminkt zwischenmenschliche Verhaltensweisen und Beziehungsmuster vorspielen, deren Nachahmung im Alltag nicht und nicht gelingen will und die damit zu ständigem Frust führen? Oder sind die Drehbuchautoren, die Regisseure schuld am verzerrten Lebensbild?

Wir verwenden gerne die Redewendung: „Im Fernsehen haben sie gesagt ...“, oder: „In der Zeitung haben sie geschrieben ...“. Aber wer sind diese „sie“, die eine ganze Gesellschaft in Geiselhaft nehmen und vor sich hertreiben?

Es sind wir selbst.

Jeder Einzelne von uns.

Jeder Einzelne, der mitspielt.

Jeder, der in sein eigenes Spiegelbild verliebt ist. Jeder, der glaubt, das Bild der Gesellschaft zu seinem eigenen machen zu müssen. Jeder, dem der Erhalt der eigenen Vorteile mehr bedeutet als die Zukunft der Gesellschaft.

Wenn wir es uns nicht mehr zutrauen, Kinder in die Welt zu setzen und zu begleiten, hat jeder Einzelne von uns seinen eigenen Beitrag zum Untergang unserer heutigen Gesellschaft geleistet.

Brauchen wir überhaupt noch Kinder?

Die Rolle der Kinder hat sich mit dem Reifen der Gesellschaft stetig verändert. Für die überwiegend landwirtschaftlich tätige Bevölkerung früherer Jahrhunderte bedeuteten Kinder Arbeitskräfte und damit letztlich auch

Wohlstand. Und eine bessere Versorgung im Alter. Und Enkel- und Urenkelkinder. Im übertragenen Sinn damit auch ein genetisches Überleben in einer Welt, die allgegenwärtig von Krankheit und Tod gezeichnet war.

Nicht nur damals, auch heute bedeutet in Gesellschaften mit niedrigem Einkommen und vorindustriellen Kulturen eine hohe Kinderzahl Ansehen und Reichtum, während in unserer materiell hochstehenden Gesellschaft Kinderreichtum eher als ein Zeichen für Armut bzw. einen niedrigen Sozialstatus betrachtet wird. Wer viele Kinder hat, ist zu dumm, um zu verhüten: „Wie kann man so dumm sein, sich das anzutun?" – „Was soll aus all den Kindern werden?"

Gerade in wohlhabenden Gesellschaftsschichten ist die Meinung weit verbreitet, dass man Kindern bis hin zur eigenen Wohnung und einem entsprechend teuren Auto alles bieten können muss, was wiederum ein Grund dafür ist, wenige Kinder zu haben. Auch diese Einstellung verursacht zusätzlichen Druck bei Eltern wie bei Kindern. Dabei erlebe ich als Arzt immer wieder, wie derart überbehütete und materiell überversorgte Kinder massiv unter der ständigen Präsenz der Elterngeneration leiden und sich in psychosomatische Erkrankungen flüchten.

Und während in armen Ländern Kinder einen wesentlichen Teil der Altersversorgung darstellen, eine Notwendigkeit für die eigene Lebensplanung sind, ist es bei uns umgekehrt: In den westlichen Wohlstandsgesellschaften ist es nicht mehr notwendig, Kinder zu haben, um die eigenen Perspektiven perfekt ausleben und ausreizen zu können. Niemand braucht ein Kind, um im Alter versorgt zu werden, dafür gibt es ein staatliches Pflegegeld und eine ausländische 24-Stunden-Pflegekraft. Niemand braucht ein Kind als Arbeitskraft, außer er ist Inhaber eines Betriebs, den er weitergeben möchte. Eher ist das Gegenteil der Fall: Ohne Kinder steht mehr Geld für die Selbstverwirklichung zur Verfügung als mit Kindern. Ohne Kinder kann die kostbare Lebenszeit effizienter für die Erfüllung der eigenen Wünsche genutzt werden. Niemand käme auf die Idee, Kinder aus Dankbarkeit für das eigene Leben in die Welt zu setzen. Und niemand bei uns braucht ein Kind, um seine materielle Position zu festigen. Im Gegenteil, ein Kind bedeutet, so höre ich es wieder und wieder, eine finanzielle Belastung. Einen Einschnitt im Leben. Verzicht.

Kinder sind nicht mehr integrativer Teil des Lebens, sondern nur noch ein einzelner Aspekt.

Bei näherer Betrachtung stellt sich aber heraus, dass es genau diese eigenen Kinder sind, die über ihre Beitragszahlungen in die ausgeprägten Sozialsysteme westlicher Länder den Lebensabend ihrer Elterngeneration finanzieren.

Die Kinder unserer Zeit sind nicht mehr notwendig. Sie sind eher Zierrat. Luxus. Statussymbol.

Dazu gehört auch, dass Kinder heute nicht mehr „einfach so" entstehen. Ganz offensichtlich hat das Kinderkriegen in früheren Epochen besser geklappt, als die meisten Kinder einfach notwendig und die wenigsten geplant waren. Parallel zur Zellteilungsrate des einzelnen Individuums. Es ist eine wissenschaftliche Tatsache, dass im Lauf der Geschichte wesentlich mehr Kinder ungewollt als gewollt entstanden sind. Als Resultat einer verbotenen, nicht thematisierten und tabuisierten Sexualität.

Heute dagegen ist Sexualität omnipräsent, begreif- und steuerbar. Die Befriedigung sexueller Lust fester Bestandteil der Ansprüche ans Leben. Vor allem aber ist sie vom Kinderkriegen vollkommen entkoppelt. Zur Lustbefriedigung funktioniert sie gut. Zur Fortpflanzung immer weniger. Als Arzt erlebe ich immer wieder Paare mit Kinderwunsch, deren Beschreibungen ihrer Sexualität eher an harte Arbeit als an Freude erinnern.

Dementsprechend dürfen sich heute die meisten Kinder als geplant, im besten Fall sogar gewünscht betrachten, die wenigsten sind hingegen einfach „passiert".

Aber was bedeutet es für das Selbstwertgefühl von Kindern, wenn sie nur noch gewollt, aber nicht mehr wirklich gebraucht werden?

Wenn sie finanziell belasten?

Wenn man ihretwegen „auf das Leben" verzichten muss?

Ja, selbstverständlich haben Eltern eine gewisse Verantwortung für ihr Kind, die als Belastung empfunden werden kann. Aber gleichzeitig hat der Einzelne auch eine Verantwortung der Gesellschaft und der Natur gegenüber, das Leben weiterzugeben. Und nicht zuletzt schenken Kinder ihren Eltern und der ganzen Gesellschaft schlicht und einfach viel Freude.

Immer wieder höre ich als Arzt, wenn es um Kinder geht, eigenartige Gedanken. Zum Beispiel: „Jetzt habe ich aber genug Jahre meines Lebens für unser Kind geopfert, jetzt bin ich dann endlich einmal selbst dran." Ein Satz, den eine Mutter spricht, während sie mit ihrer depressiven 18-jährigen Tochter an meinem Schreibtisch sitzt. Der unmittelbare Anlass für diese Aussage war meine therapeutisch gedachte Bitte, der Tochter bei der Suche nach einem geeigneten Arbeitsplatz behilflich zu sein.

Aber was bedeutet dieser Satz? Offensichtlich hat die Mutter die Zeit der Kindererziehung stets nur als Opfer, als Belastung empfunden. Und offensichtlich war die Tochter nicht in der Lage, durch ihr Leben zur freudvollen Befriedigung und Bereicherung ihrer Mutter beizutragen.

Vor nicht allzu langer Zeit berichtet eine 21-jährige Patientin, dass sie in der Firma wegen ihrer häufigen Krankenstände von ihren Kolleginnen, die im Krankheitsfall ihre Arbeit mitmachen müssten, regelmäßig gemobbt würde. „Dabei kann ich ja nichts dafür, wenn ich öfter krank bin." Dass sie allerdings schon ein leichtes Kratzen im Hals als Krankheit empfindet, die das Arbeiten unmöglich macht, ist ihr nicht bewusst – schließlich sei es ja das Recht eines jeden Angestellten, nicht arbeiten zu gehen, wenn man sich nicht wohl fühlt. So hat sie es ihr junges Leben lang gehört. Und dann fällt der Satz: „Da krieg ich bald schon lieber selbst ein Kind, als dass ich mich da noch länger hinschleppe."

Ein Kind also als Notlösung und Illusion in einer beruflich unerfreulichen Situation. Oder noch besser, als Alternative zum Kratzen im Hals, zum Schwindel am Morgen, zur leicht depressiven Stimmung am Sonntagabend, bevor der Montag im Büro beginnt. „Hauptsache, ich mache etwas Sinnvolles", fügt sie noch hinzu. An und für sich gar nicht falsch und schlecht – allerdings: Zu glauben, dass ein einmal in die Welt gesetztes Kind menschliche Probleme löst, dass es sich zur Therapie eigener Defizite eignen könnte, ist ein großer Irrtum.

Vor ungefähr 15 Jahren habe ich von einer Frau, die sich ihre Brüste mit Silikonimplantaten vergrößern ließ, den Satz gehört: „Ich lasse mir doch jetzt meinen Körper nicht von einem Kind verunstalten." Heute ist die Patientin mittlerweile 38 Jahre alt und versucht seit Monaten verzweifelt, mit allen Mitteln der modernen Fertilitätsmedizin doch noch ein Kind zu bekommen.

Was allen diesen Begebenheiten gemeinsam ist, ist ein Verständnis davon, welche Rolle Kinder in der individuellen Lebensplanung spielen: Kinder werden in der Wahrnehmung unserer Tage oft nicht mehr als natürlicher Bestandteil eines erfüllten Lebens angesehen, sondern müssen sich immer häufiger, wie konstruiert und gequält auch immer, in irgendeinen besonderen Plan vom eigenen Leben einfügen. Irgendwo zwischen beruflicher Verwirklichung und Erfüllung von materiellen Bedürfnissen. Kinder müssen ein besonderer Teil eines besonderen Ich werden oder gar ein vorbestehendes Ich neu definieren.

Wenn eine Studie aufzeigt, dass das Erreichen von beruflichen Zielen, das Pflegen von zwischenmenschlichen Kontakten und Hobbys bei den Befragten einen höheren Stellenwert einnimmt, als eventuelle Kinder zu haben, dann stellt sich nicht zuletzt die Frage: Woher kommt dieses Entweder-oder-Denken? Seit wann verhindern Kinder soziale Kontakte? Und warum kann ich mit einem Kind meinem Hobby nicht mehr nachgehen?

Die Antwort lautet: Weil Kinder heute als Ausschließlichkeit, als Entweder-Oder gesehen werden. Wenn ich ein Kind habe, dann gibt es in meinem Leben nichts mehr außer der Verantwortung für dieses Kind. Dabei könnte man, mit einigen Kompromissen, ja auch mit einem Kind abends ausgehen oder soziale Kontakte gemeinsam mit dem Kind pflegen. Auch Sport kann weitestgehend mit Kindern gelebt werden – vielleicht nicht gerade Helicopterskiing oder Bungee Jumping, aber Wanderungen und Rodeln sind allemal kindertauglich.

Im Zusammenhang mit diesen überhöhten Ansprüchen in Bezug auf Kinder stoße ich immer wieder auf einen weiteren Grund für die Kinderarmut unserer Zeit. Nämlich, dass es finanziell gesehen kaum noch möglich sei, Kinder in die Welt zu setzen, dass Ehen aus finanziellen Überlegungen kinderlos bleiben.

Diesem Standpunkt widerspricht allerdings die Statistik: Für das Jahr 2015 weist die Statistik Austria nach, dass Mehrkindfamilien im untersten Einkommenszehntel weit häufiger anzutreffen sind als im obersten Einkommenszehntel der Bevölkerung. Konkret: Dem untersten Einkommenszehntel werden 140.000 Mehrpersonenhaushalte mit mindestens drei Kindern zugeordnet, während dies bei lediglich 8.000 im obersten Einkommenszehntel der Fall ist. Und ähnlich verhalten sich die Zahlen, wenn man den Blick auf das unterste und das oberste Einkommensviertel wirft. Man findet dann 370.000 Familien mit mindestens drei Kindern im unteren Einkommensviertel und 42.000 im obersten Einkommensviertel. Natürlich kann man die Zahlen so interpretieren, dass ärmere Menschen eher bereit sind, mehr Kinder zu bekommen, und dass einfache, weniger wohlhabende Gesellschaftsschichten einen unverkrampfteren Zugang zum Kinderkriegen haben. Man kann aber auch den Schluss ziehen: Ärmere Menschen sind schlechter gebildet und daher „anfälliger" für ungeplanten Nachwuchs – was also nichts mit der Wahrnehmung von Kindern als persönlichen Reichtum zu tun hätte. Und, noch wichtiger: Man könnte auch sagen, dass Familien leichter verarmen, wenn sie mehr Kinder haben – etwa weil die Frau dann nicht mehr zum Einkommen beitragen kann. Und das würde bedeuten, dass alle die, die aus finanziellen Erwägungen auf Kinder verzichten, recht haben.

Allerdings muss man festhalten, dass Kinder frühestens ab dem 10. Lebensjahr teurer werden. Und das auch nur dann, wenn man ihnen unbedingt alle Annehmlichkeiten bieten will, die „reiche Kinder" im materiellen Bereich vorweisen können. Das beginnt beim Handy und endet beim neuesten Ski-Modell für den Schulskikurs. Eine Mutter von sechs Kindern hat mir dazu unlängst eine berührende Begebenheit erzählt: Ihr damals 16-jähriger Sohn hat sich vor dem Skikurs im Gymnasium einen rosaroten neuen Ski ausgesucht und auf die Frage der Eltern, warum er ausgerechnet dieses Modell gewählt habe, geantwortet:

So würde auch seine um drei Jahre jüngere Schwester den Ski einmal verwenden können.

Und noch einen weiteren Satz höre ich von kinderlosen Paaren immer wieder: Es sei verantwortungslos, Kinder in diese Welt zu setzen. Eine Welt voll Ungewissheit, eine umweltverseuchte Welt, eine Welt mit Klimaerwärmung, mit zu viel CO_2 in der Atmosphäre, eine Welt voller Atomkraftwerke und eine Welt voller Terroristen. Dass diese Welt ohne Kinder allerdings aufhören würde zu existieren, wird nicht bedacht. Offensichtlich werden die eigene Angst, die Sinnleere des eigenen Lebens auch gleich in die Zukunft projiziert. Das Kind mit dem Bad ausgeschüttet.

Doch der Grund für die Kinderarmut unserer Zeit ist nicht nur, dass viele Paare keine Kinder wollen. Häufig ist es auch so, dass bei Paaren ein Kinderwunsch unerfüllt bleibt.

Dabei sind es vor allem die Männer, die den Kinderwunsch gerne nach hinten verschieben. Biologisch haben sie ja auch keine Eile. Berufliche und materielle Erfüllung erscheinen vorerst wichtiger als die Fortpflanzung. Und dazu kommt der Wunsch, noch einige Jahre ungestört mit seiner Partnerin zu verbringen: „Ich will meine Frau noch nicht mit einem Kind teilen müssen." „Zuerst möchte ich noch etwas von der Welt sehen, dann können wir über eine Familie reden." „Zuerst bauen wir einmal unser Haus fertig, dann können wir ja sehen."

Bei vielen Patientengesprächen habe ich allerdings eher das Gefühl, dass diese schöngeistigen Formulierungen nur vorgeschoben sind. Dass Männer häufig ihre Omnipotenz – was die Zahl der möglichen Partnerinnen anbelangt – nur ungern gegen eine monogame Beziehung mit Schwerpunkt „Reproduktionsverantwortlichkeit" eintauschen wollen. Dass Männer heutzutage viel Zeit brauchen, um ihren Begriff vom Mannsein mit der Rolle als

Vater in Übereinstimmung bringen zu können. Mann und Vater, diese beiden Begriffe werden vor allem von jungen Männern oft als widersprüchlich empfunden und sind im Hinblick auf die moralisch-gesellschaftlichen Normen nicht so leicht unter einen Hut zu bringen: „Bevor ich ein Kind bekomme, möchte ich mich noch austoben." „Vater sein bedeutet auf jeden Fall, dass ich keine andere Partnerin mehr haben sollte." „Als Vater muss ich Verantwortung übernehmen."

Und dann begegnen mir häufig Frauen im mittleren Alter, die zwar gerne eine Familie gegründet hätten, aber nach vielen Jahren der Zweisamkeit und der wiederholten Vertröstungen schlussendlich von ihrem Partner verlassen worden sind. „Sie hat mir so einen Druck mit dem Kinderkriegen gemacht, das habe ich nicht mehr ausgehalten und mich frisch in eine andere verliebt." – „Jetzt hat er eine Jüngere gefunden und mit der auch gleich ein Kind bekommen."

Auf der anderen Seite gibt es viele Paare, die sich so lange und intensiv mit einer Familiengründung und deren Konsequenzen auseinandersetzen, als wollten sie eine bemannte Mission zum Mars planen. Wenn dann irgendetwas nicht so funktioniert wie erhofft, sind sowohl Enttäuschung als auch Verwunderung groß. Dabei scheint es, dass sich die Fortpflanzungsquote umgekehrt proportional zur Beschäftigung mit den Themen Sexualität und Fortpflanzung verhält – je wichtiger das Thema ist, desto schwieriger wird es offenbar, tatsächlich Kinder zu bekommen. Offensichtlich kann man Fortpflanzung und Sexualität auch zu Tode reden und zu Tode denken. Oder man hat schlicht und einfach zu lange zugewartet und das biologisch optimale Zeitfenster ungenutzt verstreichen lassen. Wenn dann der Geschlechtsverkehr nur noch zur bewussten und gezielten Zeugung eines Nachkommen dient, wird er weder als lustvoll empfunden, noch bringt er den gewünschten Erfolg. Überspitzt könnte man dann sagen, dass der Kinderwunsch zwar lebt, aber die Partnerschaft tot ist. Umgekehrt werden lebendige Partnerschaften oft sehr schnell mit einem Kind gesegnet, ohne dass ein ausgesprochener Kinderwunsch bestanden hat.

Haustiere statt Kindern

Fragt man kinderlose Paare, warum sie darauf verzichten, eine Familie zu gründen, hört man unterschiedlichste Antworten: Die geopolitische Lage sei so unsicher, man wolle keine Kinder in diese Welt setzen. Die ungewisse berufliche Zukunft lasse sich nur schwer mit der Verantwortung für ein Kind vereinbaren. Man empfinde seinen eigenen Alltag inmitten von kaum noch erfüllbaren bürokratischen Normen und gesetzlichen Forderungen als so überfordernd, dass man ein solches Leben einem Kind nicht zumuten wolle. Oder man verzichte auf Nachkommenschaft aus Angst, einem Kind nicht den materiellen Lebensstandard bieten zu können, der sich im Selbstbild der Gesellschaft verfestigt hat.

Und immer öfter hört man dann noch den Satz, dass ja auch ein Haustier den Großteil der menschlichen Bedürfnisse abdecken könne, die sonst ein Kind stillen müsste. Ja, so hört man immer wieder, dann schon eher einen Hund. Der ist leichter erziehbar, wesentlich dankbarer, unkomplizierter und unterwürfiger. Und treu. Und er ist auch ein Lebewesen. Und kann, im Gegensatz zu einem leiblichen Kind, jederzeit wieder ohne weitere Folgen abgegeben werden.

Das Linzer Meinungsforschungsinstitut „Spectra" hat in einer Umfrage erhoben, das 83 Prozent der befragten Personen ein Haustier mit einem guten Freund vergleichen, 81 Prozent der Befragten der Verlust des Haustieres hart treffen würde und 65 Prozent der Befragten im Tier ein vollwertiges Familienmitglied sehen.

Alles korrekt, ja. Aber ein Hund ist eben kein Mensch. Er leistet keine Einzahlungen in das Pensionssystem. Er steht nicht am Sterbebett. Und auch mit optimal ernährten und medizinisch versorgten Hunden und Katzen kann die Menschheit nicht am Leben erhalten werden kann.

Trotzdem scheint die Zahl der Haustiere in dem Verhältnis zu wachsen, in dem die Zahl von Kindern sinkt. Das lässt sich nicht nur im Alltag beobachten, wenn etwa in den Städten auffällt, dass es in den Parks und öffentlichen Einrichtungen mehr Hunde als Kinder gibt; diese Beobachtung lässt sich auch statistisch belegen. So hat etwa innerhalb von Europa Irland mit 2,01 Kindern pro Frau nach Island die zweithöchste Geburtenrate. Gleichzeitig gibt es in Irland weit weniger Haustiere als im Rest Europas, und ein Großteil dieser Haustiere lebt in ländlichen Regionen meist außerhalb der Wohnhäuser.

Und anthropologische Studien scheinen zu bestätigen, dass es einen generellen Zusammenhang zwischen dem Entwicklungsgrad einer Gesellschaft und der Anzahl von Haustieren gibt. In ländlichen Agrargesellschaften ist demnach das Verhältnis von Kindern zu Haustieren umgekehrt proportional. In diesen kinderreichen Gesellschaften ist die Beziehung zum Tier stark vom Nutzwert abhängig. Das bedeutet, dass Nutztiere einen hohen Stellenwert haben, während Haustiere nur eine untergeordnete Rolle spielen. In den hochentwickelten postmodernen Gesellschaften Nordamerikas und Europas zeigen sich gegenteilige Verhältnisse. Die Zahl der Kinder geht mit zunehmendem materiellem Wohlstand zurück, dafür werden Haustiere aller Art in den Rang von Kindern erhoben.

Allerdings: Wenn man davon ausgeht, dass in Österreich pro Jahr rund 5.900 Menschen durch Hundebisse derart schwer verletzt werden, dass sie ärztlich versorgt werden müssen, dann muss man sich vor Augen halten, dass einerseits Kinder unter 15 Jahren mit 20 Prozent eine wesentliche Opfergruppe darstellen und andererseits immerhin 10 Prozent der Hundebisse beim Kuscheln mit dem Hund passieren. Da erscheint mir auf den ersten Blick das Kuscheln von Menschen untereinander schon wesentlich weniger gefährlich zu sein.

In einem Erste-Klasse-Waggon der österreichischen Bundesbahnen spielt sich im Jahre 2015 auf der Fahrt von Wien nach Linz folgende Szene ab: Eine junge Familie, bestehend aus Mutter, Vater sowie einem zwei- und einem vierjährigen Kind sucht nach vier freien Sitzplätzen. Langsam bewegt sich die Familie, voran die Mutter mit dem zweijährigen Sohn im Arm, von einem Waggonende zum anderen, wobei ihre Blicke auf die gepolsterten Sitze rechts und links des Mittelganges gerichtet sind.

Ungefähr in der Mitte des offenen Waggons sitzt eine gepflegte ältere Dame mit zwei kleinen Schoßhündchen. Das Tischchen vor ihrem Sitzplatz ist ausgeklappt, mit einer roten Samtdecke belegt, auf der einer der beiden Hunde thront und neugierige Blicke hin und her wirft. Der zweite Hund, der sich weder in Farbe noch Größe vom anderen unterscheidet, sitzt auf dem freien Sitzplatz neben der älteren Frau. Beide Tiere tragen ein rotes Halstuch mit einem goldenen Anhänger, im Vorbeigehen könnte man die beiden offensichtlich frisch frisierten Hunde als affektiert-manierlich empfinden. Sie scheinen sich ihres eminenten Stellenwertes in der Umgebung ihrer Herrin bewusst zu sein. Zumindest lässt das ihre stolze, in keinem Verhältnis zur fast lächerlichen Größe stehende Körpersprache vermuten.

Vor allem die herannahende Familie mit den zwei kleinen Kindern scheint das Interesse der beiden Tiere zu erregen. Aufgeregt trappelt vor allem das Hündchen am Tisch hin und her. Die ältere Dame mit ihren weißblau gefärbten Haaren versucht, ohne Blickkontakt zur herannahenden Familie knüpfen zu wollen, das kleine Tier durch demonstratives gutes Zureden zu beruhigen: „Ja was hast du denn, mein Lieber, so bleib nur ruhig, niemand wird dir deinen Platz wegnehmen ..." Während sie mit dem Tier am Tisch spricht, streichelt sie mit der linken Hand das Tier auf dem Sitz neben sich.

In der Zwischenzeit ist die vierköpfige Familie der aufgeregt beschwichtigenden Hundebesitzerin so nahe gekommen, dass beide Hunde gleichzeitig zu bellen beginnen. Der kleine Bub in den Armen seiner Mutter drückt sich ängstlich an ihre Brust und umklammert ihren Hals mit seinen kleinen Händen. Als das vierjährige Mädchen an der Hand ihres Vaters neugierig im Vorbeigehen seinen Blick nach links auf die eigenartige Szene wirft, schnappt der Hund auf dem Tischchen plötzlich mit geöffneter Schnauze nach dem Kind. Im letzten Augenblick gelingt es dem Vater, seine freie Hand schützend vor das Gesicht der Tochter zu halten. Gleichzeitig hört man ein pseudoaggressiv gezischtes „Na wirst du doch lieb sein!" aus dem Mund der weißblau gefärbten Dame, die mit feindseligem Blick ins Gesicht des erschrockenen Vaters blickt.

Durch das plötzliche Bellen der beiden Tiere aufgeschreckt, hat die Mutter ihrerseits intuitiv den ängstlichen Sohn fest an ihren Körper gepresst und zugleich den Blick nach hinten auf Ehemann und Tochter gerichtet. Dabei ist sie Zeugin des Schnappversuches des dressierten Hundes geworden – sie fasst sich sehr schnell ein Herz und richtet erregt das Wort an die Hundehalterin: „Können Sie nicht besser auf Ihre Hunde aufpassen?" Zugleich versucht der Vater das weinende Mädchen zu beruhigen.

Wer sich in dieser Situation eine Entschuldigung der älteren Dame erwarten würde, wird jetzt eines Besseren belehrt. Spitz und mit demonstrativer Herablassung antwortet die Hundebesitzerin: „Meine Hunde mögen eben keine Kinder."

Eine lapidare Darstellung einer latenten gesellschaftlichen Verwerfung.

In einer österreichischen Bezirkszeitung war 2015 zu lesen: „Neben den Spezialdiagnosen (Schilddrüsenerkrankungen u. a.) liegt jedoch das Hauptaugenmerk bei Doktor P. auf der Gynäkologie und Geburtshilfe sowie Neonatologie. Die Prävention vor, während und nach der Geburt ist ein wichtiger Bestandteil ihrer Arbeit."

Nein, es handelt sich nicht um menschliche Kinder, die da mit eindrucksvollen Worten zur Welt gebracht und umsorgt werden sollen. Das Zitat stammt aus der Werbung für eine Tierarztpraxis. Im selben Artikel werden übrigens auch Wurzelbehandlungen und Zahnspangen für Tiere in der barrierefrei erreichbaren Praxis angeboten.

Ein Patient hat mir einmal berichtet: „Am Samstag hat unsere Jüngste plötzlich ganz hohes Fieber gekriegt, und wir sind sofort mit ihr ins Spital gefahren. Und weil wir nicht unverschämt sein wollten, sind wir nicht mit der Rettung gefahren, sondern mit dem eigenen Auto. Und wie wir dann auf die Autobahn gefahren sind, sind wir in einen riesigen Stau gekommen. Und da hab ich, mit meiner hoch fiebernden Tochter am Rücksitz, nicht schlecht gestaunt, wie in der Rettungsgasse plötzlich ein Tiernotarzt mit vier Blaulichtern am Dach an uns vorbeirauscht. Kurz hab ich mir schon gedacht, na, sind wir jetzt schon so weit, dass ein Katzennotfall wichtiger ist als unser kleines Mädchen?"

Und während in den ländlichen Gegenden Österreichs die verwaisten Landarztstellen für Humanmedizin kaum nachzubesetzen sind, sprießen moderne Tierarztpraxen wie Pilze aus dem Boden. Zum Höhepunkt der Grippewelle 2016 mussten Kinder stundenlange Wartezeiten bei niedergelassenen Kinderärzten und in Spitalsambulanzen in Kauf nehmen, bevor sie untersucht und behandelt werden konnten. Solche Engpässe kennt die Veterinärmedizin als boomender Markt nicht. Also besser mit einem Haustier zu einem Tierarzt als mit einem Menschenkind zu einem Kinderarzt. Auf kranke Haustiere sind wir besser vorbereitet als auf kranke Kinder.

Es ist unglaublich, welche Summen von Patienten, denen das Honorar für die Impfung ihres Kindes zu hoch erscheint, für die Behandlung ihrer Haustiere ausgeben. Mittlerweile stehen hüftoperierte Katzen und Hunde ihren menschlichen „Wertigkeitsgenossen", was finanzielle und emotionale Zuwendung anbelangt, um nichts mehr nach. In Anbetracht der Summen, die für Haustiere ausgegeben werden, erscheint die Aussage „Wir können uns ein Kind aus finanziellen Gründen nicht leisten", in vielen Fällen ohnehin nur eine Ausrede darzustellen.

„Herr Doktor, wir können heute nicht schon wieder 45 Euro für die Impfung von unserer Jessica ausgeben, wir haben ja keine Gelddruckmaschine zu Hause." Der so angesprochene Kinderarzt hält inne, vertieft sich in seine elektronischen Aufzeichnungen über die junge

Patientin und denkt nach. Dann sagt er, mit etwas verwundertem Tonfall: „Liebe Frau S., warum sagen Sie ‚schon wieder' – die letzte Impfung ihrer Tochter liegt ja immerhin schon zwei Jahre zurück."

Frau S. pflanzt sich vor dem Arzt auf und herrscht ihn selbstbewusst an: „Ja, wissen Sie das nicht, wir waren gestern mit der Yvi beim Tierarzt, weil sie erbrochen hat, und da ist das Kätzchen von der aufmerksamen Ärztin auch gleich geimpft worden, und das hat dann zusammen immerhin 185 Euro gekostet. Ich kann nicht jeden Tag so viel Geld für die Ärzte ausgeben."

Die neunjährige Jessica, die gegen die FSME hätte geimpft werden sollen, steht verunsichert, mit einer Puppe im Arm und weinerlichem Gesichtsausdruck, zwischen der erregten Mutter und dem fassungslosen Kinderarzt. Ganz unschuldig ergänzt sie mit aufgeregter Stimme, an den Arzt gerichtet: „Weißt du, das war ganz schlimm mit der Yvi, wie sie nur noch gespien hat, da hab ich schon geglaubt, dass sie sterben muss, und wenn ich meine Katze nicht mehr haben würde, dann hätte ich keinen besten Freund mehr."

Der Kinderarzt steht unter Zeitdruck. Es ist nicht das erste Mal, dass er hört, wie eine Katze mindestens so wertvoll sei wie ein Menschenkind. Seit Jahren versucht er, Eltern klarzumachen, dass ein Tier kein Kinderersatz sein kann. Und er erinnert sich an die vielen Gespräche mit Frau S., die ihn immer wieder um Rat gefragt hat, weil sich die kleine Jessica unbedingt ein Geschwisterchen wünscht, die Eltern aber, angeblich aus finanziellen Gründen, kein zweites Kind mehr wollten. Immer wieder hat er versucht, ihr Mut zu einem zweiten Kind zu machen, und immer wieder hat er zu erklären versucht, dass ein Haustier auf keinen Fall einen Menschenersatz darstellen kann. Innerhalb weniger Sekunden laufen all diese Begegnungen noch einmal vor seinem geistigen Auge ab.

Dann drückt er der aufgebrachten Frau S. ganz ruhig die schon vorbereitete Impfung in die Hand: „Werte Frau S., ich verstehe Sie vollkommen. Dann impfen Sie die Jessica eben selbst, dann können Sie sich immerhin mein Impfhonorar ersparen."

Jetzt erstarrt Frau S.' Mimik augenblicklich, und wutentbrannt fasst sie die völlig entgeistert dreinschauende Tochter am Arm und schreit: „Lass uns verschwinden, das ist ja alles eine solche Frechheit, was glaubt denn der Mensch, wie er mit uns umgehen kann ..."

Die Tür zum Wartezimmer kracht hinter der wütenden Frau S. ins Schloss, und der Arzt kann nur noch undeutlich vereinzelte Wortfetzen wie „Sauerei ... was glaubt der ... wird noch von mir hören ..." von draußen verstehen. Erleichtert atmet er auf.

Im Gegensatz zur Kinderzahl steigt die Zahl von Haustieren in Österreich. In der Österreich-Zentrale der Firma Fressnapf geht man von ca. 1,5 Millionen Katzen und 640.000 Hunden im Land aus. Allein in Wien sind derzeit ca. 57.000 Hunde gemeldet.

Gleichzeitig steigt auch das Geschäft mit Haustieren in Österreich ständig an – wie z. B. die ca. 70 Hundesalons belegen, die es derzeit in Wien gibt.

Laut Statistik Austria gab 2010 jeder österreichische Haushalt im Monat durchschnittlich 4,5 Euro für Dienstleistungen für Haustiere aus – eine Steigerung um 50 Prozent gegenüber 2005. 63 Euro im Monat gibt jeder einzelne Tierbesitzer für sein Tier aus. Ernährungspläne samt sündteuren Nahrungsergänzungsmitteln, kostenpflichtige Erziehungsbroschüren aus dem Internet, Urlaubs- und sogar Altersheime für das geliebte Tier, Präsenz in der abendlichen Fernsehwerbung – so manches Kind würde in Anbetracht der eigenen Situation neidisch auf den Stellenwert des Haustieres werden. Ein Hundestylist analysiert die Situation treffend mit folgenden Worten: „Es gibt immer mehr alte Menschen, und von den jungen bleiben immer mehr Single, und die legen sich dann einen Hund zu. Und wer sich um das Tier wie um ein Familienmitglied kümmert, der gibt auch mehr dafür aus." Und der Geschäftsführer der Firma Fressnapf Österreich stellt fest, dass das Haustier einen vollwertigen Platz als tierisches Familienmitglied gefunden hat.

So ist es nur folgerichtig, dass, während früher zu Weihnachten vor allem für menschliche Familienmitglieder Geschenke ausgesucht wurden, sich heute auch Tierdienstleister über die Umsatzsteigerungen anlässlich des Weihnachtsfestes freuen.

Auslaufmodell Familie

Laut Statistik Austria lebten 2014 in Österreich mit seinen 8 Millionen Einwohnern rund 2,37 Millionen Familien (also Paarhaushalte mit und ohne Kinder aller Altersstufen sowie Alleinerzieherhaushalte). Davon sind laut Erhebung 1,7 Millionen Ehepaare, 368.000 ehelose Lebensgemeinschaften sowie 300.000 Ein-Eltern-Familien. Während sich die Zahl der Ehen in Österreich mit rund 1,7 Millionen von 1985 bis 2013 nicht wesentlich verändert hat, ist die Zahl der nichtehelichen Lebensgemeinschaften im gleichen Zeitraum von 73.000 auf 353.000 angestiegen. Die Scheidungsrate beträgt in Österreich (Stand: 2013) 40,1 Prozent, die durchschnittliche Ehedauer bis zur Scheidung 10,7 Jahre. Zu wenig Zeit für ein durchschnittliches Kind, um in einer intakten Familie aufzuwachsen.

Aber wozu überhaupt diese Aufschlüsselung von Einwohnern in Clans, Gruppen, Familien, sonstige Verbände und Lebensgemeinschaften sowie Single-Haushalte?

Während in früheren Jahrzehnten und Jahrhunderten aufgrund der geringeren Lebenserwartung und einer höheren Fertilität der Gesellschaft (also einer höheren Fortpflanzungsrate) relativ wenige alte Menschen einer Vielzahl von jungen Menschen gegenüberstanden, so haben sich die Verhältnisse heute und hierzulande ins Gegenteil verkehrt. Einer immer geringeren Anzahl von Kindern steht eine vitale, medizinisch bestens versorgte Gruppe von Groß- und Urgroßeltern gegenüber. Noch nie war der Anteil der unter 15-jährigen Mitglieder der Gesellschaft so niedrig wie heute.

2002 lebten in Österreich 703.000 Paare mit Kindern, 2012 waren es nur noch 650.800. Im gleichen Zeitraum stieg die Anzahl der Einpersonenhaushalte von 1.060.000 auf 1.341.100. Auch die Zahl der Lebensgemeinschaften ohne Kinder ist im Zeitraum seit 1985 von 45.000 auf 216.000 gestiegen. Im gleichen Zeitraum hat sich die Zahl der Ehepaare mit Kindern von 1,1 Millionen auf 930.000 verringert, die Zahl der Ehepaare ohne Kinder ist von 606.000 auf 782.000 angestiegen. Und die Zahl von Familien mit Kindern unter 15 Jahren ist laut Statistik Austria von 835.000 im Jahr 1985 auf 760.000 im Jahr 2012 gesunken. Während 1985 durchschnittlich 1,64 Kinder unter 15 Jahren in jeder Familie wohnten, waren es 2013 nur noch 1,59 Kinder. Das entspricht in etwa einem Anteil der unter 15-Jährigen an der Gesamtbevölkerung von 15 Prozent.

Ein Schluss, den wir aus all diesen Zahlen ziehen können, lautet: Unsere Gesellschaft setzt nicht nur immer weniger Kinder in die Welt, diese Kinder wachsen auch immer seltener in traditionellen Familienzusammenhängen auf.

Wenn man den einzelnen Menschen als Atom betrachten würde, dann wäre die Familie das Molekül, aus dem jede materielle und damit gesellschaftliche Struktur aufgebaut ist. Wird diese molekulare Struktur aufgeweicht, verändert das die Struktur der gesamten Materie. So bewirkt die Auflösung der molekularen Gitterstruktur von Eis das Schmelzen des Eisblocks zu Wasser. Über kurz oder lang wird das Ende der Familie als „molekularer Struktur" auch das Ende unserer vertrauten Gesellschaftsstruktur bedeuten. Aber natürlich werden neue folgen. Denn: alles fließt.

Ein Blick zurück in die Geschichte zeigt allerdings, dass Kinder zu keinem Zeitpunkt nur in der eigentlichen Familie großgezogen worden sind. Ein solches Bild wäre eine Verleugnung historischer Tatsachen. Die Sippe, die Großfamilie, die jahrhundertelang unverzichtbare Institution der Ammen, Internate, Schulen und unzählige andere „Miterzieher" sind seit jeher den genetischen Eltern bei der Erziehung zur Seite gestanden. Zum Wohle der Kinder. Denn nichts wäre für einen heranwachsenden Menschen schrecklicher, als ausschließlich den eingeschränkten Vorstellungen des elterlichen Weltbildes ausgesetzt zu sein. Nur die Konfrontation und Auseinandersetzung eines Kindes mit einer Pluralität von Werten und Weltbildern kann ein ausgewogenes, stabiles und belastungsfähiges neues „Ich" entstehen lassen.

Nicht zu unterschätzen ist dabei die Rolle, die Geschwister innerhalb von Familien spielen. Viele pädagogische Probleme erledigen sich sozusagen unter den Kindern erzieherisch von selbst. Ältere Geschwister dienen jüngeren Kindern in vielen Lebenssituationen – wie z. B. während der Pubertät – besser als Vorbild, als Erwachsene eine solche Rolle wahrnehmen können. Und was zukünftige Familiengründungen anbelangt, bleiben Einzelkinder deutlich hinter Geschwisterkindern zurück.

Circa ein Drittel der heute 40-Jährigen, die als Einzelkinder aufgewachsen sind, sind bis dato kinderlos geblieben, während dieser Anteil bei den Geschwisterkindern nur bei 18 Prozent liegt.

Heute wachsen 26 Prozent der Kinder als Einzelkinder auf, mit steigender Tendenz. Wo Geschwister fehlen, gewinnen moderne Formen der Kinderaufbewahrung und -erziehung an Bedeutung für die künftige Sozialkompetenz von heranwachsenden Kindern.

Gemäß Statistik Austria haben im Kindergartenjahr 2014/15 mehr als 57.000 Kinder im Alter von null bis zwei Jahren eine Kinderbetreuungseinrichtung besucht. Das sind doppelt so viele wie noch vor sieben Jahren. Das durchschnittliche Alter, mit dem ein Kind in eine Betreuungs- oder Pflegeeinrichtung kommt, liegt aktuell bei 1,3 Jahren.

In ihrer Aussendung führt die Statistik Austria auch das sogenannte Barcelona-Ziel an, welches für Kinder in der Altersgruppe von null bis drei Jahren 33 Prozent betreute Kinder vorsieht (derzeit liegt diese Quote in Österreich bei 23,8 Prozent). Im Detail lauten diese vom Europäischen Rat im März 2002 in Barcelona geforderten Ziele, dass die Mitgliedsstaaten Hemmnisse beseitigen sollten, die Frauen von einer Beteiligung am Erwerbsleben abhalten, und bestrebt sein sollten, für mindestens 90 Prozent der Kinder zwischen drei Jahren und dem Schulpflichtalter und mindestens 33 Prozent der Kinder unter drei Jahren Betreuungsplätze zur Verfügung zu stellen.

Mit Schauern erinnert man sich bei diesen Vorgaben an die Zeit des Kalten Krieges und des institutionalisierten Kampfes gegen den Kommunismus, dem unter anderem vorgeworfen wurde, die Kinder schon sehr früh den Eltern zu entziehen und zwecks einheitlicher Erziehung staatlichen Institutionen zuzuführen. Denn wenn Kinder mit Unterstützung des Staates und auf gesellschaftlichen Druck hin konsequent aus den Familien verbannt werden, muss die letzte Stunde der Institution Familie geschlagen haben.

Kinder- und Jugendanwaltschaften, Erzieher, Betreuer und Pädagogen, Kinderpsychologen, Krabbelstuben, Kinderkrippen, Kindergärten, Vorschulen, Schulen und Horte, Nachmittagsbetreuung und Ganztagsschule, Fürsorge und Krisenintervention im Notfall, all diese Begriffe lassen einen einzigen Schluss zu: die Reduktion der Bedeutung der Eltern und der Familie.

Aber worin gründet sich diese Entwicklung? Zur Erklärung dieses Phänomens bieten sich zwei mögliche Denkmodelle an:

– Je weniger Kinder wir haben, desto größer wird die Bedeutung jedes Kindes für den kulturellen Fortbestand der Gesellschaft. Die optimale „Nutzung" jedes einzelnen Kindes ist damit so wichtig geworden, dass die Wohlfahrt des Kindes nicht mehr den Eltern alleine überlassen werden kann. Professionelle Betreuung und Erziehung ist das Mindeste, was die Gesellschaft für den spärlichen Nachwuchs tun kann.

– In unserer Wohlstandsgesellschaft ist der Erwerb materieller Güter für die Eltern so bedeutend geworden, dass die Kindererziehung im herkömmlichen Sinne zu viele Ressourcen beanspruchen würde. Daher wird die Betreuung der Kinder an staatliche Institutionen übergeben.

Vor einiger Zeit hatte ich ein Gespräch mit einer Kindergärtnerin aus einem Betriebskindergarten. Beim Ausfüllen eines Formulars habe ich sie beiläufig gefragt, wie denn heute die korrekte Bezeichnung für ihren Beruf sei. Da hat die junge Frau gelacht und gesagt: „Eigentlich sind wir Kinderpädagogen, aber Sie können ruhig auch Kindergärtnerin zu mir sagen. Viele Kinder sagen auch Tante zu uns, und oft werde ich von den ganz Kleinen auch Mama genannt. Und wenn ich ehrlich bin, stehen mir dabei die Tränen in den Augen. Wie kann denn das sein, dass eine Mutter zulässt, dass ihr eineinhalbjähriges Kind zu einer fremden Frau Mama sagt? Bloß damit sie arbeiten kann. Weil bei uns im Kindergarten sind nur die Kinder von den Managern. Das sind alles wohlhabende Familien, da müssten die Mütter nicht arbeiten gehen. Wissen Sie, oft wollen die Kleinen nach einem Tag bei mir dann gar nicht zu ihrer Mutter zurück. Und wenn dann so ein Kleiner bei uns im Kindergarten seine ersten aufrechten Schritte macht, dann denke ich mir: Ich würde weinen, wenn mein Kind seine ersten Schritte bei jemandem Fremden macht und ich sie nicht sehen könnte. Und das Gleiche passiert uns immer wieder mit den ersten Worten. Ich sage Ihnen, das ist einfach unglaublich, was die Eltern ihren Kindern antun."

Natürlich spricht die junge Kindergärtnerin berührend aus ihrer ganz persönlichen Sicht und lässt die positiven Aspekte dieser Form von Kinderbetreuung außer Acht: Eine liebevolle, geregelte Versorgung in einer Krippe ist für ein Kleinkind allemal besser als soziale Verwahrlosung in überforderten Familien. Trotzdem hat mich die emotionale Sicht der jungen Frau bewegt. Dass ein Kind die ersten Schritte und die ersten Worte seines Lebens bei Mutter und Vater und nicht in einer institutionalisierten Erziehungseinrichtung tun sollte, erscheint mir für die Beziehung zwischen Eltern und Kindern unerlässlich. Wer aber mit Einverständnis der Gesellschaft in der Petrischale zeugen lässt, hat wohl auch weniger Probleme, auch bei den ersten Schritten ins Leben nicht persönlich dabei zu sein.

Im OECD-Länderbericht über die Politik der frühkindlichen Betreuung, Bildung und Erziehung in der Bundesrepublik Deutschland aus dem Jahre 2004 heißt es: „Für den Pädagogen, der mit dem Kind arbeitet, sind die Elemente des ursprünglichen deutschen Pädagogikkonzepts Betreuung, Bildung und Erziehung eng miteinander verknüpft. Es sind tatsächlich untrennbare Aktivitäten bei der täglichen Arbeit. Dies sind keine eigenständigen Bereiche, die zusammengefügt werden müssen, sondern zusammenhängende Teile des kindlichen Lebens."

Letztlich beschreibt diese Aufzählung nichts anderes als die ehemaligen Teilaufgaben der Erziehung eines Kindes innerhalb der Familie. Allerdings unter veränderten Vorzeichen, denn an die Stelle von Vater, Mutter und Geschwistern rücken nun Pädagogen, Tagesmütter und -väter, Erzieher und Betreuer. Geschwister werden durch andere Kinder ersetzt. Und an die Stelle des Ortes einer Familie treten Kinderkrippen, Kindergärten, Kindertagesstätten, Horte und Spielgruppen, Kindertagespflegeheime, Mittagstische, Ganztagsschulen sowie gesonderte Angebote während der Ferien.

In der Schweiz wird im Zusammenhang mit der Versorgung der Kinder von der „familienexternen Tagesbetreuung" oder der „familienergänzenden Tagesbetreuung" gesprochen. In Anbetracht dieser wohlklingenden Wortbildungen keimt der Verdacht, dass es sich dabei um Euphemismen handeln könnte. Eine liebevolle Beschreibung einer grausamen Tatsache: nämlich dass die westliche Wohlstandsgesellschaft wesentliche Teilbereiche der sozialen Interaktion zwischen den Generationen an familienfremde Institutionen delegiert. Denn auch wenn Kindertagesbetreuungsstätten als Ergänzung der elterlichen Erziehung verstanden werden, bleibt in Anbetracht der häufig gelebten Realität die Frage, ob nicht die stundenweise elterliche Erziehung am Wochenende eher eine Ergänzung der umfassenden institutionellen Kindertagesbetreuung darstellt.

Ebenso, wie die alten, kranken und sterbenden Individuen dieser Gesellschaft in entsprechende Heime und Sterbeinstitutionen ausgelagert werden, scheint es, dass auch Kinder zunehmend familienextern versorgt werden müssen. Laufend verliert die Institution der Familie ihre Bedeutung als lebensumspannender Mikrokosmos innerhalb des Staates. Die Eltern der wenigen verbliebenen Kinder verdienen lieber selbst Geld, um folglich eine fremde Person oder Institution für die Versorgung der eigenen Kinder zu bezahlen. Im Extremfall bezahlt also eine Kindergärtnerin mit ihrem Gehalt eine Berufskollegin, die im Gegenzug dafür ihre Kinder betreut.

Letztendlich stellt sich wieder die Frage: Warum sollen sich zwei potentielle Elternteile überhaupt noch mit Kindern belasten, wenn sie doch eigentlich beide ihrer beruflichen und privaten Selbstverwirklichung nachgehen wollen? Wozu noch Kinder, wenn man ohnehin nicht mehr weiß, wohin damit?

Die Deutsche Psychoanalytikerin Ann Kathrin Scheerer schreibt, dass dem Bedürfnis von Frauen, die kleine Kinder haben und trotzdem berufstätig sein wollen oder müssen, das Beziehungsbedürfnis der Kinder gegenübersteht, dessen „möglichst gute Erfüllung in der ersten Lebenszeit die Basis ihrer seelischen Gesundheit und übrigens auch ihrer kognitiven Entwicklung darstellt". Weiters formuliert Scheerer: „Diese Lebenstatsache nicht ausreichend zu beachten, wäre auch eine Realitäts-Verleugnung. Und ebenfalls eine mit gravierenden Folgen für jeden Einzelnen und für die ganze Gesellschaft."

Schon längst empfinden nur noch wenige Menschen die Weitergabe von Werten wie Geborgenheit und Zuwendung als befriedigende Aufgabe. Im Gegenteil, die Zeit der Zuwendung für ein Kind wird als Mangelzeit bei der eigenen Verwirklichung und Lustbefriedigung empfunden. Wir sind eine Gesellschaft von Endverbrauchern geworden. Wir verwirklichen nur noch uns selbst. Sich in Form von Kindern auch in Zukunft weiter „wirken" zu lassen gehört nicht dazu. Die empathischen Fähigkeiten werden nur noch zur Selbstbefriedigung verwendet. Als Arzt erlebe ich da und dort noch eine Art des schlechten Gewissens den emotional unterversorgten Kindern gegenüber. Aber immer weniger Menschen sind bereit, 20 Jahre lang – so lange dauert die Begleitung einer neuen Generation – die eigenen Wünsche und Bedürfnisse zugunsten der Aufzucht von Nachwuchs als Lebensaufgabe zurückzustellen.

Der große englische Staatsmann und Literaturnobelpreisträger Winston Churchill hat einmal gesagt: „Democracy is the worst form of government except for all those others that have been tried", wörtlich also: „Demokratie ist die schlechteste Regierungsform, mit Ausnahme aller anderen, die versucht wurden." Anders gesagt: „Die Demokratie ist eine schlechte Staatsform, aber sie ist die beste, die wir kennen."

Diese Aussage kann man ebenso auch auf die Begriffe der monogamen Ehe und der Familie anwenden. Denn, wie der Alltag zeigt, in länger dauernden Beziehungen ist nicht immer alles eitel Wonne und Sonnenschein, und lebendige familiäre Strukturen erleben im Alltag Höhen und Tiefen. Und doch scheint diese Form der Familie – zumindest an ihren Ergebnissen gemessen – unübertroffen zu sein.

Liebe – Kinder – Kinderliebe

Kinderliebe sollte als jenes Maß an Liebe von Erwachsenen zu ihren Kindern definiert werden, das Kinder weder überfordert noch missbraucht. Kinderliebe beschützt, befriedigt elementare Bedürfnisse des Kindes und erwartet sich keine unmittelbare Rentabilität. Kinderliebe ist langfristige Liebe, sie wandelt sich mit dem Größerwerden des Kindes und zieht sich immer mehr aus dem wahrnehmbaren Bereich zurück, je selbstständiger das Kind wird.

Kleinkinder lesen und interpretieren die Gefühle ihrer Eltern aus deren Gesicht und reagieren darauf auf ihre Weise. Die Nachahmung des elterlichen Gesichtsausdrucks, in der Wissenschaft als Mimikry bekannt, dient nicht nur dem kindlichen Lernen, sondern hat einen weiteren, subtilen Inhalt: „Wenn ich so bin wie du, dann werde ich von dir angenommen und geliebt werden." Denn aus biologischer Sicht wollen Kleinkinder nicht um der Liebe selbst willen geliebt werden, sondern um zu überleben. Nützliche und lebensnotwendige Dinge wie Nahrung, Wärme und Schutz, das bedeutet aus Sicht des Babys Liebe.

Deshalb ist nichts für ein kleines Kind emotional verstörender als ein plötzlicher Gefühlsverlust im Gesicht von Mutter oder Vater. Berührend, ja fast erschreckend ist folgendes psychologisches Experiment: Eine Mutter wendet sich ihrem Kleinkind zuerst liebevoll zu, dreht sich dann kurz weg und wendet sich nach einer kurzen Pause erneut – mit einem nunmehr völlig versteinerten Gesichtsausdruck – dem Kind zu. In einem Video eines solchen Versuches ist zu sehen, wie das betroffene Kleinkind zuerst spielend, später dann verzweifelt, wütend und schließlich auch ängstlich versucht, mit seinen kleinkindlichen Möglichkeiten das vertraute Lächeln in das Gesicht der Mutter zurückzuzaubern.

Wissenschaftliche Untersuchungen haben gezeigt, dass die aufopferungsvolle Liebe einer Mutter erst in der Interaktion mit dem zur Welt gekommenen Säugling entsteht.

Hauptsächlich wird heute das Hormon Oxytocin für die Bindungsliebe zwischen Mutter und Kind verantwortlich gemacht. Es wird erstmals im Verlauf der Geburt durch die Dehnung des Muttermundes sowie später bei jedem Stillvorgang ausgeschüttet.

Die Verhaltensforschung hat darüber hinaus aufgezeigt, wie sensibel und verletzlich auch in der Tierwelt die Beziehung zwischen Mutter und Kind gepflegt wird. Nimmt man z. B. einer Schafmutter ihr Kind weg, nur um es ihr kurze Zeit später wiederzugeben, so wird sie das Lamm wie ein fremdes Wesen ablehnen und von sich weisen. Auch dieses Beispiel zeigt: Die Bindung zwischen Baby und Mutter ist von der Natur in den Mittelpunkt der kindlichen Entwicklung gestellt worden, und die Kinderliebe ist das zentrale Element dieser Bindung.

Welche Bedeutungen kann der Begriff „Kinderliebe" noch annehmen? Ist sie nur ein Teilaspekt, eine besondere Form der Liebe? Im demographischen Kontext bedeutet Kinderliebe den Glauben an die Zukunft, denn eine Gesellschaft ohne Kinder hätte keine Zukunft. Kinderliebe kann nicht nur die Liebe zum eigenen Kind bedeuten, sondern auch die Bereitschaft, überhaupt Kinder zu bekommen und großzuziehen. Und zuletzt gibt es auch als Gegenstück die Liebe der Kinder, mit der Eltern und Erwachsene geködert, bezirzt und für ihre Bemühungen belohnt werden. Denken wir nur an den Gesichtsausdruck eines zufriedenen, frisch gestillten Säuglings. Auch in Bezug auf Kinder ist Liebe ein ökonomisch durchaus nachvollziehbares Geben und Nehmen. Richtig dosiert, eine Win-win-Situation für alle beteiligten „Handelspartner".

Wie bei einem Medikament ist allerdings auch bei der Liebe, und besonders bei der Kinderliebe, die Dosis für die Wirkung entscheidend. Im besten Fall werden aus Liebe gezeugte Kinder ihrerseits wohl dosiert geliebt, werden wieder zu lebens- und liebesfähigen Erwachsenen, und die ewige Spirale von Liebe und Leben könnte sich von sich heraus am Leben erhalten. Ein Perpetuum mobile der Liebe.

Und was bedeutet sinnvolle, gut dosierte Kinderliebe für ein Kind? Wohl auch jenes Maß an elterlicher Sorge und Zuwendung, das notwendig ist, um ein Kind einmal lebenstüchtig und selbstständig in ein eigenes Leben entlassen zu können. Wer sein Kind liebt, wird ihm also auch Grenzen setzen und Widerstand bieten, Konflikte nicht einfach aus der Welt schaffen, sondern mit dem Nachwuchs gemeinsam bewältigen. Ein Kind Schmerz und Leid erleben zu lassen kann also im Extremfall ebenso eine Form der Kinderliebe sein – die allerdings, auch für die liebenden Eltern, Schmerz und Leid bedeutet. Aber die aus Liebe zur zukünftigen Lebensfähigkeit des Kindes notwendig ist. Denn das Kind von heute wird morgen selbstständig werden müssen, sich selbst und im besten Fall wieder eine eigene Familie am Leben erhalten müssen.

Lust und Unlust, Sexualität und Unfruchtbarkeit

Mit der Entwicklung und Markteinführung der Antibabypille 1961 hat sich die Sexualität verändert. Sie hat jenen Teil ihrer Bedrohlichkeit, der in der zufälligen Zeugung nicht geplanten neuen Lebens liegt, verloren – lediglich die mögliche Übertragung von Geschlechtskrankheiten ist auch nach 1961 ein bedrohlicher Teilaspekt der sexuellen Lust geblieben.

Wäre die Einführung und Verbreitung der Pille lediglich Teil einer weltweit durchgeführten wissenschaftlichen Studie, so könnte man aus dem Studienergebnis klar folgern: Nicht die Vernunft, sondern einzig und allein die natürliche Attraktion zwischen den Geschlechtern und die medizinisch unbeeinflusste sexuelle Lust können für ausreichend Nachkommen sorgen, um eine Gesellschaft lebendig zu erhalten. Denn überlässt man die Frage, wie viele Nachkommen jede gebärfähige Frau bekommt, dem freien Menschenverstand, so lautet die Antwort ganz klar: demographischer Pillenknick – also die deutliche Reduktion der Fortpflanzungsrate seit Einführung der Pille – und eine aktuelle Fertilitätsrate, die so niedrig ist, dass die Gesellschaft aus sich heraus nicht mehr für eine ausreichende Zahl von Nachkommen sorgt.

Solange eine etwaige Schwangerschaft ein nur schwer vermeidbares „Restrisiko" beim Geschlechtsverkehr war, nahm man eine höhere Zahl von Nachkommen in Kauf, um sexuelle Lust auszuleben. Aber seit der Einführung der Pille nimmt man die Möglichkeit, Lust ohne Schwangerschaftsrisiko zu erleben, gerne in Anspruch, auch wenn das bedeutet, dass unsere Gesellschaft auszusterben droht.

Jahrhundertelang war sexuelles Vergnügen mit der Zeugung von Nachkommen untrennbar verbunden. Man hat Kinder einfach bekommen. Sie großgezogen und für ein eigenes Leben vorbereitet. Und jahrhundertelang hatten alte Menschen die Hoffnung, im Alter von ihren Kindern umsorgt und gepflegt zu werden. Kinder stellten damit nicht nur den Fortbestand der Gesellschaft sicher, sondern auch einen Teil der individuellen Alterssicherung dar.

Heute dagegen sind sexuelles Vergnügen und Fortpflanzung vollständig voneinander entkoppelt. Das geht so weit, dass mittlerweile die ungewollte Erzeugung menschlichen Lebens in Österreich als medizinischer Notfall betrachtet werden kann – zumindest bezeichnete der österreichische Gesundheitsminister Alois Stöger die „Pille danach" im Rahmen einer Info-Kampagne als „Notfallmedikament".

Je freier die Sexualität, desto unfruchtbarer scheint die Gesellschaft zu werden. Unfruchtbar nicht nur im Hinblick auf die bewusste Entscheidung, auf Nachwuchs zu verzichten, sondern unfruchtbar auch in medizinischem Sinn.

Seit einigen Jahrzehnten gibt es in Europa eine eindeutige Entwicklung hin zu einer Verringerung der Fruchtbarkeit sowohl bei Frauen als auch bei Männern. Frauen werden nach Jahren oder gar Jahrzehnten der hormonellen Empfängnisverhütung immer schwerer schwanger, Männer sind immer häufiger nicht mehr in der Lage, ein Kind zu zeugen. Verminderte Spermienproduktion, nachlassende Spermienbeweglichkeit auf der einen Seite sowie eine allgemein verringerte sexuelle Lust andererseits kennzeichnen diesen Trend.

Die medizinisch-gesellschaftliche Konsequenz ist eine rasante Entwicklung mit ungeahnten Fortschritten im Bereich der Fertilitätsmedizin, die versucht, das Fortpflanzungsdilemma wissenschaftlich zu lösen. Genetisch-technische Möglichkeiten lassen fast jede lebensfähige Kombination männlichen und weiblichen Erbgutes möglich erscheinen. Ethische, moralische und juridische Barrieren bei der synthetischen Komposition menschlichen Nachwuchses fallen eine nach der anderen. Immer mehr Menschen werden auf Wunsch von nicht mehr zeugungsfähigen Eltern mit hohen finanziellen Kosten im Reagenzglas gezeugt und – derzeit noch – in die weibliche Gebärmutter implantiert, um dort zu einem lebensfähigen Baby heranzuwachsen.

Tatsächlich gab es noch nie so viele medizinisch-anatomisch begründete Unfruchtbarkeiten wie heute. Eine häufige Ursache dafür sind unter anderem urogenitale Infektionskrankheiten, die einerseits tatsächlich heute häufiger auftreten als früher und die andererseits aufgrund verbesserter Untersuchungsmethoden auch besser diagnostizierbar sind.

Neben unzähligen anderen Infektionskrankheiten führen z. B. Chlamydieninfektionen häufig zu Infertilität, also Unfruchtbarkeit. Chlamydien sind Bakterien, die vor allem beim Geschlechtsverkehr, unabhängig von seiner Art, übertragen werden. Oft setzen sie sich nach einem Erstkontakt – über mehrere Monate, oft sogar über Jahre unbemerkt – an der Schleimhaut der Scheide, am Gebärmutterhals oder an den Eileitern fest. Dort führen sie zu Entzündungen, die beim Abheilen z. B. durch Verklebungen der Tuben zu Unfruchtbarkeit führen können. Aber auch Bauchhöhlenschwangerschaften und Frühgeburten sind als weitere Folgen einer solchen Infektion möglich. Auch wenn ein Großteil der Infektionen harmlos und ohne bleibende Schäden verläuft, sind Chlamydieninfektionen eine ernstzunehmende Ursache für erworbene Unfruchtbarkeit. Und falls eine mit Chlamydien infizierte Frau doch ein Kind bekommen kann, leidet das Neugeborene häufig an Untergewicht, Bindehautentzündungen oder Lungenentzündungen.

Beim Mann können die Prostata, der Nebenhoden, der Hoden und die Harnröhre von Chlamydienbefall betroffen sein. Im ungünstigsten Fall bleibt nach dem Abklingen einer Infektion die bleibende Zeugungsunfähigkeit. Bei Oralverkehr können auch die Schleimhäute des Rachens und der Augen von lästigen Infektionen erfasst werden.

Da die Infektionen bei Männern zu 50 Prozent und bei Frauen sogar zu 80 Prozent ohne erkennbare Symptome verlaufen – mögliche Symptome wären bei Mann und Frau das Auftreten von Ausfluss sowie brennende Schmerzen beim Urinieren –, bleiben sie auch meist unentdeckt. Deshalb werden Chlamydieninfektionen unbewusst bei häufig wechselnden Sexualpartnern und ungeschütztem Geschlechtsverkehr weitergegeben. Den besten Schutz gegen

Chlamydien, wie gegen jede geschlechtlich übertragbare Krankheit, bietet die Verwendung eines Kondoms. Wenn eine Chlamydieninfektion allerdings rechtzeitig erkannt wird, stehen ausreichend Antibiotika zur Behandlung zur Verfügung.

Neben Infektionen führen auch Störungen des hormonellen Regelkreises nach jahrzehntelanger Pilleneinnahme zu vermehrter Infertilität bei der Frau. Und die zunehmende Belastung des Grundwassers mit Hormonen und anderen Medikamentenrückständen trägt keinesfalls zu einer verbesserten Spermiogenese beim Mann bei. Denn die Millionen und Abermillionen eingenommener Hormonpillen verlieren ihre Wirkung keineswegs unmittelbar nach der Verhinderung des Eisprunges. Hormonell aktive Metaboliten werden über den Urin ausgeschieden und überwinden die Barrieren der gängigen Filter- und Kläranlagen problemlos, sammeln sich in Grundwasser und Nahrungsmitteln an und verrichten von nun an zum zweiten Mal ihr Werk, und zwar bei beiden Geschlechtern zu gleichen Teilen. Diesmal allerdings unbeabsichtigt, unkontrolliert und weitgehend unbemerkt.

Aus wissenschaftlicher Sicht kommt es durch diese erhöhte Östrogenhaltigkeit von Nahrungsmitteln und Grundwasser bei männlichen Jugendlichen und jungen Männern zu vermehrten körperlichen Zeichen der Feminisierung. Es gibt Studien, die vermuten lassen, dass es sogar schon in der embryonalen Phase zu einer Störung der körperlichen und, damit eng verbunden, auch der psychischen Entwicklung im Bereich der Sexualität kommt. Denn neben einer verringerten Größe der männlichen Hoden beobachten wir zurzeit auch eine Verminderung der Samenproduktion und eine allgemein verminderte Libido. Das bedeutet, dass immer mehr junge Männer weniger Interesse am anderen Geschlecht zeigen.

Insgesamt gelten heute etwa 15 Prozent aller mitteleuropäischen Paare als unfruchtbar. Dabei ist es nach Jahrzehnten der hormonellen Verhütung durchaus normal, dass es eine Wartezeit von bis zu einem Jahr gibt, bis eine Schwangerschaft eintritt. Erst wenn eine Frau nach einem Jahr ungeschütztem, regelmäßigem Geschlechtsverkehr nicht schwanger geworden ist, sollte an eine Infertilität oder an eine Fruchtbarkeitsstörung gedacht werden. Die WHO spricht in ihrer Definition erst nach zwei unfruchtbaren Jahren von einer „sterilen Partnerschaft".

Die statistische Aussage von 15 Prozent unfruchtbaren Paaren muss aber hinterfragt werden, nämlich: Wann sind diese 15 Prozent der Paare unfruchtbar? Die Antwort ist schnell gefunden und erschreckend einfach: Zum Zeitpunkt des Kinderwunsches. Wobei im Übrigen zu bezweifeln ist, ob Kinderwunsch und Fortpflanzungswunsch immer ident sind.

Das Problem besteht also nicht nur darin, dass Menschen aufgrund etwa von Infektionskrankheiten fortpflanzungsunfähig sind. Eine weitere Ursache für die noch nie da gewesenen Fortpflanzungsprobleme ist vielmehr das stetig zunehmende Alter der Erstgebärenden. Die Statistik belegt für Österreich, dass das durchschnittliche Alter der erstgebärenden Frauen 1987 noch bei 24,4 Jahren lag. Zurzeit liegt es bei ca. 30 Jahren, Tendenz steigend.

Wenn man nun bedenkt, dass die Lebensjahre zwischen dem 15. und 25. Geburtstag bei einer Frau die fruchtbarste Zeit darstellen, dass aber nur 25 Prozent der Kinder von Frauen dieser Altersspanne zur Welt gebracht werden, dann wird klar, warum das Zeugen der Kinder nicht mehr so richtig klappt. Denn durch die unzähligen Verhütungsmittel unserer Zeit kann zwar die Empfängnis in diesen Jahren verhindert werden, eine Ausdehnung der biologisch zur Fortpflanzung geeigneten Zeitspanne ist aber ohne medizinische Hilfsmittel nicht möglich. Die weibliche Fruchtbarkeit bleibt zeitlich limitiert, ab einem Alter von rund 40 Jahren beginnt sie, bei der einen Frau früher, bei einer anderen später, rasch und kontinuierlich zu sinken. Das war in früheren Generationen ähnlich und ist so geblieben – die natürliche Fruchtbarkeit der Frauen hat nicht proportional mit der gestiegenen Lebenserwartung Schritt gehalten.

Offenbar hat die Natur bei der Entwicklung der weiblichen Fertilität also den modernen Zeitgeist nicht ausreichend berücksichtigt. Oder hat vielmehr der moderne Zeitgeist die Natur zu wenig berücksichtigt? Eine Frage, die heute gerne als politisch unkorrekt abgestempelt wird. Denn immer wieder höre ich von mehr oder weniger verzweifelten, vom Fortpflanzungsdruck gestressten Patientinnen, dass Frauen das gleiche Recht auf Ausbildung und berufliche Erfüllung haben sollten wie Männer. Das klingt auch schön, ist philosophisch korrekt, und ich widerspreche nicht. Aber diese Forderung lässt sich eben nur schwer mit den biologischen Verhältnissen in Einklang bringen.

Natürlich höre ich an dieser Stelle den lauten Aufschrei aller Feministinnen und möchte ihnen antworten: Natürlich ist es legitim, dass eine Frau die gleichen Erwartungen z. B. an die Erfüllung in der Karriere hat wie ein Mann. Und natürlich ist die Leistung des Feminismus, der u. a. das Recht der Frau auf berufliche Selbstverwirklichung erkämpft hat, unbestritten. Aber man muss auch feststellen, dass der Natur diese Erwartungshaltung ganz einfach egal ist bzw. sie sich nicht „überlisten" lässt. Der Preis für das Verschieben des Kinderwunsches auf einen späteren Zeitpunkt, zu dem man sich in der Karriere schon ein bisschen gefestigt hat, ist ganz einfach geringere Fruchtbarkeit.

Die Fortpflanzungsmedizin und ihre Früchte

Der gesamtgesellschaftliche Stress ist längst auch beim Zeugungsprozess angelangt. Die sexuelle Lust ist von der Fortpflanzung entkoppelt, der Zeugungsakt zur Arbeit geworden. Hormonelle Probleme und gleichzeitig drängender Kinderwunsch führen zu absurden Situationen. So hat einer meiner Patienten unlängst eine länger dauernde Dienstreise unterbrochen, ist eines Morgens 1.200 km nach Hause geflogen, um mit seiner Gattin den Geschlechtsverkehr zum vom Arzt vorausberechneten optimalen Zeitpunkt auszuführen, und hat unmittelbar danach wieder ein Flugzeug bestiegen, um 1.200 km zurück zur Arbeit zu fliegen. Man stelle sich die Innigkeit, Liebe und Zärtlichkeit dieses Geschlechtsverkehrs vor.

Durch die permanent nachlassende Fortpflanzungsfähigkeit in der westlichen Welt steigt das Interesse von Paaren mit unerfülltem Kinderwunsch an einer künstlichen Befruchtung sprunghaft an.

Zur künstlichen Befruchtung stehen heute die folgenden Methoden zur Verfügung:

– Bei der Insemination werden nicht ausreichend bewegliche Samen des Mannes mittels eines Katheters direkt in die Gebärmutter der Frau eingebracht. Damit wird die Wahrscheinlichkeit einer Befruchtung erhöht. Allerdings eignet sich diese Methode nur dann, wenn das Problem ausschließlich in der mangelnden Qualität der männlichen Samen besteht.

– Bei der Intracytoplasmatischen Spermieninjektion (ICSI) wird im Fall von besonders schlechter Spermienqualität die männliche Samenzelle direkt unter einem Mikroskop in die zuvor gewonnene weibliche Eizelle injiziert. Diese wird dann wieder in die Gebärmutter übertragen. Wenn sich keine Samenzellen im männlichen Ejakulat befinden, können diese im Notfall operativ aus dem Hoden oder dem Nebenhoden gewonnen werden und im Anschluss mit der ICSI-Methode in die weibliche Eizelle eingebracht werden.

– Im Gegensatz zu einem natürlich ablaufenden Zyklus werden bei der In-Vitro-Fertilisation (IVF) mit Hilfe einer aufwendigen Hormonbehandlung mehrere Eizellen zum Reifen gebracht. Diese werden im Anschluss operativ dem weiblichen Körper entnommen und mit labortechnischen Untersuchungen auf ihre Verwendbarkeit hin überprüft. Die „gesündesten" werden dann in der Petrischale mit ebenso labortechnisch voruntersuchten Samenzellen des auserwählten Vaters zusammengebracht, wo dann im günstigsten Fall mehrere Embryonen „angehen". Erst wenn diese Zellhaufen ihre Wachstumsfähigkeit ausreichend bewiesen haben, werden sie im Rahmen des sogenannten Transfers in die – wiederum hormonell vorbereitete – Gebärmutter eingesetzt. Zwei bis drei Embryonen pro Versuch, um die Erfolgschance zu erhöhen. Übrig gebliebene Samen- und Eizellen können für weitere Versuche tiefgefroren aufbewahrt werden. Ebenso können auch befruchtete Eizellen für spätere Versuche tiefgefroren werden. Wenn alle Embryonen überleben, kommt es zur Mehrlingsschwangerschaft. Die Erfolgsrate der IVF ist deutlich höher als die der Insemination und liegt bei 25 bis 30 Prozent pro Versuch.

Nachdem mit dem Wunsch nach eigenen Kindern auch gutes Geld zu verdienen ist, hat sich die Fortpflanzungsmedizin gerne dieser Patientengruppe angenommen. Die meisten westlichen Staaten haben mittlerweile durch entsprechende Gesetze die juridischen Rahmenbedingungen für diverse Kombinationen von menschlichen Neuschöpfungen in der Petrischale festgelegt.

Die Fortpflanzungsindustrie ihrerseits wittert Morgenluft. Teilweise börsennotierte Unternehmen forcieren Forschung und Verkauf ihrer Produkte und Verfahren. Suchen Plattformen, um für sich werben zu können. Die Botschaft dabei: Wenn Sie schon kein eigenes Kind haben können, dann doch wenigstens ein perfektes. Und tatsächlich machen immer mehr Eltern aus der Not eine Tugend und klammern sich an die Hoffnung, dass ein genetisch ausreichend vorselektioniertes Kind aus der Petrischale seinen auf natürlichem Weg gezeugten und zur Welt gebrachten Kameraden gegenüber im Vorteil sein wird. 2015 sollen in Österreich 6.153 Paare die Dienste von Fertilitätszentren in Anspruch genommen haben. Das sind um 15 Prozent mehr als 2014.

Unter bestimmten gesetzlichen Auflagen können tatsächlich durch Eizellenspenden beziehungsweise Samenspenden (fast) beliebig neue Menschen künstlich zusammengesetzt werden, ohne dass es dazu noch der körperlichen Vereinigung von Vater und Mutter bedarf. Oder von Mutter und Mutter bei homosexuellen Paaren – das neue österreichische Fortpflanzungsmedizingesetz erlaubt nämlich auch die medizinisch unterstützte Fortpflanzung mittels einer Samenspende für lesbische Paare. Dabei darf der verwendete Samen sowohl von einem Bekannten des lesbischen Paares als auch von einer Samenbank stammen. Alleinstehenden Frauen mit Kinderwunsch steht diese gesetzliche Möglichkeit im Übrigen nicht zu.

Für heterosexuelle Paare wurde im neuen Gesetz die Samenspende durch Dritte im Falle einer Zeugungsunfähigkeit des Mannes geregelt. Und auch die Eizellenspende ist nunmehr erlaubt, sofern die Spenderin nicht älter als 30 und die Empfängerin nicht älter als 45 Jahre ist. Es gilt laut Gesetz allerdings ein strenges Vermittlungs- und

Kommerzialisierungsverbot, und auch die Leihmutterschaft, wie sie aus diversen Produkten der Filmindustrie bekannt ist, bleibt vorläufig weiterhin verboten. Kinderwunschkliniken beklagten sich allerdings schon bald nach Inkrafttreten des Gesetzes über einen Mangel an Eizellenspenderinnen, da die Spenderinnen kein Geld bekommen dürfen und auch die Werbung für Eizellspenden gesetzlich untersagt ist.

Unabhängig von den menschlichen Umständen werden also im Reagenzglas Ei- und Samenzelle zusammengebracht. Nach ca. einer Woche ist im Reagenzglas ein Embryo herangereift, der zum weiteren Wachstum in die Gebärmutter einer Frau eingepflanzt werden kann. Die verschiedenen, nunmehr gesetzlich möglich gewordenen Kombinationen von Samen- und Eizelle bedeuten, dass Mütter die genetischen Kinder von anderen Frauen in ihrem Leib heranreifen lassen und als ihre eigenen Kinder großziehen können. Das Gleiche gilt für die genetische Identität von durch Samenzellenspenden fremder Männer in die Welt gesetzte Kinder.

Ein weiteres technisches Detail dringt in Form der Präimplantationsdiagnostik in den Intimbereich der Zeugung von Kindern in einem Liebesakt vor. Also die medizinische Untersuchung des Embryos, bevor er in die Gebärmutter eingepflanzt wird. Auch hier hat das Gesetz die Gegebenheiten klar definiert: Erst wenn drei IVF-Versuche gescheitert sind beziehungsweise es drei Fehlgeburten von IVF-bedingten Schwangerschaften gegeben hat oder bestimmte Erbkrankheiten im Bereich der Spender bekannt sind, darf der künstlich befruchtete Embryo vor der Einsetzung in die Gebärmutter auf Erbkrankheiten untersucht und gegebenenfalls entsorgt werden.

Und all das ist wohl erst der Anfang. Im Dokumentarfilm „Future Baby" sagt Carl Djerassi, der Erfinder der

Antibabypille, kurz vor seinem Tod 2015: „Wir stehen jetzt ja erst ganz am Anfang dieser Geschichte. Denn bis jetzt haben wir nur unfruchtbare Paare im Fokus gehabt, aber jetzt wird man jungen Mädchen sagen: Friert eure Eier ein, da könnt ihr euch sogar sterilisieren lassen, damit ihr nicht verhüten müsst. Wenn ihr nicht verhüten müsst, könnt ihr Geld sparen, für In-Vitro-Fertilisation. Das ist so ein kleiner Schritt für mich, an dem man gut erkennen kann, dass das ganze Szenario noch nicht wirklich eröffnet ist. Aber wir rutschen immer mehr da hinein."

In der westlichen Welt unserer Tage werden Kinder, seit dem Siegeszug der Pille, nicht mehr als natürliches Nebenprodukt der Liebe zwischen Mann und Frau betrachtet, sondern als bewusst, geplant und zum passenden Zeitpunkt in die Welt gesetzte Accessoires des eigenen Lebensentwurfes. Dabei wird die Möglichkeit, dass nach dem Absetzen der Pille die gewünschte Schwangerschaft nicht sofort eintritt, kaum ernsthaft in Erwägung gezogen. In vielen Fällen führen daher Komplikationen bei der Familienplanung zu psychischen Beschwerden der betroffenen Eltern. Ohnmacht, Wut, Trauer, Scham- und Schuldgefühle erschweren die psychische Bewältigung einer solchen Reproduktionskrise.

Alleine in Österreich haben im Jahr 2007 über 4.300 Paare versucht, mit Hilfe von IVF doch noch ihren Kinderwunsch zu realisieren. Dabei gibt es – in Anbetracht der nicht unerheblichen Kosten einer solchen Befruchtung – finanzielle Hilfe durch den IVF-Fonds.

Natürlich können solcherart künstlich gezeugte Kinder von ihren Eltern ebenso natürlich geliebt werden, wie natürlich gezeugte Kinder in ungünstigen Fällen künstlich geliebt werden können. Aber trotzdem: Wenn nach etlichen – finanziell, körperlich und psychisch belastenden –

Fehlversuchen einer IVF schließlich doch ein gesundes Kind zur Welt kommt, wird die emotionale Ausgangslage bei den Eltern eine ganz andere sein, als wenn ein Kind spontan im Rahmen eines leidenschaftlichen Geschlechtsverkehrs entsteht. Wenn ein Kind, das mit viel Geld, Mühe und Aufwand gezeugt und erarbeitet worden ist, endlich zur Welt kommt, darf absolut nichts mehr schiefgehen. Das Kind muss noch mehr in Watte gepackt werden als ein natürlich entstandenes Ich.

Beruf Mutter

Das häufigste Wort, das ich bei psychotherapeutischen Gesprächen im Zusammenhang mit der Rolle von Müttern höre, die bei ihren Kindern zu Hause bleiben, ist das unscheinbare Vorwort „nur". „Ich bin nach dem Studienabschluss nur bei den Kindern zu Hause geblieben", ist so ein unlängst gehörter Satz. „Die Dissertation hab ich noch fertigschreiben können, aber dann haben wir, eines nach dem anderen, insgesamt sechs Kinder gekriegt, da ist es gar nicht anders gegangen, als dass ich zu Hause geblieben wäre." Und etwas später im Gespräch noch einmal: „Ja, ich bin nur Hausfrau."

Es ist – gemeinsam mit dem Gatten der Patientin – in einigen Gesprächen gelungen, einen neuen Blickwinkel auf den Lebensweg zu ermöglichen, den sie einst bewusst eingeschlagen hatte. Denn sechs Kinder zu lebensfähigen Menschen heranzuziehen ist – nicht nur aus gesellschaftlicher Sicht – eine gewaltige Leistung. Und ich bedaure sehr, dass es einer ärztlichen Intervention bedarf, um diesen notwendigen, wenn auch öffentlich unsichtbaren Dank im Namen der Gesellschaft erkennbar zu machen.

Ohnehin erachte ich es als einen der größten Fehler unserer Zeit, dass sie den Wert einer Mutter derart missachtet, wie es das Wörtchen „nur" zum Ausdruck bringt. „Nur Hausfrau und Mutter" bringt punktgenau die Überzeugung unserer Gesellschaft zum Ausdruck, dass nur das ökonomisch Wertvolle wirklich wertvoll ist. Denn wir sagen zwar gern: Geld macht nicht glücklich. Aber gleichzeitig scheint es der größte Makel des Berufs Mutter zu sein, dass sich damit kein Vermögen verdienen, keine Karriere machen lässt.

Dabei erscheint es mir als etwas Großartiges, Mutter sein zu können. Wie oft habe ich als Hausarzt alte Menschen, vor allem Männer, die ich im Sterben begleitet habe, in der einen oder anderen Form sagen hören: „Ich gehe jetzt heim zur Mutter." Kein einziges Mal übrigens habe ich eine Version mit „Vater" gehört. Die ersten neun Lebensmonate des Fötus im Mutterleib werfen offensichtlich einen gewaltigen Schatten auf das ganze Leben voraus. Jeder von uns kommt zu 100 Prozent aus einer Mutter. An diesem Punkt endet jede Diskussion über Gleichberechtigung und geschlechtliche Gleichstellung.

Immer mehr allerdings scheinen diese Tatsache und die damit verbundene Verantwortung der Mutter für das neu entstandene Leben als bloße Belastung wahrgenommen zu werden. Als eine Aufgabe, die eine Frau daran hindert, ihre eigentlichen Interessen und Herausforderungen im Leben wahrzunehmen.

So ergab die Befragung von 1.000 Studienteilnehmern im Auftrag der „Familie und Beruf Management GmbH" im Jahre 2014, dass die Vereinbarkeit von Familie und Beruf vor allem bei Frauen mit Kindern im Alter von unter zehn Jahren an oberster Stelle steht.

In dieser Studie ist auch die Rede davon, dass nach wie vor „Frauen die Hauptlast bei der Kinderbetreuung schultern". Ein Satz, der eine nähere Betrachtung verdient.

Denn abgesehen von der Tatsache, dass es tatsächlich bedauerlich ist, wenn Männer sich systematisch von der Auseinandersetzung mit Kindern verabschieden, so suggeriert dieser Satz doch, dass Kinder erstens mehr „betreut" als „erzogen" werden müssen und dass zweitens diese Tätigkeit als eine Last wahrgenommen wird, wie das Wort „schultern" anklingen lässt. Dass die Beschäftigung mit Kindern auch Erfüllung und Freude bedeuten kann, dass Kinder in den meisten Fällen die in sie investierte Liebe mit hohem Multiplikationsfaktor zurückgeben, wird mit keinem Wort erwähnt, mit keinem Gedanken angedacht.

Nach über einer Generation hausärztlicher Tätigkeit, im Rahmen derer ich unzählige Eltern, Kinder und Familien ärztlich begleitet habe, erschreckt es mich, dass Kinder im öffentlichen Diskurs nur noch betreut, versorgt und untergebracht, aber nicht mehr erzogen werden müssen. Und nicht weniger nachdenklich stimmt die Tatsache, dass immer noch viele Männer die Tätigkeit einer Hausfrau und Mutter als wenig anstrengend oder herausfordernd beurteilen. Ich kann nur empfehlen, dass jeder Vater auch einmal ein paar Tage alleine mit dem Nachwuchs der Familie verbringt. Zum Ersten wäre dadurch ein dringend benötigter Kurzurlaub für die Mutter möglich, zum Zweiten wäre jeder Mann hinterher von der Vorstellung geheilt, dass die Beschäftigung mit den Kindern kein mehr als vollwertiger Beruf sei.

Würde allerdings der Gesetzgeber beschließen, den Mutterberuf in Form eines monatlichen Gehalts samt Nacht-, Erschwernis- und Wochenenddienstzulage abzugelten, zahlbar 14 Mal im Jahr, Kranken- und Pensionsversicherung selbstverständlich wie bei allen anderen Gehältern inkludiert – dann würde sich die derzeitige gesellschaftliche Wahrnehmung der Hausfrau und Mutter in ihrem 24-Stunden-Job an 7 Tagen der Woche augenblicklich verändern.

Und als sicher darf angenommen werden: Schlagartig würden sich Scharen von Männern plötzlich für die aktive Ausübung des Berufes der Vaterschaft interessieren. Denn in einer materiell orientierten Gesellschaft ist der Wert einer Tätigkeit an das dafür bezahlte Honorar gebunden. Wobei: „Honorar" kommt von „Honor", dem lateinischen Wort für „Ehre". Eine Kategorie, die dem Mutterberuf in unseren Breitengraden in den letzten Jahrzehnten völlig abhandengekommen ist. Ich habe vielmehr das Gefühl, dass – vor allem in sozial schwächeren Schichten – der Beruf der Mutter oder Hausfrau eher als Schande betrachtet wird.

Die oben angeführte Studie hat noch ein anderes interessantes Detail ergeben: Nämlich dass viele Frauen auf Teile des Gehalts zugunsten von mehr Zeit für die Familie beziehungsweise mehr Freizeit verzichten würden. Eine erstaunliche Aussage, wenn man sie näher analysiert. Denn man kann aus ihr den Schluss ziehen, dass viele Frauen sich nicht primär wünschen, dass ihre Arbeit für Familie und Kinder bezahlt wird, sondern lediglich, dass sie von der Gesellschaft mehr wertgeschätzt werden sollte.

Es ist absurd und beschämend für eine Gesellschaft, wenn Frauen ihre kleinen Kinder um fünf Uhr morgens aus dem Schlaf reißen müssen, um sie rechtzeitig in einer Krippe, bei einer Tagesmutter oder einer anderen Betreuungsstätte abgeben zu können, um dann zu ihrem Halbtagsjob gehen zu können, wobei sie das derart verdiente Geld einer familienfremden Frau übergeben müssen, die ihrerseits die ihr überantworteten fremden Kinder erzieht. Pikanterweise ist diese Tagesmutter oder Kindergärtnerin häufig selbst eine Frau, die aus finanzieller Sicht einzig und allein dafür arbeitet, um das notwendige Geld für die Betreuung ihrer eigenen Kinder aufbringen zu können. Und das sind keine erfundenen oder konstruierten Fälle, sondern Beispiele, die den familiären Alltag vieler Familien prägen, wie ich ihn nur allzu oft – mit Bedauern für alle Beteiligten – als Landarzt miterleben muss.

An einem verregneten Vormittag im Frühjahr erhält ein Neurologe und Psychiater Besuch von einer Pharmareferentin. An sich nichts Ungewöhnliches im Arbeitsalltag eines niedergelassenen Arztes. Aber diesmal hat der Arzt ein eigenartiges Gefühl. Denn irgendwie kommt ihm das Gesicht der adrett gepflegten Frau bekannt vor.

Sie erkennt augenblicklich die Frage in seinem Blick und lächelt. „Ja", sagt sie, „ja, Sie kennen mich von früher." Ein erfreutes Lächeln huscht über ihr Gesicht. Dann fährt sie fort: „Ich habe Sie vor ca. elf Jahren das letzte Mal besucht." Wieder macht sie eine kurze Pause und fährt dann nicht ohne Stolz fort: „In der Zwischenzeit war ich in Karenz und habe drei Kinder bekommen." Und weil die junge Frau die Unsicherheit im Gesicht des Arztes sieht, erklärt sie sogleich: „Das ist sich mit den drei Kindern immer gerade so ausgegangen, dass ich zu Hause bleiben habe können."

Es entsteht ein kurzes, angeregtes Gespräch über Kinder, deren Wert im eigenen Lebensentwurf und Erziehung im Allgemeinen. Die Liebe, mit der die Pharmareferentin über ihre Kinder spricht, scheint dem Arzt im Widerspruch zu den geschilderten Alltagsgegebenheiten zu stehen. Der Arzt steht unter Zeitdruck und hat keine Zeit für ein ausführliches Gespräch. Aber er fasst sich ein Herz: „Und wollten Sie wieder in den Beruf zurückkehren, oder mussten Sie es tun?" Und er staunt nicht schlecht über die Antwort der Pharmareferentin: „Ich arbeite derzeit nur 20 Stunden, und wenn ich ehrlich bin, geht mein gesamtes Gehalt für die Tagesmutter und die Kinderbetreuung auf."

Lapidar entgegnet der Arzt: „Glauben Sie nicht, dass es für Ihre Kinder besser wäre, wenn Sie anstatt einer bezahlten Tagesmutter die eigene Mutter Tag und Nacht hätten?" Da bricht die Frau in Tränen aus: „Ja, natürlich wäre ich lieber bei den Kindern zu Hause geblieben, aber mein Mann hat mir zu verstehen gegeben, dass auch ich etwas zum Familienunterhalt beisteuern sollte."

Im Zusammenhang mit den Themen Berufstätigkeit von Frauen, Kinderfreundlichkeit von Arbeitsplätzen, Teilzeitjobs und der Rolle des Mannes taucht immer wieder der Begriff „Work-Life-Balance" auf. Der Psychotherapeut und Philosoph Viktor Frankl hat auf die Frage, was denn ein Mensch zum Glücklichsein brauche, geantwortet: Er muss lieben und arbeiten können.

In unserer Lust- und Spaßgesellschaft hat sich allerdings der Begriff der Arbeit geändert. Sie ist nur noch ein notwendiges Übel, um genug Geld für die – oft überbewertete – Freizeit zur Verfügung zu haben. Dass Arbeit auch ein Gefühl von Glück vermitteln kann, wie es Frankl ausdrückte, dieses Bewusstsein ist uns verlorengegangen. Wir empfinden dieses Glücksgefühl heute vielleicht beim Verlassen eines Fitnessstudios, in dem wir unseren Körper gegen Entgelt und unter Anweisung genau die Dinge tun haben lassen, die früher unter anderem mit dem Begriff Arbeit gemeint waren.

Für immer mehr Menschen ist der zunehmende Druck am Arbeitsplatz nur noch kräfteraubend und belastend. Das bestätigen die erschreckend hohen Zahlen von Burnout-Patienten. Auch wenn es schick ist, ständig am Handy Mails zu beantworten oder 24 Stunden am Tag erreichbar zu sein, letztlich führt diese Pseudowichtigkeit direkt zu Burnout und Depression. Und nach acht Stunden sitzender

Tätigkeit in einem Büro, einigermaßen gestresst, in ein Fitnessstudio zu hetzen ist eine nicht zu leugnende Realität im modernen Arbeitsleben geworden.

Ähnliches spielt sich auch im Bereich der Familie ab. Im Umgang mit Kindern wird sehr klar zwischen lästiger, nicht Lust und Spaß bringender Betreuung und zeitweiliger intensiver emotionaler Auseinandersetzung zwischen Eltern und Kindern unterschieden.

Das hört sich zunächst nicht unfair an. Bei genauerer Betrachtung muss man aber fragen, ob in einer Gesellschaft, die so genau zwischen Rechten und Pflichten unterscheidet, nicht auch die Kinder zeitweise ein Recht auf die ungeteilte Zuwendung ihrer Eltern haben sollten. Ob es für Kinder nicht auch wichtig wäre, die eigenen Eltern abseits einer imaginären Work-Life-Balance kennenzulernen. Sozusagen als alltäglichen Bestandteil des Lebens.

Ansätze dazu gibt es vor allem in den skandinavischen Ländern, wo immer mehr Kinderbetreuungsplätze in der Nähe des elterlichen Arbeitsplatzes angeboten werden. Denn Kinder sind kein Freizeitvergnügen, sie sind ein integraler Bestandteil des Lebens. Das ist nicht nur für die Eltern, sondern auch für die Kinder von eminenter Wichtigkeit – denn nur so können Kinder lernen, sich im sozialen Gefüge mit all seinen unterschiedlichen Situationen und Belastungen im elterlichen beziehungsweise familiären Alltag zurechtzufinden. Kinder, die nur zu bestimmten Zeiten die uneingeschränkte Aufmerksamkeit von Seiten der Eltern erhalten, die in dieser Zeit machen können, was sie wollen, und ganz im Mittelpunkt stehen, solche Kinder erleben sich selbst als ambivalent. Als betreuungswürdig, zeitweilig verwahrt, als finanzielle Belastung und auf der anderen Seite als vorübergehende Freizeitbeschäftigung und -freude der Eltern.

Und ebenso wichtig ist es für Eltern, realistische Ansprüche an das Zusammensein mit den Kindern zu definieren und zu leben. Denn es ist eine Illusion zu glauben, dass Kinder nicht in der Lage wären, vorübergehend einmal nicht so perfekte Eltern ebenso zu lieben. Ganz im Gegenteil, nichts belastet heranwachsende Kinder mehr als unerreichbare Zielvorstellungen, die von den Erwachsenen vorgegeben und vorgelebt werden.

Abgesehen davon erkennen Kinder sehr schnell das „schlechte Gewissen" ihrer Eltern, wenn diese den eigenen Ansprüchen nicht genügen können, und instrumentalisieren diesen wunden Punkt für ihre eigenen Interessen. Denn der aufreibende Versuch, Arbeit und Kindererziehung unter einen Hut zu bringen, provoziert nicht nur Stress, Druck und Hektik, sondern auch ein Auseinanderklaffen der Wirklichkeit, wie man als Vater oder Mutter mit den Kindern umgeht, und dem Ideal, das man vor Augen hat. Und dieses Auseinanderklaffen erzeugt ein permanentes schlechtes Gewissen – weil man wieder zu spät gekommen ist, wieder keine Zeit hat, mit den Kindern zu spielen, wieder einen Wunsch nicht erfüllen kann, wieder bemerkt, dass man bei der Erzählung des Kindes nicht aufmerksam zuhört, wieder genervt auf das Weinen eines Kindes reagiert, weil man für seine Probleme jetzt eigentlich gar keine Zeit hat.

Der medial verbreitete Hochglanz von Eltern, die mühelos Karriere und Familie vereinbaren können, ist schon längst in der Selbsterwartung und im Selbstbild angekommen. Denn als vollwertiges Mitglied der Gesellschaft wird nur anerkannt, wer neben der häuslichen Arbeit auch einen Job hat und Geld verdient. Geld für zwei Autos pro Familie, für Unterhaltungselektronik aller Art, für einen Haupturlaub und mehrere Kurzurlaube etc. Welchen Druck diese Forderungen an sich selbst und an ein gelungenes Leben erzeugen, wird gern ausgeblendet.

Einer besonderen Belastung sind in einer solchen Gesellschaft alleinerziehende Mütter ausgesetzt.

Auch wenn die Zahl der Alleinerzieher kontinuierlich steigt – aktuell liegt ihr Anteil bei rund einem Fünftel aller Familienstrukturen –, ist die alleinerziehende Mutter keine Erfindung unserer Tage. Denn seit Jahrhunderten ist der weibliche Anteil an der Erziehung der Kinder wesentlich größer als der männliche Beitrag, und auch wenn es einen Vater gab, so war häufig die Erziehung alleine Aufgabe der Mutter. Schon in der Urzeit der Menschen war es primär die Aufgabe der weiblichen Angehörigen einer Sippe, sich um Feuer, häusliche Arbeit und Kinder zu kümmern, während die Männer für die Verteidigung des Zuhauses sowie für die Nahrungsbeschaffung verantwortlich waren. Darüber hinaus haben Jagd und kriegerische Stammesfehden wesentlich mehr männliche als weibliche Opfer gefordert, wesentlich mehr junge Männer als Frauen haben durch Unfälle und Verletzungen ihr Leben verloren. Auch unter diesem Aspekt waren es primär die Frauen, denen die Aufgabe der Kindererziehung zugefallen ist. Und nicht zuletzt ist es kein isoliertes Problem unserer Tage, dass sich viele Männer nach dem vollbrachten Zeugungsakt „verabschieden" und ihre weitere Verantwortung für ihren Nachwuchs nicht annehmen.

Neu in unserer Zeit ist lediglich die Tatsache, dass sich auch die jahrhundertelang bewährte Struktur der Großfamilie weitgehend aufgelöst hat. Denn in jeder Großfamilie gab es stabile männliche Vorbilder, die auch einen abhandengekommenen leiblichen Vater zumindest teilweise kompensieren konnten. Darüber hinaus lastete in einer Großfamilie auch nicht die gesamte Verantwortung für die Kindererziehung auf der leiblichen Mutter, sondern war auf mehrere Mitglieder der Familie aufgeteilt.

Heute hingegen fehlen männliche Vorbilder nicht nur in den singleartig geführten Haushalten von alleinerziehenden Müttern, sondern auch in den Strukturen von Kindergarten und Schule, und alleinerziehende Mütter fühlen sich häufig mit der Erziehungsverantwortung gänzlich alleingelassen.

Aber nicht nur „Alleinerzieherschaft" ist keine Erfindung unserer Zeit, auch die Berufstätigkeit von Müttern und die damit verbundenen Folgen für die heranwachsenden Kinder sind kein spezielles Problem der weiblichen Emanzipation und damit unserer Gegenwart. Ein Blick auf die Studie „100 Jahre Internationaler Frauentag: Daten und Fakten im Rückblick" der Statistik Austria zeigt, dass sich der Anteil arbeitender Frauen im Laufe des letzten Jahrhunderts nicht wesentlich verändert hat: Bereits 1910 zählten 40 Prozent der Frauen zu den Erwerbspersonen, die Prozentzahl steigerte sich bis 2009 lediglich auf 45 Prozent.

Sichtbar verändert haben sich allerdings die Beziehungsmodelle und die Zahl der Nachkommen pro Frau: Im Laufe der letzten 150 Jahre ist der Prozentsatz der nie verheirateten Frauen kontinuierlich gesunken – während 20 Prozent der vor 1845 geborenen Frauen nie geheiratet haben, betrug dieser Anteil bei den vor 1945 geborenen Frauen nur noch 10 Prozent. Interessant ist auch die Tatsache, dass immer weniger Frauen mehr als zwei Kinder zur Welt bringen, während gleichzeitig der Anteil der Frauen, die im Laufe ihres Lebens gar kein Kind zur Welt gebracht haben, bis in die 1950er Jahre deutlich gesunken ist und erst seither, bei den ab 1960 geborenen Frauen, wieder ansteigt.

Und auch das Thema „uneheliche Schwangerschaften" bzw. „Schwangerschaften außerhalb von stabilen

Beziehungen" ist so alt wie die Menschheit selbst – nur der Umgang der jeweiligen Gesellschaftsform mit dieser Problematik hat sich im Laufe der Geschichte verändert.

So wie wir heute eine Entkoppelung von Sex und Fortpflanzung erleben, so findet auch eine laufende Entkoppelung von Fortpflanzung und Partnerschaft statt. Früher galten alleinerziehende Frauen als Parias, die für ihre Sünden zu bestrafen waren, heute ist Alleinerzieherschaft gesellschaftlich akzeptiert. Auch ganz einfach, weil sie – anders als früher – in finanzieller Hinsicht möglich geworden ist.

So mussten in früheren Jahrhunderten Frauen, die sich ein Kind schlichtweg nicht leisten konnten, auf die Möglichkeit zurückgreifen, in einem Geburtshaus ihr Kind mehr oder weniger anonym zur Welt zu bringen und im Findelhaus zur Adoption freizugeben. Die Ärmsten von ihnen mussten als Gegenleistung für die „professionelle" Begleitung bei ihrer Entbindung im alten Wien einen vier Monate dauernden Ammendienst leisten und damit eine nicht unbeträchtliche Einschränkung ihrer Freiheit in Kauf nehmen. Bis zu vier Kinder musste eine Frau, die anonym entbinden wollte und ihr Kind nicht selbst großziehen konnte, mit ihrer Muttermilch versorgen. Zustände, die heute unvorstellbar wären – und die gleichzeitig belegen, dass die Gesellschaft offensichtlich zu keinem Zeitpunkt eine wirklich gute Lösung für die Probleme alleinerziehender Mütter zur Verfügung stellen konnte.

Denn auch wenn heute Alleinerzieherschaft durch vielfältige Unterstützungsangebote leistbar geworden ist – was den großen Vorteil mit sich bringt, dass Frauen nicht mehr wegen der Kinder in eine inakzeptable Partnerschaft gezwungen werden und dass Frauen sich trotz Kindern etwa von einem gewalttätigen Mann trennen oder auf eine Beziehung verzichten können –, so ist Alleinerzieherschaft auch heute noch mit weitreichenden Belastungen für den jeweiligen Elternteil verbunden. Wobei es so scheint, dass einem alleinerziehenden Vater eher Mitleid und Verständnis entgegengebracht werden als seinem weiblichen Pendant. Alleinerziehende Elternteile sind heute, wie in früheren Zeiten, hauptsächlich Frauen – bei einer Untersuchung aus dem Jahr 2013 standen 104.000 alleinerziehenden Müttern mit Kindern unter 15 Jahren lediglich 9.000 Väter gegenüber.

Die Probleme, vor denen Alleinerzieher in ihrem Alltag stehen, könnten im Übrigen mit dem bereits erwähnten regulären Gehalt für die Tätigkeit einer Mutter, oder auch für einen Vater, der sich „vollberuflich" der Kindererziehung widmet, abgefedert werden – eine Forderung, die ich immer wieder wiederhole. Denn jede Frau, jeder Mann, die/der ein Kind erzieht und ins Leben begleitet, leistet einen Dienst zum Erhalt der Gesellschaft. Und gerade eine Gesellschaft mit schwindenden Mitgliederzahlen sollte sich dessen bewusst sein.

Die Ungerechtigkeit zwischen Alt und Jung

Ein erschreckend hoher Prozentsatz unseres Bruttosozialproduktes wird dazu verwendet, das Sterben alter und kranker Menschen hinauszuzögern und zu verhindern. Für die letzten drei bis sechs Lebensmonate – je nach Studie – gibt das Gesundheitssystem genau so viel Geld aus wie für das ganze Leben zuvor. Gesundheitsökonomische Studien haben aufgezeigt, dass ein 1926 geborener und 2015 verstorbener Patient im Jahr seines Todes zehnmal so hohe Gesundheitskosten verursacht wie ein gleichaltriger Patient, der dieses besagte Jahr 2015 überlebt. Ganz einfach deshalb, weil beim sterbenden Patienten mit aufwendigen Eingriffen und Therapien das Sterben verhindert und verzögert wird, während der das Jahr 2015 überlebende Patient keine zusätzlichen außer den normalen Behandlungskosten verursacht.

So kostet z. B. ein Behandlungsjahr mit neuartigen, immunologisch wirksamen Krebsmedikamenten ca. 100.000 Euro. Dabei sind sich Ärzte und Wissenschaftler einig, dass mit diesen Medikamenten der Krebs in der Regel nicht geheilt, sondern oft nur die Lebensdauer des Patienten um Tage, Wochen, eventuell auch Monate verlängert werden kann. Nicht weniger, aber auch nicht mehr.

Die österreichische Liga für Kinder- und Jugendgesundheit macht darauf aufmerksam, dass zumindest 70.000 chronisch kranke und behinderte Kinder und Jugendliche nicht die Therapie erhalten, die sie benötigen würden. Bis 2013 gab es in Österreich kein einziges Rehabilitationszentrum für Kinder. Dem stehen etwa 60 Reha-Zentren mit 7.700 Plätzen für Erwachsene gegenüber. Und obwohl Kinder und Jugendliche in etwa 20 Prozent der Bevölkerung ausmachen, erhalten sie nur 6 Prozent der Gesundheitsleistungen. In Deutschland wird drei bis sechs Mal so viel Geld für die Kindergesundheit ausgegeben, wie das in Österreich der Fall ist. So die Anklage der Kinderliga.

Diese Aussagen muss man sicherlich dahingehend relativieren, dass Kinder im Allgemeinen die gesündeste Bevölkerungsgruppe darstellen und auch deshalb geringere Kosten im Gesundheitssystem verursachen. Gleichzeitig ist das auch ein Grund dafür, dass das Interesse der Medizinindustrie an Kindern und Jugendlichen äußerst niedrig bleibt, denn die geringen Fallzahlen lassen zu wenig Profit erwarten. So sind Haus- und Kinderärzte zunehmend gezwungen, Medikamente für Kinder in einer rechtlichen Grauzone zu verschreiben. Diese „Off-label"-Anwendungen von medikamentösen Therapien sind deshalb notwendig geworden, weil sich die teuren und komplizierten Zulassungsverfahren für eigene Kindermedikamente aus der Sicht der Pharmaindustrie zu aufwendig gestalten würden. Diese Sichtweise mag aus rein ökonomischer Sicht verständlich sein, darf aber dennoch keinesfalls stillschweigend hingenommen werden.

Natürlich steht außer Frage, dass alte Menschen auf keinen Fall in der medizinischen Betreuung schlechtergestellt werden dürfen. Allerdings müssen wir uns doch fragen, inwieweit z. B. diese teuren Chemotherapien oder auch intensivmedizinische lebensverlängernde Therapien am Ende des Lebens wirklich ethischen Maßstäben entsprechen. Ob hier nicht vielmehr die Wirtschaftsethik der Gesundheitsindustrie die Gesellschaft und ihre Politiker mit scheinmoralischen Argumenten und juridischen Spitzfindigkeiten geschickt vor sich hertreibt, um ihren Gewinn zu maximieren. Und fragen müssen wir uns auch, ob die Gesellschaft – angesichts von Jugendarbeitslosigkeit, einer zunehmenden Perspektivenlosigkeit der Jugend, steigenden Analphabetismus-Raten und sinkenden Kinderzahlen – nicht größere finanzielle Ressourcen für ihren Nachwuchs und ihre Jugend mobilisieren wird müssen, wenn sie als Ganzes in einer Welt im Umbruch überleben will.

Kürzlich habe ich vom Tod einer 92-jährigen Patientin erfahren, die zwei Wochen vor ihrem Tod einer aufwendigen Herz-OP unterzogen worden ist. Mit den Kosten für diese Operation hätte man z. B. eine Stützkraft für ein Integrationskind in einem Kindergarten oder in einer Schule für mindestens ein Jahr finanzieren können. Das Gleiche gilt für die Implantation von künstlichen Hüftgelenken bei ohnehin bettlägerigen oder schwer krebskranken Patienten.

Natürlich ist es unzulässig, zwei Gruppen einer Gesellschaft gegeneinander auszuspielen und die Ressourcen, die die Gesellschaft in sie jeweils investiert, gegeneinander aufzurechnen. Und natürlich hat jede medizinische Behandlung ihre individuelle, auch menschliche Geschichte. Dennoch: betrachtet man nicht die Einzelfälle, sondern die gesamtgesellschaftlichen Strukturen, zeigt sich ein erschreckendes Ungleichgewicht zwischen Alt und Jung.

Diesen Gedanken hat mir zuletzt ein tief bewegendes Erlebnis vor drei Monaten wieder vor Augen geführt. Ein Aha-Erlebnis sozusagen, in Bezug auf die Struktur unserer derzeitigen Bevölkerungspyramide und ihre finanziellen und gesellschaftlichen Folgen:

Über ca. fünf Jahre habe ich eine Brustkrebspatientin begleitet. Trotz aller medizinischen Bemühungen konnte die Erkrankung auch nach der operativen Entfernung der linken Brust nicht mehr gänzlich geheilt werden. Auch wenn es immer wieder Anlass zu Hoffnung gab. Geduldig und hochmotiviert absolvierte die anfangs 70-jährige Frau im Laufe der folgenden Jahre Chemotherapie um Chemotherapie. Und immer, wenn ein Befund den Rückgang oder gar das Verschwinden der Metastasen anzeigte, gab es nach drei Monaten einen neuen Befund, der an einer anderen Körperstelle das erneute Aufflackern der Krebserkrankung zeigte. Die Lebensqualität der Patientin war aber zu keinem Zeitpunkt wirklich schlecht. Lediglich die Übelkeit, zeitweises Erbrechen und der Haarausfall im Rahmen von starken Chemotherapiezyklen beeinträchtigten ihr Wohlbefinden von Zeit zu Zeit. Zwischenzeitliche Bestrahlungen und eine Dauerhormontherapie verlängerten – im Nachhinein betrachtet – sicherlich die Lebensdauer der Patientin, konnten aber ebenso wenig wie die unterschiedlichen Chemotherapien die Krankheit gänzlich zurückdrängen.

In den letzten Monaten verschlechterte sich der Allgemeinzustand der liebenswerten Patientin dann aber doch rapid und in erschreckendem Ausmaß. Die Metastasen hatten sich hartnäckig in der Lunge und im ganzen Skelett ausgebreitet. Und irgendwann begannen wir im Rahmen unserer regelmäßigen Begegnungen auch über das nahende Lebensende zu sprechen. Zuerst selten und sehr vorsichtig, dann immer selbstverständlicher und offener. Ihr reifer und besonnener Umgang mit dem kommenden Sterben beeindruckte mich zutiefst. Rückblickend glaube ich, dass die Patientin von sich aus gerne die Chemotherapien abgebrochen und sich in ihr Schicksal gefügt hätte.

Für ihren Gatten allerdings war ein Leben ohne seine Frau unvorstellbar. Schon während der gesamten fünfjährigen Behandlung habe ich immer wieder einen gut versteckten, aber trotzdem unangenehmen Druck von seiner Seite empfunden. Subtil hat er seine Frau immer wieder zur maximal möglichen Variante einer von den Fachärzten neu vorgeschlagenen Therapie gedrängt. Und wenn sie über Nebenwirkungen klagte, so hat er sie beruhigt und auch in meiner Anwesenheit immer wieder gesagt: „Da musst du durch, damit du länger leben kannst. Du weißt, wie sehr die Familie dich gerade jetzt braucht!"

Ich habe diese scheinbar gut gemeinten Motivationen immer als lieblos und hart wahrgenommen, und ich hatte als Arzt immer weniger Verständnis dafür, dass der Gatte die zum Skelett abgemagerte Frau von immer noch einer Untersuchung zur nächsten und von Abteilung zu Abteilung schleifte.

Ungefähr zur gleichen Zeit hatte ich eine ganz andere Arzt-Patient-Begegnung. Eine 21-jährige Frau bat mich, ihr bei der Organisation eines Schwangerschaftsabbruches behilflich zu sein. Nachdem mir kein moralisches Urteil über einen solchen Wunsch zusteht, versuchte ich möglichst feinfühlig, die Ursachen für den geplanten Schritt zu ergründen. Sehr bald verstand ich die Bitte der Patientin als einen Hilferuf. Denn allzu gerne hätte die mir seit ihrer Kindheit bekannte junge Frau das Kind ausgetragen, wenn sie sich nicht in einer beklemmenden materiellen und menschlichen Notsituation befunden hätte. Vater und Mutter waren früh verstorben, und schon als Jugendliche musste sich die Patientin in jeder Hinsicht alleine über Wasser halten. Unter Tränen berichtete sie dann, dass ihr Freund sie bei der Nachricht, dass er Vater werden würde, noch am selben Abend – nach einem letzten Geschlechtsverkehr – mehr oder weniger wortlos verlassen habe. Dass er davor noch mit ihr schlafen wollte, das habe sie besonders gekränkt. „Herr Doktor, erstens habe ich sowieso kein Geld, und zweitens weiß ich nicht, ob ich von einem solchen Menschen überhaupt ein Kind in mir haben will."

Auf ihren Wunsch hin vereinbarten wir nach unserem ersten Gespräch eine Nachdenkpause. Und während der weiteren Gespräche, die ich mit der 21-jährigen Patientin führte, gewann ich das Gefühl, dass die junge Frau durchaus bereit gewesen wäre, das einmal zur Welt gebrachte Kind zu lieben und großzuziehen. Sie durchlebte während dieser Phase ein Hin und Her ihrer Gefühle, wobei es einerseits um die Verantwortung für das Kind ging, andererseits aber auch um ihre finanzielle Lage. Trotz meines vorsichtigen Einwands, dass ein Kind weit mehr Liebe als Geld brauche, traute sich die Patientin letztendlich nicht zu, ihr Kind zur Welt zu bringen. Und nachdem ich meine ärztliche Autorität keinesfalls einsetzen wollte, um die Patientin gegen ihren Willen zu einer Fortsetzung der Schwangerschaft zu überreden, habe ich schlussendlich den Kampf um dieses Leben aufgegeben und damit verloren. Aber es blieb das Gefühl zurück, dass sich die Situation für das ungeborene Kind durch eine finanzielle Zuwendung für die ersten Lebensjahre durchaus zum Guten hätte wenden können.

Die Situation der krebskranken 75-jährigen Patientin verschlechterte sich zur gleichen Zeit von Tag zu Tag. Schon längst wollte sie die teuren Tabletten der Chemotherapie nicht mehr einnehmen. „Schauen Sie nur, wie ich aussehe", hat sie manchmal gemeint. Und immer wieder hat ihr Gatte dazu Sätze gesagt wie: „Diese Packung probieren wir noch, der Professor kann dir ja auch nur helfen, wenn du das tust, was er sagt."

Dieses „wir" in seinen Formulierungen hat mich die ganze Zeit über schon gestört. Das hat wohl auch die Patientin gespürt, denn trotz ihres elenden Zustandes gelang es ihr immer wieder, ihren Gatten von unseren Gesprächen fernzuhalten, indem sie ihn z. B. in die Apotheke schickte. Dann, wenn wir nur mehr zu zweit waren, vertraute sie mir an: „Solange es noch halbwegs geht, möchte ich schon leben. Aber wenn ich nicht mehr kann, dann bin ich froh, wenn ich sterben darf."

Und dann stirbt die Frau. Plötzlich und eher unerwartet. Ein Herzstillstand nach dem Abendessen. Friedlich im Fernsehsessel.

Seinem Wesen entsprechend ruft der Gatte sofort den Ärztenotruf. Im Laufe der nächsten 20 Minuten treffen mehrere Einsatzfahrzeuge der Rettung und schließlich sogar ein Rettungshubschrauber ein. Über eine halbe Stunde lang wird der leblose, schwer krebskranke und schon erkennbar vom Tod gezeichnete Körper der Frau reanimiert. Sie kommt zwar nicht mehr zu Bewusstsein, aber es gelingt den Sanitätern trotzdem, vorübergehend einen einigermaßen stabilen Kreislauf herzustellen. Dann wird die Frau mit dem Hubschrauber auf die nächstgelegene Intensivstation geflogen. Nach weiteren acht Tagen im Koma, künstlich beatmet, verstirbt sie dort endgültig.

Ich ärgerte mich maßlos über den völlig sinnlosen Wiederbelebungsversuch, den Hubschrauberflug ins Krankenhaus und den anschließenden Aufenthalt auf der Intensivstation. Nicht nur, weil ich derartige Behandlungen, die sich in den letzten Jahren mehren, beinahe schon wie eine Störung der Totenruhe bei Patienten empfinde, die der Tod endlich von ihren Leiden erlöst hätte. Sondern auch, weil mich in zunehmendem Maße auch der finanzielle Aspekt solcher absurden, jeder ärztlichen Ethik widersprechenden Behandlungen beschäftigt. Deshalb rechnete ich die medizinischen Behandlungskosten der letzten Lebenswochen und -tage inklusive Reanimation, Hubschrauberflug und Intensivstation meiner Brustkrebspatientin zusammen und staunte nicht schlecht, als ich auf die Summe von knapp 34.000 Euro kam.

Ich stelle eine Frage: Wäre es nicht mit den 34.000 Euro, die ein modernes Gesundheitssystem unter dem Deckmantel von falsch verstandener Moral für eine sterbende Patientin eingesetzt hat, problemlos möglich gewesen, den Beginn eines anderen, neuen Lebens sicherzustellen? Zumal die Brustkrebspatientin, die mir während ihrer fünfjährigen Behandlung ans Herz gewachsen war, den Tod schon seit längerer Zeit nur noch als Erlösung gesehen hätte? Und wäre der Gesellschaft als Ganzes mit einem neuen Erdenbürger nicht weit mehr geholfen als mit der Reanimation einer ohnehin vom Tod gezeichneten Karzinompatientin?

Und stellt sich hier nicht ganz allgemein die Frage, ob das Ungleichgewicht, das heute in der Verteilung der Ressourcen im Medizinsystem zwischen Jung und Alt besteht, aus der Sicht der nachfolgenden Generationen fair ist? Sind diese hohen Investitionen in Anbetracht der Kürze und der geringen Lebensqualität der so gewonnenen Lebenszeit überhaupt zu rechtfertigen? Ist uns die Verhinderung des Sterbens wirklich wichtiger geworden als die Förderung neuen Lebens, etwa in Form finanzieller Hilfe für junge Familien? Warum verhält sich unsere Gesellschaft derart kontraproduktiv und unvernünftig? Wie kann eine Gesellschaft ca. 20.000 Schwangerschaftsabbrüche bei ca. 70.000 Geburten und 80.000 Sterbefällen ohne weiteres Nachdenken einfach hinnehmen? Vielleicht weil sie selbst darauf vergessen hat, sich beizeiten um das Überleben zu kümmern? Dabei kann keine noch so hohe Lebenserwartung des Einzelnen das Überleben der Menschheit sicherstellen.

Andererseits ist das Ungleichgewicht, mit dem unsere Gesellschaft ihre Ressourcen zwischen Alt und Jung aufteilt, auch nicht weiter verwunderlich, wenn man die Struktur der Bevölkerungspyramide und die prozentuelle Verteilung von Jung und Alt betrachtet.

Nimmt man aber die einfache Perspektive der Natur ein, so müsste das Verhältnis genau umgekehrt aussehen.

Denn ein Blick auf die Menschheitsgeschichte zeigt sehr klar, dass sich stets Gesellschaften mit hoher Nachkommenszahl ausgebreitet und durchgesetzt haben. Und auch wenn es zu den Vorzügen menschlicher Entwicklung gehört, sich über die Prinzipien der Natur hinwegsetzen zu können, so werden uns diese Grundgesetze der Natur doch immer wieder einholen. So wie es für den einzelnen Menschen nicht möglich ist, sich ohne aufwendige technische Hilfsmittel über die Wirkung der Gravitationskraft hinwegzusetzen, und auch andere Naturgegebenheiten und -gesetze nicht außer Kraft gesetzt werden können, so steht auch zu befürchten, dass eine Gesellschaftsform, die mehr Energie in das Nicht-sterben-Lassen ihrer alten Mitglieder investiert als in die Lebensfähigkeit ihrer Jugend, selbst zum Sterben verurteilt ist.

Dasselbe bestätigt auch meine Erfahrung als älter werdender Arzt: Ich habe gelernt, dass früher oder später jeder Patient stirbt und damit die Erde verlässt. Das Leben an sich lässt sich nicht erhalten, indem man das Sterben des Einzelnen immer noch weiter hinauszögert.

Einzelkinder: verwöhnt, umsorgt, verarmt

Unsere niedrige Fortpflanzungsrate ist nicht nur in demographischer Hinsicht eine Bedrohung, sie hat auch noch einen anderen statistischen Aspekt: Je weniger Kinder zur Welt kommen, desto stärker steigt auch die Zahl von Ein-Kind-Familien. Mehr als ein Viertel der Kinder in unseren Tagen wachsen als Einzelkinder auf, ein Drittel von ihnen überhaupt in Zwei-Personen-Familien, also mit alleinerziehenden Müttern oder Vätern. Das Modell der Mehr-Kind-Familie geht zurück.

Nüchtern statistisch betrachtet ist ein Kind pro Frau, also eine Fertilitätsrate von 1,0, zu wenig. Eine Gesellschaft mit lauter Ein-Kind-Familien könnte nicht überleben, ihre Bevölkerungszahl würde sich von Generation zu Generation mehr als halbieren. Daraus kann man auch den mathematischen Schluss ziehen, dass ein Kind pro Familie nicht den Anforderungen der Natur entspricht und aus der Sicht der Evolution nicht praktikabel ist.

Bis zum Ende des 19. Jahrhunderts bestand eine deutsche Durchschnittsfamilie neben Vater und Mutter aus fünf Kindern. Das Einzelkind war die Ausnahme, etwa weil es als uneheliches Kind geboren wurde oder deshalb alleine blieb, weil Vater oder Mutter vorzeitig starben. Auf jeden Fall war so gut wie nie vorgesehen, dass ein Kind das einzige bleiben sollte.

Natürlich sind auch heute nicht alle Einzelkinder als solche „geplant". Manchmal bleibt der Wunsch nach einem zweiten Kind aufgrund der zunehmenden sekundären Unfruchtbarkeit unerfüllt – das bedeutet, dass eine zweite Schwangerschaft, obwohl bereits ein Kind zur Welt gekommen ist, nicht mehr funktioniert. Manche Kinder bleiben auch Einzelkinder, weil sie selbst künstlich gezeugt worden sind und die Eltern sich dieser materiell und psychisch aufwendigen Prozedur nicht ein zweites Mal aussetzen wollen.

Ein weiterer nicht unwesentlicher Grund dafür, dass Kinder ohne Geschwister bleiben, sind enttäuschte Erwartungen und Unzufriedenheit nach einem ersten Kind. Durch die hochgesteckten Ziele und Vorstellungen von einer perfekten Schwangerschaft, Geburt und der ersten Zeit mit dem Baby zu Hause entsteht häufig Frust und Ernüchterung, weil die Realität im Alltag nicht den ursprünglichen Hochglanzvorstellungen entspricht.

Doch in den allermeisten Fällen bleiben Kinder heute deshalb ohne Geschwister, weil ihre Eltern sich vom Modell Einzelkind Vorteile versprechen. Allerdings entpuppen sich die meisten dieser scheinbaren Vorteile bei genauerem Hinsehen als langfristige Entwicklungsnachteile. Überhaupt strotzt die Diskussion um Vor- und Nachteile von Einzelkindern von Missverständnissen und Vorurteilen. Denn am Ende aller Betrachtungen muss man sagen: Ein Einzelkind ist sicherlich nichts Schlechtes und auf jeden Fall besser als kein Kind. Während noch vor 100 Jahren der amerikanische Psychologe Granville Stanley Hall erklärte, dass es eine „Krankheit in sich" sei, ein Einzelkind zu sein, ist eine solche Aussage aus heutiger Sicht weder korrekt noch aus medizinischer Sicht zu rechtfertigen. Aber zu behaupten, dass ein Einzelkind gegenüber einem Kind, das mit Geschwistern aufwächst, im Vorteil sei, erscheint mir mehr als problematisch.

So wird z. B. immer wieder angeführt, dass Einzelkinder geistig besser entwickelt seien und ein höheres Bildungsniveau erreichen würden als ihre Pendants aus Mehr-Kind-Familien. Das mag insofern zutreffen, als Einzelkinder intensivere Zuwendung im Erziehungsbereich erfahren als Kinder, die die Aufmerksamkeit ihrer Eltern mit Geschwistern teilen müssen. Darüber hinaus lässt sich statistisch feststellen, dass Einzelkinder über ein höheres Selbstwertgefühl verfügen.

Gleichzeitig haben Einzelkinder aber in ihrer psycho-emotionalen Entwicklung Nachteile. Immer wieder erlebe ich, dass Einzelkinder geringere zwischenmenschliche Kompetenzen haben als Kinder, die sich schon sehr früh mit Geschwistern und deren Bedürfnissen auseinandersetzen mussten. Das betrifft auf der einen Seite die Fähigkeit, Probleme im zwischenmenschlichen Bereich überhaupt zu erkennen oder wahrzunehmen, und auf der anderen Seite die Sensibilität, um nach partnerschaftlichen Lösungen zu suchen. Einzelkinder werfen im Konfliktfall leichter das Handtuch. Und manchmal agieren Einzelkinder auch selbstherrlich – das statistisch gesehen höhere Selbstwertgefühl kann sich hier auch als Nachteil erweisen, z. B. dann, wenn die Fähigkeit zur Selbstkritik und Selbstreflexion bei der Lösung von Konflikten hilfreich wäre.

Weiters erkennt die Statistik bei Einzelkindern Vorteile im Bereich der körperlichen Gesundheit. Natürlich sind die Eltern von einem einzigen Kind zeitlich besser in der Lage, jede körperliche Abweichung von der Norm sofort medizinisch untersuchen und behandeln zu lassen, als das z. B. eine Mutter von vier Kindern tun kann. Vielleicht wird unbewusst auf ein Einzelkind auch noch besser aufgepasst, weil es ja das einzige und damit besonders kostbar ist. Als Arzt wage ich aber zu fragen, ob das immer gut für das Kind sein muss.

In allen Bereichen haben Einzelkinder den Vorteil, dass sie die gesamte Liebe und Aufmerksamkeit ihrer Eltern erhalten. Das bedeutet aber umgekehrt, dass sie immer die gesamte Liebe und Aufmerksamkeit ihrer Eltern ertragen müssen. Ihre Projektionen, ihre Erwartungen, ihre Erziehungsmethoden, ihre Vorstellung von Beziehung. Einzelkinder sind ihren Eltern und ihrer intensiven Zuwendung ausgeliefert. Indem ihnen andere Kinder als gleichwertige Partner fehlen. Indem sie nicht lernen müssen, Rücksicht zu nehmen. Indem sie nicht teilen lernen. Indem sie immer im Mittelpunkt stehen, immer beobachtet werden, weil die Aufmerksamkeit der Eltern keine anderen Zielobjekte findet. Indem sie oft schon frühzeitig wie kleine Erwachsene behandelt werden. Aber auch, indem sie im Falle von menschlichen Gewittern die einzigen Blitzableiter ihrer Eltern sind.

Von Eltern höre ich, wenn ich die Frage nach einem möglichen zweiten Kind stelle, immer wieder: „Ich will meine ganze Aufmerksamkeit und Liebe dem einen Kind schenken." Dass diese ganze Aufmerksamkeit und Liebe für Einzelkinder oft bedrückend und erdrückend sind, wird dabei gerne übersehen.

Tatsächlich erleben Menschen, die in Mehr-Kind-Familien aufwachsen, mehr Entbehrungen und individuell erlebte Ungerechtigkeiten. Und natürlich sind sie als Kinder und Jugendliche noch nicht in der Lage, die Vorteile dieser scheinbaren Härten zu erkennen. Aber als Erwachsene wissen sie – und ihre Umwelt – die Vorzüge dieser

Art des Aufwachsens häufig zu schätzen. Während mir im Gegenzug erwachsene Einzelkinder im Zusammenhang mit psychosomatischen Erkrankungen immer wieder berichten, wie gerne sie ein Geschwisterchen gehabt hätten.

So lächerlich, konfliktträchtig und anstrengend das Aufteilen der Süßigkeiten unter mehreren Geschwistern nach dem Nikolaus oder dem Osterhasen auf den ersten Blick erscheinen mag, es ist ein wesentlicher Lernprozess für die spätere soziale Kompetenz. Dazu kommt, dass sich mehrere Geschwister dann und wann auch im gewerkschaftlichen Sinn gegen ihre Eltern verbünden können. Als Vater von drei Kindern muss ich zugeben, dass meine Frau und ich die eine oder andere Forderung an unsere Kinder auf Grund ihres gemeinsamen Widerstandes aufgeben oder abschwächen mussten – stets mit einem Schmunzeln im Herzen.

Eine Belastung ist das Aufwachsen als Einzelkind aber nicht nur für die Kinder selbst, sondern auch für die Eltern: In Ein-Kind-Familien müssen sie gleichzeitig sowohl Vorbilder als auch Spielgefährten ihres Kindes sein. Für die Eltern eine Belastung, für das Kind ein Defizit. Denn Kinder lernen erwiesenermaßen von Gleichaltrigen mehr und besser als von den Eltern, schauen sich vieles ab, lassen sich besser helfen und mehr beibringen, während die elterlichen Verhaltensweisen eher später im Leben nachgelebt werden.

Als Hausarzt im ländlichen Bereich erlebe ich noch relativ häufig Mehr-Kind-Familien – statistisch gesehen leben mehr Einzelkinder im städtischen Raum als am Land. Die Beobachtung zeigt, dass Kinder mit zwei oder drei älteren Geschwistern im Vergleich zu Einzelkindern wesentlich ruhiger, unaufgeregter und harmonischer heranwachsen. Und in den von Eltern von Einzelkindern als besonders schwierig empfundenen Pubertätsjahren ist die

Nähe von ähnlich alten Geschwistern ganz offensichtlich besser als jede psychotherapeutische Intervention von außen. Die Emanzipation von den Eltern fällt einem pubertierenden Einzelkind sicherlich schwerer als einer Gruppe von heranwachsenden Menschen. Nicht zuletzt, weil z. B. fünf Kinder im Alter zwischen 10 und 20 Jahren von einem Elternpaar gar nicht derart kontrolliert und engmaschig geführt werden können, wie das bei einem Einzelkind möglich ist. Wenn ein Kind sich dann gegen diese Art der Führung aufzulehnen und sich davon abzulösen beginnt – denn in der Pubertät geht es auch um die Durchsetzung von Machtansprüchen –, kommen Eltern, die bis dahin gewohnt waren, ihr Kind lückenlos zu kontrollieren, mit diesem Kontrollverlust nur schlecht zurecht. Abgesehen davon bleiben Eltern von mehreren Kindern zum Zeitpunkt der ersten Pubertät ja noch die jüngeren Geschwister, die sich noch nicht gegen die Ordnung im Nest auflehnen und damit viele Konflikte abschwächen und abfedern.

Weiters mache ich in meinem Ordinationszimmer häufig die Erfahrung, dass Einzelkinder weit schwieriger zu bändigen sind als zwei oder drei Kinder, die gemeinsam mit ihrer Mutter warten. Als besonders berührend empfinde ich immer wieder, mit welchem Stolz und welcher Liebe sich z. B. Kinder im Kindergarten- und Volksschulalter um ihre kleinen Geschwister im Maxi-Cosi kümmern, während ihre Mutter mit mir spricht. Einzelkinder dagegen ziehen häufig ihren Sessel nahe an meinen Schreibtisch heran und beginnen mit den Füßen gegen die Holzplatte der Verkleidung zu trommeln. Ihre Art, auf sich aufmerksam zu machen. Sie nehmen, ohne zu fragen, ärztliche Untersuchungsgeräte in ihre Hand und hämmern damit unkontrolliert auf die Glasplatte und stehen damit automatisch im Mittelpunkt. Und das Schlimmste: Niemand gebietet ihnen Einhalt. Wenn es mir dann immer wieder, nach mehr oder weniger liebevollen Ermahnungen, doch gelingt, das angeblich kranke Kind zum ruhigen Sitzen zu animieren, staunen die Eltern nicht schlecht, und nicht erst einmal habe ich den Satz gehört: „Das wundert mich jetzt aber, weil mir folgt er nie!"

So lässt sich zusammenfassend festhalten, dass Einzelkinder in ihrer individuellen Entwicklung sowohl Vor- als auch Nachteile haben. Und wie Einzelkinder ihre Altersgenossen häufig um ihre Geschwister beneiden, beneiden Kinder aus mehrköpfigen Familien Einzelkinder oft um die ungeteilte Aufmerksamkeit ihrer Eltern. Von den Eltern solcher Mehr-Kind-Familien werden überbehütete Einzelkinder jedoch häufig bemitleidet. Denn diese Eltern wissen, welche essenziellen, für das Leben als Erwachsene wesentlichen Erfahrungen einem Einzelkind versagt bleiben.

Migration als gesellschaftliche Über-Lebensgrundlage

Europa wird in unserer Zeit von einer Flüchtlingsbewegung überschwemmt, wie es sie in dieser Form noch nie gegeben hat. Diese Massenflucht vor allem aus den Ländern Vorder- und Südasiens sowie Afrikas hat ihren Grund nicht nur in gewalttätigen Konflikten und Kriegen in Ländern wie z. B. Syrien oder dem Irak, sondern auch in den enormen Unterschieden des Lebensstandards der jeweiligen Länder im Vergleich zu Europa. Denn die Bilder eines wohlhabenden Europa lassen sich nicht an den Grenzen des Kontinents aufhalten. Im Gegenteil: Unser medial verbreitetes gesellschaftliches Selbstbild ist eine einzige permanente weltweite Werbeeinschaltung, die sagt: „Kommt zu uns, hier gibt es gratis Wohlstand und eine glänzende Zukunft!" Alleine die Idee einer staatlichen Mindestsicherung für jeden muss den Menschen der Dritten Welt wie eine Utopie aus dem Schlaraffenland erscheinen.

Die Ströme von Migration verlaufen seit jeher von Gebieten mit schlechteren Lebensvoraussetzungen in Gebiete, die eine bessere Lebensgrundlage erwarten lassen. Unabhängig von politischen oder wirtschaftlichen Systemen, Krieg und Terror in den Ausgangsländern kommt damit eine Migrationswelle in Gang, die – physikalisch gesehen – erst abebbt, wenn der Großteil ihres Volumens sein Ziel erreicht hat. Im Falle einer Wasserwelle ist das der Strand, im Falle einer Migrationswelle sind das die wohlhabenden Länder der westlichen Welt. Und wie am Meer kann auch eine Migrationswelle nicht gestoppt, sondern allenfalls gelenkt, geleitet oder umgeleitet werden.

Doch diese Migrationsbewegung hat noch einen zweiten, demographischen Aspekt: Mit einer Fertilitätsrate weit unterhalb der gesellschaftlichen Selbsterhaltung sind wir schon aus volkswirtschaftlichen Überlegungen auf Zuwanderung angewiesen. Je höher der Ausbildungsgrad mit ständig steigendem Anteil von hochqualifizierten Akademikern ist, je höher die Erwartungen an die Qualität eines Arbeitsplatzes und das damit verbundene Einkommen sind, desto schwerer fällt es einer Volkswirtschaft, Arbeitsplätze mit schlechten Arbeits- und Einkommensbedingungen aus den eigenen Reihen zu besetzen. In diesem Zusammenhang sprechen Politiker gerne von benötigten Fachkräften und kontrolliertem Zuzug von ausgewählten ausländischen Arbeitskräften.

Doch dieser Zuzug hat über die wirtschaftlichen Aspekte hinausgehend massive gesellschaftlichen Konsequenzen. Denn die zugezogenen Menschen sind auch Teil von familiären Strukturen, die sie mitbringen bzw. die sie in ihrer neuen Heimat gründen oder erweitern werden. Im Durchschnitt werden Zuwanderer weit mehr als 1,4 Kinder zeugen, denn sie sind in ihrer eigenen Kindheit anders geprägt und auf ein anderes Leben vorbereitet werden, als es hierzulande üblich ist. Die Bereicherung und gleichzeitig die Konflikte, die dadurch entstehen, können wir jetzt bereits erkennen.

Wenn Politiker heute immer wieder stolz auf die Zunahme der Bevölkerung einer Großstadt oder eines ganzen Landes hinweisen, so müssten sie konsequenterweise auch hinzufügen, dass dieses Bevölkerungswachstum lediglich aus der Migration und Immigration herrührt sowie der deutlich höheren Fertilität von Bevölkerungsschichten mit Migrationshintergrund zu verdanken ist. Es sollte uns auch bewusst sein, dass durch den Akt der Einbürgerung die religiöse und kulturelle Prägung der neuen Staatsbürger – anders als bei selbst großgezogenen Kindern – mit eingebürgert wird. Damit bekommt der Satz „Das hat sich bei uns so eingebürgert" eine neue Dimension.

Man mag über das Kreuz im Klassenzimmer und dessen Entfernung denken, wie man will, aber es ist Teil einer jahrhundertealten Tradition. Das Gleiche gilt für das sonntägliche Glockengeläute im ganzen Land. Und es nicht die Frage, ob „wir" die gesellschaftlichen Umwälzungen zulassen werden oder nicht, sie werden einfach stattfinden. Das ist eine mathematische Tatsache. Und wieder beginnt alles bei den Kindern. Denn die demographischen Verhältnisse, die wir heute in der Sandkiste vorfinden, werden in 30 Jahren in den Institutionen des Staates angekommen sein. Vielleicht säkularisiert, abgeschwächt und vermischt, aber sie werden ankommen.

Es liegt auf der Hand, dass eine Migrationsbewegung dieses Ausmaßes Herausforderungen und Probleme verursacht – die größten Herausforderungen verbergen sich unter dem häufig gebrauchten Schlagwort Integration. Dankbarkeit und die Bereitschaft, den Wohlstand zu teilen, auf unserer Seite, Respekt auf Seiten der Wohlstand und Sicherheit suchenden Menschen aus Kriegs- und Armutsgebieten wären eine Grundvoraussetzung für jede menschliche Annäherung. Ein Sprichwort besagt: „Der Gast soll sich so benehmen, dass sich die Gastgeber wie zu Hause fühlen." Wenn sich alle Zuwanderer an dieses Prinzip halten würden und wenn die gerne zur Schau gestellte Toleranz unserer hochentwickelten Gesellschaft kein bloßes Wunschdenken darstellen würde, dann sollte die Integration fremder Menschen kein Problem darstellen.

Allerdings muss uns bewusst sein, dass Praxis und Theorie – nicht zuletzt im Bereich der Kinder und deren Integration – weit auseinanderklaffen können. Ich denke dabei z. B. an den Stellenwert männlicher Nachkommen bei Migranten mit muslimischem Hintergrund. Während unsere Gesellschaft die Gleichwertigkeit und Gleichberechtigung der Geschlechter hochhält und von Beginn an in der Kindererziehung berücksichtigt, werden kleine Buben aus muslimischen Familien häufig wie kleine Götter behandelt, die nicht bereit sind, sich einer weiblichen Erzieherin unterzuordnen oder weiblichen Altersgenossinnen respektvoll zu begegnen. Konflikte mit dem emanzipierten Europa sind vorprogrammiert. Und finden bereits in unseren Kindergärten und Schulen statt.

Aber auch das medizinische System steht neuen Herausforderungen gegenüber. Der zum Teil schlechte Gesundheitszustand von Migranten sowie der kulturelle Unterschied zwischen Gästen und Gastgebern stellen auch für die Gesundheitssysteme eine nicht unerhebliche Belastung dar. Pflegende und Ärzte sind mit Krankheitsbildern konfrontiert, die als schon längst überwunden gegolten haben. Das bedeutet Herausforderungen, führt aber auch dazu, dass die derzeitige Migrationswelle sowohl das medizinische Aus- und Fortbildungssystem als auch die medizinischen Kapazitäten von Krankenanstalten und die Verfügbarkeit von besonderen Medikamenten im positiven Sinne beeinflussen wird. Und fremde Ärzte aus Krisengebieten werden mit neuen medizinische Aspekten unsere mitteleuropäische Hightechmedizin bereichern.

Neben allen konkreten Herausforderungen im Bereich von Zuwanderung und Integration erlaubt die aktuelle Flüchtlingsbewegung aber auch interessante Beobachtungen in Bezug auf unsere eigene Gesellschaft. Wer die Bilder von Flüchtlingen sieht, die auf hochseeuntauglichen Booten, von Afrika kommend, das Mittelmeer überqueren wollen, um so Zugang in die wohlhabende Festung Europa zu erhalten, muss sich fragen: Was müsste geschehen, wie viel Not und Elend müssten über unsere Gesellschaft kommen, damit sich Eltern hierzulande entschließen würden, gemeinsam mit ihren Kindern solche Risiken und Gefahren einzugehen? Und hätten unsere eigenen Kinder überhaupt den Mut, den Willen und die Kraft, solche Strapazen auf sich zu nehmen? Um ein vermeintlich besseres Leben führen zu können? Um Hunger und Not zu entkommen? Um neu beginnen zu können?

Würde man sich in einem Gedankenexperiment eine Migrationswelle in umgekehrter Richtung ausmalen, so stößt man schnell an die Grenze des Vorstellbaren. Denn ohne entsprechende Impfungen, medizinische Reisevorbereitung und Reiseapotheke, Impfpass, elektronische Gesundheitsakte, Reiseversicherung, Fahrradhelm, Kindersitz, Warnweste, Trinkflasche, Handy und Tablet würde sich kein Kind auf den Weg in eine ungewisse Zukunft machen. Vor allem, weil ihm die ungeheure Kraft der Verzweiflung und die vielleicht noch größere Verlockung auf den erhofften Wohlstand fehlen würden.

Wir sitzen also fest.

Unsere Kinder sind, wie sie sind, weil sie Kinder unserer Zeit und ihrer Kultur sind. Weil sie jenen körperlichen Überlebenskampf nicht kennen, dem Kinder der Dritten Welt täglich ausgesetzt sind. Weil sie ihn nicht kennenlernen haben müssen. Weil sie weit mehr psychisch-emotionalen Herausforderungen als grundlegenden, die körperliche Existenz bedrohenden Sorgen gegenüberstehen. Unsere Kinder kämpfen heute eher um ein psychisches Überleben in einer alternden Gesellschaft. Um Orientierung, um einen Platz in der Welt, um Anerkennung. Unsere Kinder wollen wahr- und ernstgenommen werden.

Wahrscheinlich kann unsere Gesellschaft nur deshalb ihre herausragenden kulturellen, technischen und intellektuellen Leistungen hervorbringen, weil die Grundlagen für das materielle Überleben prinzipiell gesichert sind. Gleichzeitig bedroht aber ebendieser materielle Wohlstand das gesellschaftliche Überleben durch die nachlassende Lust auf Fortpflanzung. Vielleicht ist für das statistisch unaufhörlich alternde und sterbende Europa dringend eine Auffrischung mit jungen Menschen aus fremden Kulturen notwendig. Eine Durchmischung der Bedürfnisse. Eine gegenseitige Befruchtung, vielleicht auch im eigentlichen Sinn des Wortes. Ein gegenseitiges Kennenlernen von Wünschen und Zielen. Eine Erweiterung des jeweiligen Horizonts.

Teil 2:
Kinder unter dem Glassturz

Unsere Kinder wachsen in einer Gesellschaft auf, die zunehmend durch Extreme gekennzeichnet ist, durch Polarisierung und Spaltung, und die ihre Mitte laufend verliert. Auch im Umgang mit Kindern dominieren die Extreme: extremer Druck oder totale Schonung, Überforderung oder Überbewertung. Eltern meinen es viel zu gut mit ihren Kindern oder vernachlässigen sie – ein gesundes Mittelmaß finden nur wenige.

Kein Leben ohne Medizin: Von der Zeugung bis zur Geburt ...

Die moderne Medizin hat sich dem Geist unserer Gesellschaft mit ihrem Ordnungs- und Sicherheitsbedürfnis untergeordnet. Im Gedanken der Vorsorgemedizin bemühen sich Ärzte mit enormem Aufwand an Zeit und Ressourcen, Krankheiten nicht mehr heilen zu müssen, sondern erst gar nicht entstehen zu lassen, Störungen der Gesundheit zu erkennen, bevor sie überhaupt aufgetreten sind.

Der Untersuchungswahn dieser modernen Vorsorgemedizin prägt auch den medizinischen Umgang mit unseren Kindern, beginnend schon lange vor der Geburt mit der Pränataldiagnostik. Dabei muss man zwischen einer Früherkennungs- und einer Vorsorge- bzw. Vorbeugungsmedizin unterscheiden, denn manchmal hat das eine mit dem anderen nur wenig zu tun. Wer heilbare Krankheiten früher erkennt, kann sie auch früher und effizienter behandeln. Wer aber unbehandelbare – oder zu diesem Zeitpunkt noch unbehandelbare – Krankheiten früher erkennt, kann sich lediglich früher darauf einstellen, dass z. B. das Neugeborene behindert sein wird. Denn pathologische Erbanlagen und Genmutationen sind derzeit nur diagnostizier-, aber noch nicht heilbar. Die einzig mögliche medizinische Behandlung besteht häufig lediglich in der Entsorgung der Frucht – also in einem medizinisch indizierten Schwangerschaftsabbruch.

Die medizinische Kontrolle von Kindern beginnt bereits unmittelbar nach der Zeugung und dem Eintreten einer Schwangerschaft. Viele Untersuchungen wie z. B. die Nackenfaltenmessung, der Combined Test oder eine Plazentapunktion im ersten Drittel der Schwangerschaft haben den Zweck, Schädigungen der Frucht noch rechtzeitig für einen legalen Abbruch der Schwangerschaft feststellen zu können. Hier hat sich, das muss ohne jede moralische Bewertung festgestellt werden, mit dem sogenannten „medizinisch indizierten Schwangerschaftsabbruch" – z. B. aufgrund einer schweren Behinderung des Kindes – eine neue, moderne, dem Zeitgeist angepasste Form der Eugenik durch eine neu adaptierte ethische und medizinisch-rechtliche Hintertür eingeschlichen. Dieser Ethik liegt die Annahme zugrunde, dass ein behindertes oder teilbehindertes Leben nicht lebenswert und weder dem Kind, seinen Eltern, noch der Gesellschaft zumutbar wäre. Dabei ignorieren wir aber, dass behinderte Menschen in vielen Fällen ihr eigenes Leben als durchaus liebens- und lebenswert wahrnehmen – das Problem liegt vielmehr auf der Seite einer Spaß- und Lustgesellschaft, die sich in ihrem Selbstverständnis nicht einschränken lassen möchte. Seit Jahrzehnten betreue ich drei Trisomie-Patienten, die, jeder auf seine Weise, wie alle anderen Menschen auch arbeiten, lachen, weinen, ihre Sorgen haben und ihr Leben mit Hilfe der Eltern und entsprechender Einrichtungen tadellos bewältigen. Ich bin sicher sagen zu dürfen, dass keiner von ihnen auf die hypothetische Frage, ob er lieber nicht zur Welt gekommen wäre, mit „Ja" antworten würde.

Aber auch im zweiten und dritten Trimenon (Schwangerschaftsdrittel) reißt die Flut der medizinischen Kontrollen nicht ab. Auf der Suche nach möglicherweise schon im Mutterleib behandelbaren oder gar chirurgisch therapierbaren Krankheiten werden häufig auch Zufallsbefunde erhoben, die für den Verlauf der Schwangerschaft an und für sich keine Bedeutung hätten, weil sie entweder nicht relevant oder überhaupt nur vorübergehend feststellbar sind.

Aber die Pränataldiagnostik ist noch lange nicht der letzte Schrei einer sich nach Sicherheit verzehrenden Gesellschaft. Auch im Rahmen der immer häufigeren künstlichen Befruchtung in Form der In-Vitro-Fertilisation (IVF) werden sowohl die entnommenen Ei- als auch die vom Mann zur Verfügung gestellten Samenzellen in mehreren Schritten untersucht und vorselektioniert. Denn je größer eine Eizelle, je beweglicher eine Samenzelle, umso besser sind die Erfolgsaussichten der – für das Paar ohnehin schon psychisch massiv belastenden – IVF. Und seit 2015 ist es unter bestimmten Umständen (siehe Teil 1) in Österreich schließlich auch gesetzlich erlaubt, im Rahmen der Präimplantationsdiagnostik (PID) die Eizellen mittels der Polkörperchenuntersuchung oder die Embryonen durch eine Zellentnahme vor dem Transfer in die Gebärmutter auf genetische Defekte hin zu untersuchen. Die Situation in Deutschland ist ähnlich: Grundsätzlich ist die PID wie in Österreich unzulässig, außer es besteht eine hohe Wahrscheinlichkeit, dass das Kind unter einer schweren Erbkrankheit leiden würde.

Hinter dieser Flut an Untersuchungen des Kindes im Mutterleib steht der Wunsch der Eltern, genau zu wissen, ob ihr Kind wirklich gesund sein wird. Dabei hat die moderne Medizin schon längst bewiesen, dass es keine gesunden, sondern höchstens schlecht untersuchte Menschen gibt. Denn wer sich lange und genau genug untersuchen lässt, wird jedes Untersuchungszimmer mit Sicherheit als Patient verlassen. Irgendein Laborwert wird nicht im Normbereich sein, irgendein Organ wird eine anatomische Unregelmäßigkeit aufweisen, die weiter abgeklärt und kontrolliert werden muss. Risikofaktoren werden reihenweise entdeckt, Änderungen des Lebensstils gefordert werden. Medikamente werden zur Sicherheit verordnet, ihre Nebenwirkungen dann gewissenhaft kontrolliert werden. Der griechische Philosoph Sokrates hat schon vor 2000 Jahren sehr klar erkannt, dass erst mit dem Tod ein Zustand vollkommener Gesundheit eintreten kann. Um dieser Erkenntnis Ausdruck zu verleihen, hat er, als ihm der tödliche Schierlingsbecher gereicht wurde, dem Gesundheitsgott Asklepios einen Hahn geopfert. Und bereits 1932 hat Aldous Huxley in seinem Zukunftsroman „Brave New World" vorausgesehen: „Die Erforschung der Krankheiten hat so große Fortschritte gemacht, dass es immer schwerer wird, einen Menschen zu finden, der völlig gesund ist."

Und das gilt in erschreckender Weise auch für Babys im Mutterleib. Die Medizin hat unzählige Möglichkeiten, Krankheiten oder Gendefekte frühzeitig im Mutterleib zu erkennen. Die therapeutischen Möglichkeiten können allerdings in ihrer Effizienz nicht Schritt halten. Gleichzeitig verbreitet sie mit jeder Untersuchung – wenn auch unbeabsichtigt – Angst. Im ständigen Bestreben, den werdenden Eltern Gewissheit in Bezug auf die Gesundheit des Babys geben zu können, hinterlässt die moderne Medizin reihenweise verängstigte und verunsicherte Patienten.

Laufend verfeinerte Untersuchungsmethoden, immer höher auflösende Ultraschall- und sonstige bildgebende Geräte machen es möglich, jede noch so kleine Veränderung im menschlichen Körper darzustellen. Ob es sich dabei aber wirklich um eine Krankheit oder lediglich um normale oder vorübergehende Entwicklungsprozesse handelt, muss häufig dahingestellt bleiben. Denn jede Untersuchung ist immer nur eine Momentaufnahme. Die Frage, an welchem Punkt organische Veränderungen im Rahmen des Reifens und Alterns ins Krankhafte übergehen, wird von der modernen Medizin weder gestellt noch beantwortet.

Jede dargestellte Abweichung von der Norm erzeugt Spannung und Sorge bei den Eltern. Inwieweit sich Angst und Verunsicherung der Mutter auf eine gesunde Entwicklung des Kindes innerhalb der Gebärmutter auswirken, ist noch nicht durch Studien untersucht, ein solcher Zusammenhang ist aber durchaus vorstellbar bzw. anzunehmen.

Auf jeden Fall aber verändert diese früh einsetzende Angst um die Entwicklung des Fötus die Beziehung der werdenden Mutter zum werdenden Kind. Der früher gebräuchliche Begriff „in freudiger Erwartung" muss heute durch „in ängstlicher Erwartung" ersetzt werden.

Durch ein Überangebot an medizinischen Diagnose- und „Vorsorge"-Möglichkeiten wird der Fokus sehr stark auf eine mögliche Krankheit oder Behinderung als Bedrohung gelegt. Eine Schwangerschaft wird so nicht mehr als Zustand besonderer Gesundheit wahrgenommen, sondern als eine Zeit der erhöhten Gefahr für Mutter und Kind. Immer wieder erlebe ich in meiner Ordination verzweifelte Mütter, die mich fragen, ob all diese Untersuchungen während der Schwangerschaft wirklich notwendig sind. Ich gerate dadurch häufig in Gewissenskonflikte, denn es gibt keine allgemeingültige Antwort auf diese Frage. Aber im persönlichen Gespräch gelingt es uns oft, die Gemengelage etwas einzugrenzen.

Eine 20-jährige Frau, mit ihrem ersten Kind schwanger, besucht in der 22. Schwangerschaftswoche ihren Gynäkologen. Dieser stellt bei der Routineuntersuchung für den Mutter-Kind-Pass drei kleine, erhabene rote Punkte auf der Haut im Bereich des Anus fest. Ohne mit seiner Patientin darüber zu sprechen, schreibt er ihr eine Überweisung zum Hautarzt. Auf dem Überweisungsformular vermerkt er, dass eine Herpes-Erkrankung bei Zustand 22. Schwangerschaftswoche ausgeschlossen werden möge. Die ganze Untersuchung dauert keine drei Minuten, dann befindet sich die junge Frau mit ihrem abgestempelten Mutter-Kind-Pass sowie der Überweisung zum Dermatologen am Weg nach Hause.

Dort angekommen, gibt sie die Worte „Herpes" und „Schwangerschaft" in Google ein. Und erschrickt nicht schlecht, als sie von möglichen Missbildungen und schweren Erkrankungen des Kindes erfährt. Sie liest die Worte „Gehirnentzündung" und „Sepsis". Auch, dass ein Kaiserschnitt erforderlich sein könnte. Panik befällt sie. Denn nichts wünscht sie sich sehnlicher, als ihr Kind auf natürlichem Weg zur Welt bringen zu können.

In Tränen aufgelöst und vollkommen verzweifelt ruft sie ihren Ehemann an. Der allerdings bewahrt die Ruhe und verspricht ihr, noch für denselben Tag einen Termin bei ihrem Hausarzt zu vereinbaren.

Dieser hört sich die Geschichte der weinenden Frau in Ruhe an und fragt, ob derartige Hautirritationen schon öfter aufgetreten sind. Tatsächlich antwortet die Frau: „Wissen Sie, immer, wenn ich weichen Stuhlgang habe und mir den Popo öfter mit dem Toilettenpapier abwischen muss, bekomme ich leicht so kleine rote Punkte. Das habe ich schon, seit ich ein kleines Kind war, aber ich habe nicht gewusst, dass das so gefährlich sein könnte."

Der Arzt antwortet mit einem Schmunzeln: „Ich weiß noch gut, dass Sie schon früher, noch als Kind, oft kleine Hautrötungen am Popo gehabt haben. Das ist sicher nicht gefährlich für Sie und auch sicher keine Gefahr für Ihr Kind. Seien Sie ganz beruhigt, und vertrauen Sie mir, so sieht kein Herpes aus. Und vergessen Sie bitte nicht, die Schwangerschaft ist keine Krankheit, auch wenn wir Ärzte Sie durch die vielen Untersuchungen das oft glauben machen. Aber Ihr Frauenarzt hat einfach sichergehen wollen, dass alles in Ordnung ist."

Weitere 18 Schwangerschaftswochen später entbindet die junge Mutter schließlich auf natürlichem Wege ein gesundes Mädchen.

Zugegeben, auch früher, vor dem Siegeszug der Pränataldiagnostik, hatten Mütter unbestimmte Ängste: Wird mein Kind gesund, krank oder behindert sein? Die wesentliche Veränderung ist also nicht, dass Schwangerschaft erst heute Angst und Ungewissheit bedeutet, sondern vielmehr das Versprechen der Medizin: Wir nehmen euch die Angst, indem wir Gewissheit schaffen – wodurch aber erst recht Angst erzeugt wird. Einerseits durch den Gedanken „Und was ist mit all den anderen Krankheiten und Störungen, die man auch noch untersuchen könnte?" und andererseits durch die Diagnose von Normabweichungen, für die eine Behandlung weder möglich noch nötig ist. Dazu kommt, dass viele dieser medizinisch erzeugten Ängste unbegründet sind, da sie aus fehlerhaften oder unklaren Untersuchungsergebnissen heraus entstehen. Eine auffällige Nackenfalte beim Fötus bedeutet ja an sich noch keine Behinderung, sondern ist nur ein Indiz für einen möglichen Gendefekt (und umgekehrt, denn auch bei unauffälliger Nackenfalte kann in seltenen Fällen ein Gendefekt vorliegen). Solche Scheindiagnosen schaffen keine 100-prozentige Gewissheit, erzeugen aber konkrete Angst.

Darüber hinaus sind manche der Untersuchungen selbst nicht ungefährlich. Ultraschalluntersuchungen, Nackentransparenzmessungen, Nasenbeinmessungen, Fetometrie und Feinultraschall, die Messung von Hormonkonzentrationen im mütterlichen Blut, wie sie beim Triple-Test zur Früherkennung von Trisomie durchgeführt wird, sind nichtinvasive Untersuchungen, die das werdende Kind zumindest nicht organisch schädigen können. Bei invasiven Untersuchungen aber, wie etwa der Amniocentese (Fruchtwasserpunktion), der Chorionzottenbiopsie und der Nabelschnurpunktion, besteht hingegen immer auch das Risiko der Verletzung von Mutter oder Kind, der Infektion und einer damit einhergehenden Frühgeburt oder gar des intrauterinen Todes des Kindes.

Und ebenso, wie wir uns nie die Frage stellen, welchen Einfluss es auf die psychische und emotionale Entwicklung eines Menschen hat, ob er künstlich, in vitro oder auf natürlichem Wege gezeugt wurde, ob beabsichtigt oder versehentlich, geplant oder ungeplant, ebenso macht sich auch niemand Gedanken darüber, was Kinder bei all diesen Untersuchungen im Rahmen der Präimplantations- und Pränataldiagnostik mitbekommen oder empfinden könnten, welche Auswirkungen diese medizinischen Maßnahmen auf den werdenden Menschen haben könnten: Wird z. B. die Nackenfaltenmessung vom Embryo wahrgenommen? Können Ultraschallwellen eventuell sogar gespürt werden, und wenn ja, auf angenehme oder unangenehme Art und Weise? Bedeutet eine Fruchtwasserpunktion eine Verletzung des ersten Intimraumes? Gehen Organscreening und viele weitere Untersuchungen im Fetalstadium, also nach der 11. Schwangerschaftswoche bis zum Zeitpunkt der Geburt, wirklich spurlos an der psychischen Entwicklung vorüber? Und inwieweit wirkt sich das psychische und körperliche Wohlbefinden der Mutter während der Schwangerschaft auf das Ungeborene aus?

... und von der Wiege bis zur Bahre

Hat ein Kind all diese Untersuchungen erfolgreich hinter sich gebracht und bestanden, darf es entweder mittels Kaiserschnitt oder auf natürlichem Wege zur Welt gebracht werden. Und erlebt dann, nach den unzähligen intrauterinen Untersuchungen vor seiner Geburt, die erste Untersuchung in der äußeren Welt noch am Tag der Geburt. Weitere folgen: eine in der 1. Lebenswoche, dann nahtlos in der 4., 5., 6. oder 7. Lebenswoche, im 3., 4., oder

5. Lebensmonat, im 7., 8. oder 9. Lebensmonat – und dazu noch eine eigene HNO Untersuchung –, eine Untersuchung am Ende des ersten Lebensjahres – dazu werden noch zwei Hüftultraschalluntersuchungen empfohlen –, und das alles begleitet von einer wahren Impforgie. Diese Arzttermine haben schon manches junge Familiengefüge an den Rand der Belastbarkeit gebracht. Denn neben der Frage, wie viele Nadelstiche und wie viele Impfstoffe dem frisch zur Welt gekommenen Säugling zugemutet werden sollen, geht es schlicht um die zeitliche Einteilung, die ganz besonders schwierig ist, wenn es in der Familie schon ein anderes Kind, das beaufsichtigt werden muss, gibt.

Es folgen die jährlichen Untersuchungen des Kindes im Rahmen des Mutter-Kind-Pass-Programmes. Und danach, zum Teil auch schon parallel, jährliche Untersuchungen im Kindergarten. Immer von bestens ausgebildeten und hoch motivierten Ärzten, denen keine auch noch so kleine Abweichung von der vorgeschenen körperlichen Norm verborgen bleiben soll und kann. Zahnärztliche und augenärztliche Untersuchungen runden das Programm ab. Neben der zeitlichen und psychischen Belastung, die all das verursacht, sorgen diese Untersuchungen auch immer wieder für Verunsicherung, indem sie ständig die ängstliche Frage nach möglicherweise übersehenen gefährlichen Krankheiten in den Vordergrund rücken – und auch die generelle Fehleranfälligkeit von Reihenuntersuchungen verursacht völlig unnötige Ängste.

In ihren wissenschaftlichen Arbeiten beteuern alle Fachgruppen, wie wichtig und notwendig diese Untersuchungen für die Früherkennung von Krankheiten und die körperliche Gesundheit des neuen Erdenbürgers seien. Auf das psychische Wohlbefinden der potentiellen Patienten kann da keine Rücksicht genommen werden, es wird untersucht, was das Zeug hält. Fast habe ich den Eindruck, diese intensive medizinische Begleitung ist eine Art gesellschaftliches Feigenblatt, mit dem schamhaft bedeckt werden soll, wie wenig Zuwendung unsere Kinder ansonsten erfahren. Vordergründig auf die medizinische Sicherheit ihres Nachwuchses bedacht, vergisst dabei eine ganze Gesellschaft, welche gewaltige Verunsicherung der jungen Menschen sie damit in Wahrheit betreibt.

Medizinisch ständig vermessene, untersuchte und kontrollierte Kinder werden auch in ihrem späteren Leben als notwendig und normal wahrnehmen, dass die diversen medizinischen Institutionen stets präsent sind. Sie werden lernen, dass ihr Körper quasi eine Leihgabe der Medizin, dass ihr Körperbewusstsein eng an die Maßgaben dieser Medizin gebunden ist.

Ein siebenjähriges Mädchen stürzt im Turnunterricht und verletzt sich dabei unglücklich am linken Knie. Die junge Lehrerin ruft sofort die Mutter an, entschuldigt sich für den Vorfall und bittet darum, das Kind von der Schule abzuholen und zur Sicherheit zum Arzt zu fahren, um ein Röntgen anfertigen zu lassen.

Daraufhin holt die Mutter das Kind von der Schule ab und sucht dann die Ordination ihres Hausarztes auf, um sich eine Überweisung zum Röntgen zu holen. Ohne die kleine Patientin. Der Arzt lässt sich die Beschwerden des Kindes schildern und bittet darum, die junge Patientin zuerst selbst untersuchen zu können, statt sie sofort zum Röntgen zu schicken. Deutlich unzufrieden und widerwillig verlässt die Mutter die Ordination, um das Kind von zu Hause zu holen. Nach einer gründlichen Untersuchung des Kniegelenks und seiner Funktionen versucht der Arzt, Mutter und Kind zu beruhigen. Es handle sich maximal um eine leichte Prellung, alle Bänder seien in Ordnung, die Funktion des Gelenkapparates uneingeschränkt. Man möge doch ein paar Tage zuwarten und das Knie mit einer Salbe behandeln und bandagieren.

Aber so einfach, wie sich das der erfahrene Arzt vorstellt, lässt sich der einmal ins Ohr gesetzte Floh vom Röntgen nicht wegargumentieren. Mit herausforderndem Blick sagt die Mutter: „Ich denke mir, die Lehrerin wird sich ja auch was gedacht haben, wenn sie uns das mit dem Röntgen sagt." Ebenso herausfordernd antwortet der Arzt: „Ich habe gar nicht gewusst, dass die Lehrerin in der Volksschule auch die medizinischen Qualifikationen hat, dass sie Röntgenbilder veranlassen und lesen kann." Doch immer noch will sich die Mutter nicht geschlagen geben. Sie geht zum Angriff über und sagt: „Wenn Sie mir garantieren können, dass ein Röntgenbild unauffällig wäre, dann will ich darauf verzichten."

Wortlos gibt sich der Arzt geschlagen – eine solche Garantie könnte er nie abgeben – und stellt die geforderte Überweisung zum Röntgen aus. Und staunt nicht schlecht, als er nach zwei Stunden wieder Besuch von Mutter und Tochter bekommt. Die Sprechstundenhilfe bittet den Arzt in das Wartezimmer, da die Mutter sich auf keinen Fall mit einem Termin am nächsten Tag zufriedengeben, sondern ihn sofort sprechen möchte. Während der Hausarzt zufrieden wahrnimmt, dass das Kind nicht mehr humpelt, sondern sich wieder ganz normal bewegt, lächelt die Mutter triumphierend: „Herr Doktor, wir müssen dringend mit Ihnen sprechen."

Gedankenverloren sagt der Arzt noch im Wartezimmer: „Na, die Kleine geht ja schon wieder gut, kommen Sie kurz herein." Mit einem stolzen, fast hämischen Grinsen im Gesicht beginnt die Mutter, kaum dass sich die

Ordinationstüre hinter ihr geschlossen hat: „Stellen Sie sich vor, Herr Doktor, der Röntgenarzt hat uns sofort zu sich hineingerufen und uns am Bild gezeigt, was meine Tochter wirklich hat." Fast nach einer Drohung klingt dieser Satz in den Ohren des Arztes. Oder nach Genugtuung? Wortlos greift er nach dem Plastiksack mit den Röntgenbildern und zieht die beiden Aufnahmen vom linken Knie heraus. Er steckt die Aufnahmen in seinen Röntgenschirm – und noch während er die Bilder betrachtet, fällt ihm die Mutter in die noch nicht gesprochenen Worte: „Sehen Sie", sie zeigt mit dem Zeigefinger erregt auf eines der Röntgenbilder, „hier an der Außenkante, dieser Knochen dürfte auf keinen Fall so ausschauen, hat der Röntgenarzt gesagt, und wir sollten dringend eine MRT-Aufnahme machen."

Tatsächlich sieht auch der Arzt die kleine Knochenauswölbung. Er lächelte innerlich und sagt ganz ruhig zur besorgten Mutter: „Liebe Frau R., das ist eine ganz harmlose Exostose, ein kleines Überbein, und das hat sicherlich nichts mit dem heutigen Unfall im Turnunterricht zu tun. Sie können wirklich ganz beruhigt sein, so eine Exostose ist komplett harmlos, solange sie keine Beschwerden verursacht. Wenn Sie wollen, können wir ja nächstes Jahr eine Kontrollaufnahme anfertigen lassen und schauen, wie sich die Knochenauswölbung entwickelt."

Aber auch diesmal lässt sich die Mutter nicht beruhigen. „Na, die MRT-Aufnahme möchten wir auf jeden Fall noch machen. Das wird ja einen Sinn haben, wenn es der Facharzt gesagt hat." Ja, natürlich, denkt sich der Arzt, der den Radiologen und seine Geschäftstüchtigkeit seit Jahren gut kennt. Und weil er an diesem Tag noch besonders viele Patienten zu betreuen hat, lässt er den Dingen ihren Lauf.

Dieser Lauf bedeutet, dass das siebenjährige Mädchen in den folgenden Wochen nach der Untersuchung im Kernspintomographen noch einen Orthopäden, einen spezialisierten Kinderorthopäden und einen Physiotherapeuten aufsucht. Vom Turnunterricht wird sie, obwohl vollkommen beschwerdefrei, zur Sicherheit befreit. Alle sechs Monate wird eine Kontrollaufnahme der Exostose angefertigt. Und da sich im Laufe vieler Kontrolluntersuchungen nichts verändert, sind die Ärzte zufrieden, und langsam kehrt Ruhe ein.

Und irgendwann gelingt es auch dem Hausarzt, der Familie klarzumachen, dass es sich bei der Exostose tatsächlich um einen harmlosen Zufallsbefund gehandelt hat und das Mädchen vollkommen gesund ist. Aber trotzdem fragt die Mutter in den kommenden Jahren immer noch vor jeder Schulveranstaltung und vor jedem Skikurs, ob die zu erwartenden Belastungen kein Problem für das Knie ihrer Tochter wären.

Geprägt werden Kinder in ihrem Verhältnis zur Medizin nicht nur von dem endlosen Untersuchungsreigen, den sie ab dem Zeitpunkt ihrer Geburt erleben. Man darf auch nicht vergessen, dass sich die sozialen Verhaltensweisen der Eltern in einem hohen Ausmaß an die Kinder weitervererben. Wer mehrere Generationen innerhalb einer Familie überblicken kann, wird bestätigen, dass Kinder vor allem Verhaltensweisen nachleben, die sie vorgelebt bekommen, und dass diese „unbewusste soziale Vererbung" von Verhaltensweisen eine weit wichtigere Rolle als die aktive Erziehung spielt.

Wer also selbst als Kind von seinen Eltern bei einem banalen grippalen Infekt zum Arzt gebracht wurde, wird vermutlich auch mit den eigenen Kindern bei jedem noch so banalen grippalen Infekt den Arzt aufsuchen. Wer erlebt

hat, dass die eigenen Eltern bei 37,8° Fieber nervös geworden sind, wird beim Auftreten von Fieber über 37,8° bei
seinen eigenen Kindern auch nervös werden, ohne diese
Verhaltensweise bewusst infrage stellen zu können. Weil
man sie früher selbst so erlebt und damit auch gelernt hat.
Weil man mit ihr aufgewachsen ist. Weil dieses Verhalten
in Fleisch und Blut übergegangen ist. Weil es eben normal
ist. Weil man nichts falsch machen will. Weil die Eltern
schon gewusst haben werden, was sie tun, und weil man
letztlich nichts übersehen will.

Dagegen ist prinzipiell auch nichts einzuwenden. Die
Frage ist nur, ob dieses ständige Untersuchen und Behandeln des kindlichen Körpers nicht auch einen Einfluss auf
die Stabilität der Psyche hat. Ob diese ständige Präsenz einer lebensbegleitenden Medizin nicht mehr verunsichert,
als dass sie Halt und Sicherheit gibt. Ob junge Menschen
auf diese Weise je ein gesundes körperliches Selbstvertrauen und Selbstbewusstsein aufbauen können. Denn wer
seinen Körper als ewigen Schwachpunkt erlebt, wird sich
selbst in seiner Gesamtheit nur schwer gesund und sicher
fühlen können.

Und fragen müssen wir uns auch, ob wir uns diesen
ungeheuren medizinischen Aufwand überhaupt leisten
können und wollen. In Anbetracht chronisch überfüllter
Spitäler und Arztpraxen wird in periodischen Abständen
der Ruf nach besserer medizinischer Versorgung laut.
Aber haben wir tatsächlich einen Medizin- bzw. Ärztemangel? Gibt es nicht vielmehr einen Überschuss an
Befindlichkeitsstörungen, die untersucht und behandelt
werden, obwohl sie eigentlich gar nicht untersuchungs-
und behandlungswürdig wären? Eine Kategorie, in die
definitiv der leichte grippale Infekt eines Kindes im Kin-
dergarten- und Schulalter fällt, ebenso wie die Tonnen von
Antibiotika, die in den Wintermonaten überflüssigerweise

bei derartigen Infekten verordnet werden. Antibiotika, die gegen den Virus, der den Infekt ausgelöst hat, keinerlei heilende Wirkung haben. Die aber dafür die körpereigene bakterielle Schutzbarriere zerstören. Studien belegen ganz klar, dass der kindliche Organismus drei bis sechs Monate benötigt, um die körpereigene Bakterienflora nach einer Antibiotikatherapie wieder in ihren ursprünglichen Zustand zu bringen.

Ärzte mit langjähriger Erfahrung bestätigen, dass bei solchen medizinisch-menschlichen Begegnungen nicht die Behandlung des Kindes, sondern vielmehr die Beruhigung der Eltern im Vordergrund steht. Unsichere Eltern werden also um den Preis einer weiteren Verunsicherung des Kindes beruhigt. Im schlechtesten Fall von ängstlichen und übervorsichtigen Ärzten, die neben der medizinischen Angst, eine schlimme Erkrankung übersehen zu haben, auch die ständige Angst vor juristischen Folgen einer möglicherweise ungenügenden Behandlung im Hinterkopf haben. Also von Ärzten, die wiederum mehr die eigene Unsicherheit behandeln als die Symptome der ihnen anvertrauten kleinen Patienten.

Schon seit geraumer Zeit erachte ich es als meine ärztliche Pflicht, die Kinder selbst, aber auch ihre Eltern darauf hinzuweisen, dass Fieber die Abheilung eines viralen Infektes beschleunigt und damit, soweit vom kindlichen Organismus gut toleriert, „unser Freund" und nicht „unser Feind" ist. Der Reflex, Fieber bei harmlosen grippalen Infekten sofort medikamentös abzusenken, verlängert nur die Verweildauer der Krankheitserreger im Körper. Denn ein Großteil der in Frage kommenden Viren kann seine krankmachende Wirkung nur in einem schmalen Temperaturband voll entfalten. Bereits ab einer Körpertemperatur von 38° steigt die Leistungsfähigkeit des Immunsystems und damit seine Fähigkeit zur Bekämpfung dieser Viren deutlich an.

Ein endloser Untersuchungsreigen – aber wozu?

Eine Gruppe dänischer Wissenschaftler hat 2012 die Sinnhaftigkeit von Gesundenuntersuchungen überprüft. Dabei wurden in einer Metaanalyse Patientengruppen, die sich regelmäßigen Gesundheits-Checks unterzogen hatten, mit solchen verglichen, die keine gesundheitliche Vorsorge betrieben haben. Das Ergebnis der Untersuchung fiel ernüchternd aus. Die Lebenserwartung in beiden Gruppen war gleich hoch. Die medizinische Relevanz von Gesundenuntersuchungen scheint also grundsätzlich fragwürdig zu sein – ganz besonders in Anbetracht der enormen Summen, die dafür aufgewendet werden.

Nichtsdestotrotz werden unsere Kinder in Form von Reihenuntersuchungen in Kindergarten und Schule bereits frühzeitig in dieses System der Vorsorgeuntersuchungen eingeschleust. Dabei ist schon länger bekannt, dass die Ergebnisse solcher Untersuchungen mehr als zweifelhaft sind. Alleine schon die Tatsache, dass die Untersuchungen im Schulbereich nicht auf Freiwilligkeit basieren, garantiert verfälschte Untersuchungsergebnisse. So wird z. B. eine Blutdruckmessung bei einem aufgeregten Kind – und jedes Kind ist aufgeregt, wenn es zum Herrn Doktor gerufen wird oder der Arzt in das Klassenzimmer kommt – selbstverständlich einen erhöhten Wert ergeben. Und häufig fehlerhaft sind auch die Ergebnisse bei Streifentests von nicht steril abgegebenen Harnproben. So werden sehr schnell aus beschwerdefreien Kindern junge Patienten. Ein konsequent denkender Schularzt muss anschließend – offiziell zum Ausschluss ernster Erkrankungen – Folgeuntersuchungen anordnen, die, wie schon erwähnt, lediglich der Verbreitung von Angst und Unsicherheit bei Kindern und Eltern dienen – und dem Profit der Medizinindustrie.

Aber nichts, so wird gebetsmühlenartig wiederholt, sollte unserer Gesellschaft für die Gesundheit der Kinder zu teuer sein. Und nichts ist für verunsicherte und überforderte Eltern einfacher und bequemer, als ein ohnehin überbordendes, übereifriges, absolutistisch agierendes Medizinsystem für die Gesundheit der Kinder verantwortlich zu machen.

Welchen Sinn hat es, wenn Schuljahr für Schuljahr Hunderte von Kindern von engagierten Schulärzten wegen ihrer Senk- und Plattfüße zu orthopädischen Fachärzten geschickt werden, wo Hunderte Paare von Schuheinlagen verordnet werden, die dann häufig gar nicht verwendet werden und damit sinnlos bleiben? Denn in vielen Fällen sind Fußfehlstellungen eine schlichte Folge des Bewegungsmangels – und eine Schuheinlage kann auch nur dann eine Wirkung entfalten, wenn sich ihr Träger entsprechend bewegt.

Und welchen Sinn hat es, wenn ein Schularzt regelmäßig das Gehör von Kindern überprüft, das von ebendiesen Kindern über die omnipräsenten Kopfhörer mit viel zu lauter Musik beschallt wird bzw. spätestens im Jugendlichenalter bei Popkonzerten und im Fußballstadion mit hochtoxischen Lautstärken geschädigt wird?

Und wozu sollen die ständige Messung der Körpergröße, des Kopfumfanges und die Überprüfung des Gewichtes dienen, außer dazu, ein statistisch noch genaueres Bild eines idealen Kindes zu entwerfen, das in der Folge von immer weniger Probanden erreicht werden kann?

Sind weder Eltern noch Ärzte imstande, eine natürliche Entwicklung des Kindes von einer medizinisch gefährlichen zu unterscheiden?

Dient diese Normierung der Kindergesundheit nicht eher der eigenen Beruhigung? Oder haben wir verlernt, mit Individualität umzugehen? Und warum wird zwar laufend die Gesundheit der Kinder, aber zu keinem Zeitpunkt die Fähigkeit der Eltern überprüft, ein Kind auf seinem Weg in das Leben zu begleiten? Denn jeder noch so gesunde Kinderkörper gerät in Gefahr zugrunde zu gehen, wenn er seelisch-emotional verarmt in einer ansonsten perfekten Welt aufwächst.

Altgediente Schulärzte bestätigen, dass die schulärztliche Gesundheitsintervention nur in den seltensten Fällen Früchte trägt. Wie wäre es sonst zu erklären, dass trotz aller Aufklärung und Prävention z. B. die Dickleibigkeit unter Kindern an den Schulen des Landes weiterhin zunimmt?

Selbstverständlich kann ein sensibles Schularztsystem, gerade bei sozial unterprivilegierten Kindern, dann und wann das Schlimmste verhindern. Eine Normierung der Kindergesundheit im Sinne von Gerechtigkeit und Gleichheit für alle ist aber auch beim besten Willen nicht zu erreichen – und soll auch nicht, um den Preis der Individualität, erzwungen werden.

Davon abgesehen zeigt die Erfahrung: Ausschlaggebend für Gesundheit im Kindes- wie auch später im Erwachsenenalter und ausschlaggebend für einen vernünftigen, respektvollen Umgang mit dem eigenen Körper ist nicht die Qualität der medizinischen Betreuung, sondern die Qualität der elterlichen Begleitung. Eltern, die selbst ausreichend lebensfähige, liebevolle und engagierte Individuen sind, bringen auch ein ausreichend sensibles Gefühl mit, um auf die Gesundheit ihrer Kinder zu achten und ihre Kinder zu einem gesunden Umgang mit Körper und Seele zu erziehen.

Hausärzte: unterschätzte Gesundheitsbegleiter

Die folgende Begebenheit hat mir eine gleichaltrige Kollegin erzählt – und von ähnlichen Episoden könnte ich auch aus meiner eigenen Erfahrung berichten:

„Frau Doktor", sagt der Patient zu seiner neuen Hausärztin, „Sie kennen mich ja noch als Kind." Im ersten Augenblick kann sich die Ärztin nicht an den jungen Mann als Kind erinnern. „Herr T.", sagt sie mit einem Schmunzeln, „wenn ich nicht auf die Kartei geschaut hätte, hätte ich Sie nie und nimmer erkannt, so sehr hat sich Ihr Gesichtsausdruck mit dem Erwachsenwerden verändert, da ist ja ein richtiger Mann aus dem kleinen Buben geworden." Der Mitte 20-jährige Mann lächelt verlegen. „Ja, Frau Doktor, ich weiß ..., aber jetzt bin ich wieder hier." Und gleich fügt er hinzu: „Bitte sagen Sie weiter du zu mir, ich möchte gerne der Johannes bleiben, der ich immer für Sie war." Eine kurze, nachdenkliche Pause entsteht. „Ja, gerne", sagt die Ärztin dann, „aber Johannes, sag mir einmal, warum du bei mir bist und was ich für dich tun kann."

Der junge Mann antwortet: „Frau Doktor, das ist eine längere Geschichte ... Ich habe in den letzten acht Jahren in der Stadt gewohnt und habe dort einige Ärzte durchprobiert. Aber, wirklich, ohne dass ich Ihnen Honig ums Maul schmieren möchte, von denen hat mich keiner so gut verstanden und behandelt, wie Sie das immer getan haben." Die Ärztin unterbricht ihn energisch: „Na, das kann ich jetzt nicht glauben, dass in einer Millionenstadt nicht ausreichend gute Ärzte zu finden sind." Aber der Patient erwidert: „Natürlich, Frau Doktor, bin ich hauptsächlich wegen der Nähe zu meinen Eltern wieder hierher zurück übersiedelt, aber Ehrenwort, irgendwie war es auch wegen der medizinischen Versorgung. Ich habe mich einfach bei keinem anderen Arzt so wohl gefühlt wie bei Ihnen." Dann macht er eine längere Pause. Und fährt fort: „Schließlich weiß ich von meiner Mutter, dass Sie schon, wie ich noch ein Baby war, alle Untersuchungen und Impfungen bei mir gemacht haben und ich in meiner Kindheit mit wenigen Ausnahmen bei keinem anderen Arzt war als bei Ihnen. Und jetzt bin ich mit meiner Freundin also wieder da, und wenn wir ein Kind bekommen, dann möchte ich, dass Sie unsere Hausärztin sind."

Vor 20, 30 Jahren waren wir Hausärzte am Land noch rund um die Uhr sieben Tage in der Woche für unsere Patienten erreichbar. Wir waren sowohl Not- als auch Kinderärzte, Schulärzte und Wundversorger, Gipser, Geriater und, wenn notwendig, Palliativteam in einem. Durch die Hausapotheken war die Versorgung der Bevölkerung mit Medikamenten, auch weitab der Städte, 24 Stunden am Tag sichergestellt. Wir führten gemeinsam mit den wenigen niedergelassenen Kinderärzten die Mutter-Kind-Pass-Untersuchungen und die vorgeschriebenen Impfungen durch, oft auch die Mutterberatung, und waren die erste Anlaufstelle für Probleme aller Art. Das Ansehen der Hausärzte in der Bevölkerung war hoch. Im Gegensatz zu heute waren alle Kassenstellen besetzt. Als älterer Arzt darf ich im Rückblick sagen: Es war bei Gott nicht alles schlechter als heute.

Dann kam die Ärzteschwemme. Die Kinder verschwanden aus unseren Hausarztpraxen und wurden von einem immer dichter werdenden Netz von Kinderärzten und Beratungsstellen versorgt. Den Politikern war die Beliebtheit der freiberuflich tätigen niedergelassenen Ärzte ein Dorn im Auge. Sie glaubten, viele Leistungen bei verschiedenen Anbietern billiger einkaufen zu können. Die Spitalsambulanzen wurden trotz enormer Kosten ausgebaut, und die Zahl der Spitalsbetten wurde aufgestockt. Die Institution der ortsansässigen Gemeindeärzte wurde abgeschafft, unzählige Hausapotheken geschlossen. Der Niedergang der hausärztlichen Versorgung der Bevölkerung samt ihren Kindern war besiegelt.

Nachdem die Politik den Stellenwert der hausärztlichen Tätigkeit hartnäckig untergraben hatte, wurden die Rettungsdienste unstrukturiert und langsam zur ersten Anlaufstelle im medizinischen Notfall ausgebaut. Auch kleine und kleinste Verletzungen wurden in der Folge zum Großteil im Spital erstbehandelt, die Spitalsambulanz wurde immer mehr zum Ansprechpartner für alle gesundheitlichen Probleme des Alltags: juckende Gelsenstiche, Sonnenbrände nach einem ganzen Tag am Pool, leichte Verstauchungen, abendliche Fieberschübe, Hals- und Gliederschmerzen, vergrößerte Lymphknoten, kurzum alles, was auch nur die geringste Abweichung vom Idealzustand totaler Gesundheit darstellt, wird zu jeder Tages- und Nachtzeit im Spital einer oftmals von überlangen Bereitschaftsdiensten ausgebrannten und schlecht bezahlten Ärzteschaft vorgestellt.

Heute ändern sich die Zeiten langsam wieder. Nach der Ärzteschwemme der vergangenen Jahrzehnte herrscht, zumindest am Land, wieder Ärztemangel. Viele Kinderarztstellen können nicht mehr nachbesetzt werden. Und trotz aller gegenteiligen Beteuerungen der Politiker ist das Spital zum hochpreisigen Hauptschauplatz einer staatlich kontrollierten Medizin geworden.

Doch gerade im Spitalsbereich werden Kinder stiefkindlich behandelt. Aus juridischen Gründen lehnen Krankenhäuser ohne eigene Kinderabteilung die Behandlung von unter 14-Jährigen ab. Denn das Gros der Bevölkerung ist alt, und seit jeher richtet sich das medizinische Angebot nach der Nachfrage. So gibt es in Österreich z. B. viel zu wenige Kinderrehabilitationsplätze. Auch der Bereich der pharmakologischen Versorgung ist betroffen. Aufgrund der geringen Kinderzahl unserer Gesellschaft werden verhältnismäßig wenige Medikamente für Kinder benötigt und dementsprechend auch wenige Medikamente für

Kinder entwickelt und getestet. Das führt dazu, dass Ärzte immer öfter Medikamente für Kinder „off label" einsetzen müssen – das bedeutet, dass es bei dem entsprechenden Medikament keine offizielle Zulassung für die Anwendung bei Kindern gibt –, auf eigenes Risiko bzw. auf Risiko des jugendlichen Patienten. Weil Zulassungsbehörden und Pharmaindustrie offensichtlich ihr Interesse an den wenigen Kindern der westlichen Wohlstandsgesellschaft verloren haben. Und dabei vergessen, dass Kinder letztendlich die einzige Zukunftsoption für eine Gesellschaft sind.

Der Lebenswerdungs-Prozess Geburt

Der Geburtsvorgang ist zweifellos, neben dem Sterben, der elementare „Lebens-Prozess" schlechthin: der sichtbare Übertritt des neuen Menschen aus dem uneinsehbaren, intimen Bereich, in dem er gezeugt wurde und sich neun Monate lang entwickeln konnte, in die reale, äußere, öffentliche Welt. Es liegt damit auch die Annahme nahe, dass der Geburtsvorgang – und die Art und Weise, wie er vor sich geht – keinen unbeträchtlichen Einfluss auf das spätere Leben besitzt: Ob eine Geburt auf ganz und gar natürlich Weise vor sich geht oder die Wehen künstlich eingeleitet wurden, ob das Kind durch den Geburtskanal oder auf dem Wege des Kaiserschnittes zur Welt kommt, zu Hause oder im Spital, zu früh oder zum „richtigen" Zeitpunkt, das alles sind nicht zu vernachlässigende Aspekte rund um den Beginn eines neuen Erdenlebens. Zumal in Zeiten, in denen jedes dritte Kind in Österreich, wie auch in Deutschland, durch einen Kaiserschnitt zur Welt gebracht wird – in vielen Fällen ohne medizinische Notwendigkeit.

Betrachtet man die rein anatomischen Verhältnisse, so fällt dabei die relative Enge des mütterlichen Geburtskanals im Vergleich zum Schädeldurchmesser des Kindes auf. Sowohl auf Seiten der Mutter als auch auf der des Kindes müssen mehr oder weniger schmerzvolle Anpassungsvorgänge stattfinden, um eine erfolgreiche Geburt zu ermöglichen. Redewendungen wie „Da musst du durch!", „den Kopf einziehen", „warten lernen", „sich aneinander reiben", „sich gegen einen Widerstand durchsetzen" oder „Druck aushalten können" können auch in Bezug auf die Ereignisse während des Geburtsvorganges gesehen werden. Und ein erstes Mal, so darf vermutet werden, sieht der werdende Mensch „Licht am Ende eines Tunnels". Nämlich des Geburtskanals. Der Eintritt ins Leben durch einen engen Tunnel. Eine erste Arbeit. Eine erste Mühe, ein erster Widerstand, nachdem die Zeugung so lustvoll und schmerzfrei verlaufen ist.

Aber auch das erste Mal Stolz. Und zwar auf Seiten der Mutter und des Kindes. Eine erste große Hürde gemeinsam genommen und bewältigt zu haben.

Dabei hilft die Natur, durch Ausschüttung von Endorphinen die Geburt für beide Teile einigermaßen erträglich zu gestalten. Immerhin gibt es keinen Menschen, der sich glaubhaft an Schmerzen während seiner Geburt erinnern könnte. Und auch auf Seiten der Mutter scheint ein „im Schmerz zueinander finden", ein „sich aus-einander-gesetzt haben", im Vordergrund zu stehen.

Neben Endorphinen wird im Verlauf einer natürlichen Geburt durch die Dehnung des Muttermundes auch das Hormon Oxytocin ausgeschüttet. Dem Oxytocin – oft auch als „Liebes-" oder „Kuschelhormon" bezeichnet – wird eine wesentliche Rolle für die Entwicklung der Bindung zwischen Mutter und Kind zugeschrieben. Inwieweit seine verminderte Ausschüttung während eines Kaiserschnittes einen Einfluss auf die spätere Beziehung zwischen Mutter und Kind bewirkt, wird von der Wissenschaft kontroversiell diskutiert. Die Befürworter des Kaiserschnitts argumentieren damit, dass die Rolle des Oxytocins bei der Entstehung der Mutter-Kind-Beziehung überbewertet wird, für die Gegenseite ist der erhöhte Oxytocinspiegel während des Geburtsvorganges ein weiteres Argument für die Bevorzugung der natürlichen Entbindung. Unabhängig davon, welche Rolle das Oxytocin wirklich spielt – als Arzt glaube ich, dass es schwierig sein wird, den von der Natur über Jahrmillionen optimierten Geburtsvorgang mit medizinisch-technischen Methoden nachzuahmen oder gar verbessern zu wollen. Und nachdem ich nicht nur unzählige Geburten als Arzt, sondern auch drei Geburten als Vater miterlebt habe, bin ich der festen Überzeugung, dass die Stunden des Zur-Welt-Kommens nicht nur die Beziehung zwischen Mutter, Vater und Kind festigen, sondern auch die Bindung der Eltern untereinander – eine Erfahrung, die nur im Rahmen einer natürlichen Geburt in dieser Form möglich ist. Und nicht zuletzt: Stets hat das, was unter Mühe und Anstrengung geschaffen oder erworben worden ist, für uns Menschen einen höheren Stellenwert und ist mit einer stärkeren emotionalen Bindung belegt als das, was uns sozusagen mühelos in den Schoß gefallen – oder in diesem Fall aus dem Schoß gefallen – ist. Auch dies ist eine Erfahrung, die bei einer Geburt durch Kaiserschnitt verloren geht. Und auch wenn ich den Vorgang der Geburt nicht überbewerten will – eine Rate von 33 Prozent Kaiserschnitten scheint mir eine grobe Verletzung optimaler natürlicher Verhältnisse darzustellen.

Dies gilt umso mehr, als viele Kaiserschnitte ohne zwingende medizinische Indikation durchgeführt werden. Als Arzt höre ich heute häufig den Satz: „Ich möchte, dass das Baby schon bald herauskommt!" Während ich früher deutlich mehr freudige Aussagen über den Zustand der Schwangerschaft gehört habe, scheinen immer mehr Frauen heute die Schwangerschaft als belastenden und einschränkenden Zustand zu empfinden. Die Anzahl der Frauen, die eine Schwangerschaft als schöne Erfahrung schildern und jeden Tag davon genießen wollen, wird dagegen laufend kleiner. Also: Nichts als heraus mit dem Baby, denn es beeinträchtigt offensichtlich immer wieder die eigenen Vorstellungen vom Leben, okkupiert den eigenen Körper wie ein Fremdkörper.

Nicht erst einmal habe ich von Frauen gehört, dass sie für ihr Baby ein Wunschgeburtstagsdatum festgelegt haben. Diese Punktlandung wollen sie dann durch einen geplanten Kaiserschnitt oder eine medikamentöse Geburtseinleitung erreichen. Und nicht erst einmal haben Frauen, die bereits ein Kind auf natürlichem Weg zur Welt gebracht haben, zu mir gesagt, dass sie ihr zweites Kind auf künstlichem Wege schon früher entbinden möchten, weil gerade in den letzten zehn Schwangerschaftstagen die Schwangerschaftsstreifen auf der Bauchdecke besonders zutage getreten seien. Tatsächlich, das muss ich aus ärztlicher Sicht bestätigen: In vielen Fällen endet das makellose Erscheinungsbild der Bauchdecke mit einer Schwangerschaft. Aber ist es nicht ein Zeichen der Überheblichkeit und Dummheit unserer Zeit, wenn diese scheinbare Beeinträchtigung der Schönheit so großes Gewicht hat, dass wir deshalb in die natürlichen Abläufe der Fortpflanzung eingreifen?

Und auch dort, wo es medizinische Indikationen für einen Kaiserschnitt gibt, scheinen sie mir oft zweifelhaft zu sein. Denn einen Kaiserschnitt bloß wegen einer Beckenendlage – die auch eine natürliche Geburt zulassen würde – schon in der 38. Woche durchzuführen nimmt dem Fötus zwei Wochen seiner Entwicklung im besten je erfundenen Brutkasten. Und nicht nur im Hinblick auf die Entwicklung des Gehirns haben diese zwei Wochen eine enorme Bedeutung.

Ein anderer nicht unwesentlicher Aspekt rund um die Geburt ist die kontinuierlich steigende Zahl der Frühgeburten – und damit das erhöhte gesundheitliche Risiko, dem Frühgeborene sowohl kurz- als auch langfristig ausgesetzt sind. Von einer Frühgeburt spricht man bei jeder Geburt vor der vollendeten 37. Schwangerschaftswoche. Zurzeit liegt der Anteil der Frühgeborenen bei fast neun Prozent aller Geburten. Die Ursachen für diese Entwicklung sind nicht restlos geklärt. Vermutet wird, dass der vermehrte Einsatz von Reproduktionstechnologien und der damit einhergehende erhöhte Prozentsatz von Mehrlingsschwangerschaften eine nicht unwesentliche Rolle spielt. Eine Rolle spielt auch das statistisch gesehen steigende Alter der Mütter, denn besonders häufig sind Frühgeburten bei Frauen über 34 Jahren. Auch die gewaltigen medizinischen Fortschritte in der Neonatologie lassen immer mehr Frühgeborene überleben und beeinflussen damit die statistischen Daten.

Als Hausarzt erlebe ich nicht nur die körperlichen, sondern auch die psychischen Folgen einer Frühgeburt, die oft ein Leben lang anhalten. Ein frühgeborenes Kind bedeutet immer eine enorme Belastung für die Eltern. Die tage- und wochenlange Zeit des ohnmächtigen Wartens, ob das Kind überleben wird oder nicht, zehrt an den Nerven, Selbstvorwürfe und Versagensängste quälen die Eltern. Und die Sorge um ein Frühchen reißt ein Leben lang nicht ab. Natürlich passen Eltern auf ein Frühchen immer besonders gut auf und bemühen sich aus Leibeskräften, einen eventuell entstandenen Entwicklungsrückstand durch erzieherische Maßnahmen wettzumachen. Zeit gutzumachen. Setzen zum Beispiel ihren ganzen Stolz daran, das Kind zum regulären Zeitpunkt einzuschulen.

So sind Frühchen auch noch mit dem Ehrgeiz der Eltern konfrontiert. Psychischer Druck entsteht auf beiden Seiten. Und psychischer Druck beeinflusst die Kindheit. Nimmt ihr die Unbeschwertheit. Vermindert die Wärme, von der schon im Mutterleib zu wenig war.

Und aus Angst vor einer Wiederholung bleiben frühgeborene Kinder öfter Einzelkinder als Kinder, die nach 40 Wochen Schwangerschaft zur Welt kommen. Was die psychische und emotionale Entwicklung noch einmal beeinflusst.

Neben diesen Folgen einer Frühgeburt auf die Beziehung zwischen Eltern und Kind sind aber auch unmittelbare Auswirkungen der Frühgeburt auf die Gesundheit und die Entwicklung des Kindes nachweisbar. Zahlreiche wissenschaftliche Untersuchungen zeigen einen eindeutigen Zusammenhang zwischen einer vorzeitigen Geburt – sei es durch eine „klassische" Frühgeburt oder durch einen vor dem natürlichen Geburtstermin herbeigeführten Kaiserschnitt – und späteren Entwicklungsdefiziten. Das ADHS-Risiko ist bei Frühgeburten höher, auch spätere kognitive Leistungsdefizite steigen dramatisch an, je früher Babys nach einer verkürzten Schwangerschaftsdauer zur Welt kommen. Und eine umfassende Studie mit Daten von über 400.000 Kindern aus Großbritannien aus dem Jahr 2010 belegt, dass Kinder, die vor der 40. Schwangerschaftswoche zur Welt kommen, häufiger unter Lernstörungen leiden als ihre normal lange „ausgetragenen" Mitschüler.

Unabhängig von den Gründen für eine Geburt, die nicht zu dem von der Natur dafür vorgesehenen Zeitpunkt und nicht auf dem dafür vorgesehenen Weg erfolgt – die Art, auf die ein Mensch erstmals das Licht der Welt erblickt, hat nicht unwesentliche Folgen dafür, wie dieser Weg durch das weitere Leben verlaufen wird.

Das gestillte Kind

In einem Lifestyle-Radiosender habe ich vor einiger Zeit eine Live-Diskussion unter Hörern verfolgt. Bei dieser Diskussion ging es um die Frage: Ist es in Ordnung, wenn bei einer Hochzeit eine der Brautjungfern ihr Baby an der Hochzeitstafel stillt? Die eine Gruppe unter den Hörern war der Meinung, dass das halböffentliche Stillen eines Babys Wert und Würde dieses besonderen Festes zunichtemache. Die andere, kleinere Gruppe hielt dagegen, dass das Stillen von Babys einfach zum Leben gehöre und nicht verwerflich sei.

Als Arzt und Vater von drei Kindern finde ich, dass die Nahrungsaufnahme eines Babys ebenso wichtig ist wie die der anderen Hochzeitsgäste. Das Stillen eines Babys ist für mich nicht unappetitlicher, als wenn übergewichtige Menschen noch ein weiteres Schnitzel in ihren Bauch stopfen. Und wenn man außerdem noch bedenkt, dass dieses Baby es sein wird, das später einmal die Pensionen für die anderen Hochzeitsgäste berappen wird müssen, denke ich, dass die Braut ein Auge zudrücken könnte. Nämlich jenes Auge, das das Stillen eines Babys als abstoßend und störend sieht.

Sieht man einmal davon ab, welche lebensfremden Sorgen auf einem Radiosender diskutiert werden, der sich den Slogan „Das Leben ist ein Hit" umgehängt hat, kann man feststellen: Das Thema Stillen emotionalisiert.

Die Befürworter des Stillens führen gesundheitliche und psychosoziale Aspekte an, von einer besseren Immunkompetenz beim Säugling, einer geringeren Wahrscheinlichkeit von Allergien, der Vorbeugung von Kieferfehlstellungen und einer stabileren menschlichen Bindungsfähigkeit bis hin zu einer gesünderen, lebenskompetenteren psychischen Entwicklung.

Auf der anderen Seite wird argumentiert, dass das Stillen zeitaufwendig sei, dem Erscheinungsbild der Brust schade und der Mutter eine frühe Rückkehr in den Beruf verunmögliche. Und von Seiten der Medizinindustrie wird auf die hohe Qualität und die Zuverlässigkeit künstlicher Milchprodukte hingewiesen. In ihren Fernsehwerbespots versprechen die Hersteller: „Wenn Sie das Beste für Ihr Baby wollen, inklusive Spurenelemente, Vitamine und Kalzium, führt an einer künstlichen Milch kein Weg vorbei." So, wie später dann auch kalziumhaltige Schokoriegel ebenso dreist wie eindrücklich als optimale Kinderjause beworben werden, wird auch künstliche Babynahrung als allem Anschein nach qualitativ bessere Alternative zur Muttermilch beworben. Einen dezidierten Werbespot für das natürliche Stillen habe ich dagegen im Hauptabendprogramm noch nie gesehen. Welche Lobby hätte auch Interesse daran?

Es ist kein Zufall, dass sich für die Ernährung des Babys an der Mutterbrust das Wort „Stillen" durchgesetzt hat. Wie dieses Wort bereits zum Ausdruck bringt, beruhigt das Trinken der Muttermilch den Säugling. Es stillt das Hungergefühl und bringt Ruhe in den kleinkindlichen Körper. Die meisten Säuglinge schlafen entweder noch an der Brust ein oder machen im Anschluss an das Gestilltwerden ein Schläfchen.

Der Geschmack der Muttermilch wechselt und verändert sich je nach der Ernährung der Mutter. Somit lernt ein gestilltes Kind schon von Anfang an, dass es verschiedene Geschmacksrichtungen gibt, und wird besser auf die spätere Nahrungsvielfalt vorbereitet. Wenn Kinder das Trinken der Muttermilch ablehnen, kann unter Umständen auch der Geschmack der Muttermilch die Ursache sein. Zwiebel und zu viel Knoblauch sind häufige Auslöser für den sogenannten kindlichen „Stillstreik". Auch bei schmerzhaften Blähungen im kindlichen Bauch sollte an die Zusammensetzung der Muttermilch gedacht werden.

Der gesundheitliche Nutzen des Stillens wird durch Hunderte von Studien belegt. Sie zeigen unter anderem, dass gestillte Kinder später weniger zu Übergewicht oder Bluthochdruck neigen, dass gestillte Kinder weniger häufig Atemwegserkrankungen oder Mittelohrentzündungen erleiden, dass Stillen gegen späteren Diabetes vorbeugt, und auch die Sterblichkeitsrate im Kindesalter ist bei gestillten Kindern niedriger. Auch wenn man die eine oder andere Studie hinterfragen und ihr Ergebnis in Zweifel stellen kann, so muss zweifelsfrei festgestellt werden: Es gibt in jedem Fall keine einzige Studie, die belegen würde, dass das Stillen – vorausgesetzt, die Muttermilch ist frei von Schadstoffen – einen Nachteil für Mutter oder Kind darstellen kann.

Im Unterschied zur synthetisch hergestellten Säuglingsmilch hat die Muttermilch zu Beginn und zu Ende des Stillaktes eine unterschiedliche Konsistenz und damit auch eine unterschiedliche Geschmackswahrnehmung für den Säugling. Nach zwei oder drei Stunden Pause zwischen zwei Stillakten ist die mütterliche Brust im Normalfall wieder prall mit dünnflüssiger Milch gefüllt, die gleich nach dem Anlegen des Säuglings – auch ohne intensiven Saugreiz – leicht aus der Brustwarze fließt. Je länger aber der Säugling an die Brust angelegt ist, umso zähflüssiger wird die Muttermilch. Gegen Ende des Stillaktes wird sie schließlich so dick, dass sowohl das aufkommende Sättigungsgefühl des Babys als auch die notwendig gewordene Anstrengung, weitere Milch aus der Brust zu saugen, das Stillen beenden.

Neben dem Geschmack der Milch und ihrer Konsistenz sind noch weitere Faktoren für den Erfolg des Stillens wichtig: Die anatomische Beschaffenheit der Brustwarze, die Saugkraft des Säuglings, die Position der mütterlichen Brust zum kindlichen Mund und nicht zuletzt auch psychosoziale Faktoren sind für ein erfüllendes Stillen verantwortlich. Denn das Stillen ist nicht nur ein Akt der Ernährung des Säuglings, sondern auch ein Akt der nonverbalen Kommunikation zwischen Mutter und Kind, das Stillen ist beziehungs- und vertrauensbildend.

Die Säuglingszeit stellt nicht eine beliebig austauschbare Periode im Leben eines Menschen dar, sie ist vielmehr das Fundament für die spätere Entwicklung, etwa in Bezug auf die spätere Bindungsfähigkeit, Leistungsbereitschaft und Anpassungsfähigkeit an veränderliche Umweltbedingungen des neuen Menschen.

Auch die besten psychotherapeutischen Interventionen zu späteren Zeitpunkten können Defizite aus der Säuglingszeit nicht mehr hinreichend korrigieren. Denn nach dem Geburtsvorgang, der wohl die intensivste Auseinandersetzung zwischen Mutter und Kind darstellt, bietet die Stillperiode Mutter und Kind eine geeignete Plattform, erste Machtkämpfe und Meinungsverschiedenheiten mehr oder weniger bewusst auszufechten, sich gegenseitig anzunehmen und damit lieben zu lernen. Begriffe wie „Berührung", „Zufriedenstellen", „Annehmen", „Zuwendung" und „sich abwenden", „nicht genug kriegen", „Zeit haben" und „sich Zeit nehmen" oder „in sich aufsaugen" bekommen mit Blick auf den Stillvorgang eine besondere Bedeutung.

Für die Mutter bringt das Stillen aus medizinischer Sicht einerseits Vorteile in körperlicher Hinsicht – so zeigen Studien, dass das Risiko, an Brustkrebs oder Eierstockkrebs zu erkranken, durch das Stillen geringer wird. Das Saugen des Kindes an der Brustwarze unterstützt außerdem die Ausschüttung des Hormons Oxytocin, das neben den schon erwähnten Wirkungen auch zur rascheren Rückbildung der Gebärmutter und damit zur Verminderung von Blutungen und Wochenfluss beiträgt. Abseits von diesen medizinischen Aspekten können die Stunden des Stillens aber auch eine Zeit der Ruhe und Entspannung im häuslichen Alltag bedeuten, eine Zeit, in der sich die Beziehung zwischen Mutter und Kind ausformen kann.

Zwischen den beiden extremen Standpunkten der Befürworter des Stillens bzw. der Flaschennahrung etabliert sich neuerdings noch eine dritte Option, die sogenannte „Zwiemilch-Ernährung". Darunter versteht man das beliebige Abwechseln von Muttermilch und Flaschennahrung, je nach Verfügbarkeit und zeitlichen Verhältnissen. In den diversen Internetforen wird die Zwiemilch-Ernährung vor allem dann empfohlen, wenn eine Mutter aus beruflichen Gründen nicht immer in der Nähe des Babys sein kann.

Aus medizinischer Sicht ist diese Lösung sicherlich umsetzbar. Die Erfahrung zeigt allerdings, dass ein Säugling, der einmal den offensichtlich einmaligen Geschmack von künstlicher Babymilch gekostet hat, nur noch unwillig zur Muttermilch aus der Brust zurückkehrt. Das hat vielleicht damit zu tun, dass der gewohnte und gleichbleibende Geschmack sowie die während der gesamten Fütterung gleichbleibende Konsistenz der Flaschennahrung von den Babys als angenehm empfunden wird. Dazu kommt, dass Babys im Großen und Ganzen die nur allzu menschliche Eigenschaft zeigen, eher den Weg des geringeren Widerstandes zu gehen; und das Stillen verlangt vom Kind deutlich mehr Energieeinsatz als die bequemere Flaschennahrung. Und um das Trinken von der mütterlichen Brustwarze minutiös nachzuahmen, müsste z. B. das Loch im Schnuller mit dem Fortschreiten des Trinkprozesses immer enger und kleiner werden.

Aber natürlich ist die Entscheidung für oder gegen das Stillen nicht immer eine bewusst getroffene. Stillprobleme, die eine ausreichende Ernährung des Säuglings verhindern, hat es immer schon gegeben, mit unterschiedlichen Ursachen und unterschiedlichen Auswirkungen: Während sich früher Ammen und Tagesmütter um unzureichend versorgte Kinder gekümmert haben, bietet die heute verfügbare künstliche Muttermilch eine vernünftige Alternative, wenn das natürliche Stillen wirklich nicht klappen sollte. Doch auch hier kommt der Übereifer der modernen Hightechmedizin den natürlichen Prozessen rund um den Geburtsvorgang in die Quere. Dabei spielt die beliebige Verfügbarkeit synthetischer Produkte ebenso eine Rolle wie oft künstlich herbeigeführte Notsituationen in Bezug auf das Stillen. Denn ein vorübergehender Gewichtsverlust des Babys nach der Geburt ist keine Krankheit, die sofort durch das Zufüttern von künstlicher Milch behandelt werden müsste. Bis zu sieben Prozent des Geburtsgewichtes kann ein Säugling in den ersten Tagen nach der Geburt verlieren, die er allerdings spätestens nach zwei Wochen wieder aufgeholt haben sollte. Ca. drei Tage nach der Geburt setzt bei der Mutter die endgültige Milchproduktion ein – bis dahin könnte mit voreiligen medizinischen Eingriffen in das Stillverhältnis zwischen Mutter und Baby zugewartet werden. Aber viel zu oft wird frühzeitig abgestillt. Weil junge Ärzte das Warten verlernt haben, weil alles von Anfang an perfekt sein soll, und nicht zuletzt, weil ein rasches Abstillen als der einfachere Weg erscheint – und weil der Medizin die Fähigkeit verlorengegangen ist, statt der Normierung individuelle Lösungen für jeden Patienten zu finden.

Einer 38-jährigen Mutter von drei Kindern wird noch im Wochenbett nach der Geburt ihres vierten Kindes eine Stillberatung empfohlen. Der Grund dafür ist, dass das mit 4.320 Gramm geborene Kind in den ersten drei Tagen sechs Prozent seines Geburtsgewichts verloren hat. Ein solcher Gewichtsverlust sollte erfahrenen Ärzten, wie gesagt, nicht neu sein. Bei sonst unbedenklicher Entwicklung des Säuglings hat er keinerlei pathologische Bedeutung. In den ersten Lebenstagen sinkt das Körpergewicht aller Neugeborenen, da der kindliche Organismus erst die Umstellung von der Nabelschnurernährung innerhalb der Gebärmutter zur Magen-Darm-Ernährung außerhalb des mütterlichen Körpers bewerkstelligen muss. Abgesehen davon war das Geburtsgewicht des betroffenen Kindes ohnehin weit überdurchschnittlich.

Dennoch gelingt es den handelnden Akteuren offensichtlich, die Mutter so weit zu verängstigen, dass sie der Stillberatung zustimmt. Die frischgebackene Mutter staunt dann aber nicht schlecht, als sie einer 22-jährigen Beratungsassistentin gegenübersitzt. Sie hat gerade noch den Mut, die junge Frau zu fragen, wie viele Kinder sie denn selbst schon gestillt habe, bevor die Autorität des medizinischen Versorgungssystems die Verhältnisse klar festlegt. Schnippisch antwortet die Angesprochene: „Ich habe zwar noch keine eigenen Kinder, aber das tut ja nichts zur Sache, jetzt geht es um das Überleben Ihrer Tochter!" Und plötzlich kommen in der erfahrenen Mutter ernsthafte Zweifel auf – das Wort „Überleben" verändert die Situation für sie dramatisch. Und plötzlich scheint das Glücksgefühl über die Geburt eines vierten gesunden Kindes wie verflogen. Ist die Abnahme des Körpergewichtes wirklich so bedrohlich? Und dann blitzt ein rettender Gedanke durch den Kopf der Mutter: „Bin ich jetzt wirklich schon zu blöd zum Stillen?"

Gegen den Willen der Beratungsassistentin hat die frischgebackene Mutter die Zufütterung von künstlicher Milch abgelehnt und ihr Kind in der weiteren Folge neun Monate lang problemlos gestillt.

Impfen ja – aber wo, wie oft und wogegen?

Die Entwicklung von Impfungen stellt geradezu einen Meilenstein in der Geschichte der Medizin dar. Impfungen haben Millionen von Menschenleben gerettet – bei nur einer geringen Zahl von Opfern bzw. von unerwünschten Nebenwirkungen. Der „Impfgedanke" ist und bleibt ein wichtiges, unantastbares öffentliches Gesundheitsziel.

Beispielhaft dafür steht die Pockenimpfung – nicht nur als eine der wichtigsten Errungenschaften in der Geschichte der Impfungen, sondern auch als Beispiel für die Entwicklung von einer rein kurativen, also versorgenden bzw. heilenden, zu einer prophylaktischen, also vorsorgenden Medizin. Denn die Ausrottung der Pocken hat nicht primär mit dem weltweit gestiegenen Lebensstandard zu tun, sondern konnte erst mit einem globalen Impfprogramm der Weltgesundheitsorganisation WHO bewerkstelligt werden.

Ihren Höhepunkt erreichten die Pockenepidemien in Europa im 18. Jahrhundert. Die Sterblichkeit unter den Erkrankten betrug zwischen 20 und 40 Prozent, jährlich starben Schätzungen zufolge in Europa 400.000 Menschen an den Pocken. Wer die Pockenerkrankung einmal überlebt hatte, blieb zwar sein ganzes Leben vor der Krankheit geschützt, allerdings waren Blindheit und irreparable Hirnschäden eine häufige Folge einer Pockenerkrankung.

Die Entwicklung einer wirksamen Gegenstrategie und damit letztlich eines Impfstoffes ist der Beobachtung der britischen Landbevölkerung und der systematischen wissenschaftlichen Arbeit des englischen Arztes Edward Jenner zu verdanken. Schon lange Zeit hatten Bauern die Erfahrung gemacht, dass, wer sich bei der Stallarbeit mit den harmlosen Kuhpocken angesteckt hatte, nicht mehr an den echten Pocken erkrankte. Diese Erkenntnis machte sich Jenner zunutze, indem er den Inhalt einer Hautpustel einer Magd, die an den Kuhpocken erkrankt war, als sogenannte „Vakzine" (von lat. Vacca = die Kuh) für seine erste Impfung an einem achtjährigen Knaben verwendete. Er folgte damit dem Prinzip jeder Impfung, das stark vereinfacht lautet: Ein Lebewesen wird mit ungefährlich gemachten, abgeschwächten oder abgetöteten Krankheitserregern in Kontakt gebracht und bildet daraufhin (ohne selbst zu erkranken) Antikörper, die in der Folge im Körper zirkulieren und ihn gegen die echten, bedrohlichen Krankheitserreger schützen.

Ab dem Ende des 19. Jahrhunderts wurden nach und nach Impfungen gegen die gefährlichsten Krankheiten der Zeit entwickelt. Das Ergebnis einer intensivierten wissenschaftlichen Forschung an Impfstoffen war die industrielle Erzeugung von Vaccinen, also Impfstoffen, gegen Diphtherie und Tetanus, deren Inhalt aus gereinigten Bakteriengiften bestand (und auch heute noch besteht), oder gegen Typhus, Cholera oder Keuchhusten, die aus abgetöteten Bakterien hergestellt werden.

Jede erfolgreich durchgeführte Impfung bedeutet für den betreffenden Patienten eine Krankheit weniger, die er durchmachen muss, bzw. einen meist lebenslangen immunologischen Schutz in Form von Antikörpern gegen die jeweilige Krankheit. Bei epidemisch auftretenden Krankheiten wie Cholera, Typhus, Grippe, Masern, Mumps, der

Poliomyelitis oder auch der mittelalterlichen Pest bedeutet eine rechtzeitige Impfung oft schlichtweg das Überleben, bei weniger gefährlichen Krankheiten eine oder mehrere Wochen Krankheit, die sich ein Patient erspart, bzw. die Vermeidung von Komplikationen und deren unter Umständen lebenslang zurückbleibenden Schäden. Eine solche Folge ist z. B. eine mögliche Zeugungsunfähigkeit bei Männern infolge einer Hodenentzündung, die häufig als Nebenwirkung einer Mumps-Infektion auftritt. Eine ähnliche Gefährlichkeit muss dem Masernvirus attestiert werden, das neben dem typischen, an sich harmlosen Ausschlag auch zu Lungen- und lebensbedrohlichen Gehirnentzündungen führen kann.

Trotz dieser auf der Hand liegenden Vorteile einer Impfung herrscht in unserer Gesellschaft alles andere als Einigkeit, ob überhaupt, wann und wogegen geimpft werden soll. Im Gegenteil: Es gibt regelmäßig heftige Diskussionen zwischen Impfbefürwortern und Impfgegnern bzw. -verweigerern, die nur selten mit sachlichen Argumenten geführt werden. Grund genug, den Sichtweisen und Argumenten beider Seiten auf den Zahn zu fühlen.

Als Hausarzt bin ich immer häufiger mit Eltern konfrontiert, die ihre Kinder nicht mehr impfen lassen wollen. Zu Beginn solcher Gespräche höre ich häufig, man habe sich im Internet schlaugemacht und wolle die möglichen Gefahren einer Impfung, von denen man dort gelesen habe, dem eigenen Kind auf keinen Fall zumuten.

Ebenso wie von Seiten der Impfbefürworter sind auch die Argumente von Impfgegnern häufig mehr emotionaler als sachlicher Natur. So missfällt z. B. vielen medizinisch halbgebildeten bzw. -informierten Eltern der Gedanke, dass ihr Kind durch eine Impfung „krank gemacht" werden soll, um im Ernstfall geschützt zu sein – zu wertvoll erscheint der eigene Nachwuchs, als dass man ihm abgeschwächte Krankheitserreger ins Blut spritzen dürfte. Und zu sehr will man seine Kinder schonen, als dass man ihnen die – manchmal mehr und manchmal weniger schmerzhafte – körperliche und seelische Verletzung eines Nadelstichs zumuten möchte.

Immer häufiger verweisen Eltern auch auf die angebliche Gefährlichkeit von Aluminiumzusätzen in Impfstoffen. Doch mit diesem anscheinend sachlichen Argument bewegt man sich auf dünnem Eis, denn auch wenn Impfgegner immer wieder Aluminium als Auslöser von Autismus oder Alzheimer nennen, gibt es dazu keinen letztgültigen wissenschaftlichen Beweis. Dazu kommt, dass Aluminiumzusätze, die der besseren immunologischen Antwort des Geimpften dienen, mengenmäßig in einem Bereich weit unter der sonstigen umweltbedingten Aluminiumbelastung liegen.

Aber auch der Druck der Pharmaindustrie, die mit gewaltigem finanziellem Aufwand ein zunehmend dichtes, staatlich unterstütztes Impfprogramm etabliert hat, macht Impfungen in den Augen vieler Eltern verdächtig. Immer wieder höre ich den Satz: „Denen geht es ja nur ums Geschäft!"

Dabei erklärt sich das immer häufigere Auftreten von Impfgegnern und Impfverweigerern letztendlich lediglich durch den Umstand, dass in Bezug auf die meisten Infektionskrankheiten eine relativ gute Durchimpfung der Bevölkerung gegeben ist, was bedeutet, dass diese Krankheiten gar nicht mehr oder nur noch selten auftreten. Denn wer z. B. aufgrund einer Impfung nicht an den Pocken erkrankt, kann auch seine Mitmenschen nicht mit dem Pockenvirus anstecken. Diese Tatsache macht viele Eltern glauben, dass es die betreffende Krankheit bei uns gar nicht mehr gibt und sie ihrem Kind deshalb die Impfung mit all ihren möglichen Nebenwirkungen ersparen könnten. Wozu auch ein Kind gegen etwas impfen, das es nicht mehr gibt?

Dementsprechend werden solche Eltern oft – mehr oder weniger liebevoll – als Impfschmarotzer bezeichnet. Denn ihre Argumentationskette lebt hauptsächlich von der Tatsache, dass im Umkreis der nicht geimpften eigenen Kinder ausreichend andere Kinder geimpft sind und so das eigene Kind, auch wenn es nicht durch eine Impfung geschützt ist, vor einer Krankheitsübertragung bewahrt bleibt. Die Medizin spricht hier von „Herdenimmunität": Wenn in der Mitte einer zumindest zu 95 Prozent durchimpften „Herde" bzw. Menschengruppe ein einzelnes Individuum ohne Impfschutz lebt, so wird dieses nicht erkranken, da die Infektion von der geschützten Herde ringsum aufgehalten wird.

Doch letztlich bedeutet dieses egoistische Denken von Impfverweigerern schlichtweg das Ende der sozialen Solidarität – und sabotiert die Bemühungen der WHO, derartige Krankheiten weltweit komplett auszurotten. Das wird z. B. anhand der in der westlichen Welt trotz aller Impfungen immer wieder auftretenden Masernendemien deutlich: In den USA wurden im Jahre 2000 die Masern für ausgerottet erklärt, aber bereits zehn Jahre später wurde das Virus wieder eingeschleppt und führt immer wieder zu schweren Krankheitsausbrüchen – die durch eine lückenlose Durchimpfung der Bevölkerung leicht verhindert werden könnten.

Aber es gibt auch eine andere Sichtweise in Bezug auf Impfungen: Nicht alle Krankheiten, gegen die geimpft werden kann, sind derart gefährlich und fordern einen derartig hohen Blutzoll wie zum Beispiel die Pocken. Ein Beispiel dafür ist die Impfung gegen Varicellen, im Volksmund besser bekannt als Feuchtblattern oder Windpocken. Die statistische Wahrscheinlichkeit, dass ein an sich gesundes Kind von einer Infektion mit dem Varicella-Zoster-Virus einen größeren Schaden davonträgt als ein paar bleibende Narben, ist ähnlich gering wie die Gefahr eines Autounfalls – wobei man immerhin erwähnen muss, dass Autounfälle im Gegensatz zu Krankheiten nicht durch eine Impfung verhindert werden können.

Gängig sind heute Impfungen gegen eine Vielzahl von weiteren Erkrankungen: Diphtherie, FSME, Haemophilus influenzae, Hepatitis A und B, Humane-Papillomaviren-Erkrankungen, Influenza, Keuchhusten, Kinderlähmung, Masern, Meningokokken-Meningitis, Mumps, Pneumokokken, Pocken, den Rotavirus-Brechdurchfall, Röteln, Tetanus, Windpocken und viele andere. Laut dem österreichischen Impfplan sollten Kinder in ihren ersten beiden Lebensjahren insgesamt gegen 17 verschiedene Erreger geimpft werden. Und da die meisten Grundimmunisierungen aus zwei bis drei Teilimpfungen bestehen, bedeutet das – trotz etlicher am Markt befindlicher Mehrfachimpfstoffe – für die Eltern und Erziehungsberechtigten eine unüberschaubare Anzahl von Besuchen beim Kinderarzt und eine zunehmende Angst, dem Kind eventuell zu schaden. Den eigenen Säugling einer fremden Person zu überlassen, damit ihm diese einen Stich in den Oberschenkel, den Po oder den Oberarm versetzt, stellt für etliche Eltern eine emotionale Hürde dar. Und auch wenn die Vernunft für die Impfung spricht, darf auch der natürliche Beschützerinstinkt der Eltern, der sich dagegen wehrt, nicht ignoriert werden.

Und bei allem Nutzen, den eine Impfung – sowohl für das Kind als auch im Sinne der anzustrebenden Herdenimmunität – besitzt, darf man auch nicht von vornherein kategorisch alle möglichen unerwünschten Wirkungen und Nebenwirkungen von Impfungen negieren. Eine dieser Nebenwirkungen besteht darin, dass Impfungen sich nachteilig auf das Immunsystem in seiner Gesamtheit auswirken können. Sehr prägnant hat dies die Tiroler Gesellschaft für Allgemeinmedizin im Juni 2016 zusammengefasst: „Impfungen greifen insbesondere im Säuglingsalter in die Entwicklung des Immunsystems ein, verschieben das natürliche Gleichgewicht zwischen der nicht messbaren zellulären Immunität (Th1) zugunsten der messbaren Antikörperproduktion (Th2). Die erzeugten Antikörper schützen zwar meist vor der Krankheit, gegen die geimpft wurde, jedoch haben Geimpfte bei Th2-Stimulation des Immunsystems durch Hemmung der zellulären (Th1)-Immunität eine schwächere Abwehr gegen andere Erreger."

Zu einem ähnlichen Ergebnis kam auch eine Langzeitstudie dänischer Wissenschaftler an 15.000 Kleinkindern im armen Land Guinea-Bissau. Dabei wurde einerseits festgestellt, dass die Impfung der Kinder gegen Tuberkulose und Masern zu einer Reduktion der Kindersterblichkeit auf annähernd die Hälfte führte – ein Effekt, der so deutlich nicht erwartet werden konnte. Andererseits aber führte die DTP-Impfung gegen Diphtherie, Wundstarrkrampf und Keuchhusten paradoxerweise zu einer doppelt so hohen Kindersterblichkeit wie in der Vergleichsgruppe der nicht DTP-geimpften Kinder. Wurden die Kinder aber in einem höheren Alter geimpft, trat dieser negative Nebeneffekt nicht auf. Eine mögliche Erklärung für dieses Ergebnis lautet: Im Fall der Tuberkulose- und Masern-Impfung übte der Impfstoff unspezifische positive Effekte auf das Immunsystem aus, während im Falle der DTP-Impfung die Kinder zwar gegen diese drei Krankheiten immunisiert wurden, gleichzeitig aber die natürliche Abwehrkraft durch den Impfstoff geschwächt wurde.

Ein letztes Argument, das von Impfbefürwortern häufig angeführt wird, lautet: Auch bei an und für sich relativ harmlosen Krankheiten kann eine Impfung dem Kind immerhin mehrere Tage oder Wochen der Krankheit ersparen – also eine Zeit von Belastung und Schmerzen, die dabei keinen wie immer gearteten Nutzen für die Reifung des Kindes mit sich bringt. Ganz besonders in modernen Familien, in denen jeder Krankheitstag eine funktionelle Störung der Familienstruktur und eine enorme organisatorische Herausforderung darstellt, besitzt dieser Argument ein hohes Gewicht.

Doch dem lässt sich entgegenhalten, dass die Krankheit eines Familienmitglieds die soziale Struktur und den Zusammenhalt innerhalb der Familie stärkt. Die Krankheit des Kindes bewirkt auch vermehrte Obsorge und Liebeszuwendung durch die Eltern und damit letztendlich auch einen Lustgewinn für das Kind. Darüber hinaus: Auch das Kranksein soll und muss erlernt werden – nicht nur im Sinne der Immunisierung des Körpers, sondern auch in psychischer Hinsicht. Wer als Kind nie eine Krankheit erlebt und durchlebt hat, wird sich im Laufe des Lebens schwertun, Krankheit akzeptieren und ertragen zu können.

Stellen wir dazu ein Gedankenexperiment an: Im Extremfall könnte der medizinisch-wissenschaftliche Fortschritt dazu führen, dass eine Gesellschaft ihre Nachkommen durch eine ausreichende Zahl von entsprechenden Impfungen vollkommen krankheitsfrei halten kann. Das bedeutet: Es gibt keine kranken Kinder mehr, keine durch eine Krankheit verursachten Schmerzen beim Kind und Sorgen bei den Eltern. Kinder müssten nicht mehr lernen, dass der Körper auch unangenehme Empfindungen vermitteln kann. Kinder müssten nicht mehr lernen, mit Schmerzen umzugehen.

Aber es gäbe auch nicht die vermehrte Zuwendung für das kranke Kind, keine Improvisation in der Beziehung der Eltern, kein gegenseitiges Einspringen am Arbeitsplatz, keine Sonderrolle im Kindergarten, wenn das gesundete Kind erstmals wieder zurückkommt. Es gäbe nicht mehr jene freudige körperliche Empfindung, wenn der Husten aufhört, der Schleim sich löst oder das Kratzen im Hals sich legt. Und, nicht zuletzt: Es gäbe auch kein Bewusstsein der Eltern mehr, für die Gesundheit der Kinder Verantwortung tragen zu müssen, denn diese würde ja vollständig vom Medizinsystem übernommen werden.

Es ist engstirnig, eine vorübergehende Erkrankung nur negativ zu sehen. Krankheitsbewältigung bedeutet, neben dem Aufbau von Immunkompetenz, immer auch die Erfahrung sozialer Geborgenheit, Lernen, Geduld, Hoffnung, Vorfreude. Krankheit ist u. a. auch eine Art, auf sich aufmerksam zu machen. Krankheit bedeutet eine besondere Form, wahrgenommen zu werden. Eine bewältigte Krankheitsepisode hinterlässt in der Phase der Genesung oft ein Gefühl von intensiver Lebensfreude. Das erste Schnitzel nach einer überstandenen Darmgrippe schmeckt weit besser als die folgenden hundert. Das Gefühl, von einer Klassengemeinschaft nach einer krankheitsbedingten Abwesenheit wieder erfreut aufgenommen zu werden, vom Durchlebten zu erzählen, für kurze Zeit im Mittelpunkt des Interesses zu stehen, bedeutet positive Momente in der Entwicklung eines Kindes. Ein Stück sozialer Kompetenz und Hilfsbereitschaft könnte im Kindesalter nicht erlernt werden, wenn niemand mehr mit einem kranken Mitschüler Schulaufgaben erledigen müsste. Denn gegenseitiges Sorgen gehört eben einmal zu einem umfassenden menschlichen Miteinander dazu – und Krankheiten leisten einen wesentlichen Beitrag zur Förderung dieses zwischenmenschlichen Miteinanders, von Fürsorge, Unterstützung und Zuwendung.

Letztendlich ist das Thema Impfung und das, was eine Impfung insbesondere im Körper eines Babys oder Kleinkindes bewirkt, zu komplex, als dass sich die Frage „Pro oder kontra Impfung" mit einem einfachen „Ja" oder „Nein" beantworten ließe. Denn sowohl das Risiko, an einer bestimmten Infektion zu erkranken, als auch das Risiko lebensbedrohlicher Komplikationen im Verlauf einer Erkrankung ist von Mensch zu Mensch und von Lebensraum zu Lebensraum unterschiedlich.

Deshalb sollte die erbitterte, aber fruchtlose Auseinandersetzung „Pro oder kontra Impfung" beendet werden, denn die entscheidende Frage lautet nicht: Impfen – ja oder nein? Vielmehr lautet die wichtige Frage: Wann, wo, warum und wogegen sollen wir uns impfen lassen? Und statt pauschal entweder sämtliche Impfungen in Anspruch zu nehmen oder zu verweigern, wäre es viel sinnvoller, die Zahl der verabreichten Impfungen im Kindesalter auf ein medizinisch notwendiges Maß zu beschränken.

Keine Impfung für die Seele?

Auch wenn man Impfungen letztendlich eindeutig befürwortet, muss man sich doch einer Tatsache bewusst sein: Es ist ein Trugschluss zu glauben, dass ein umfassend geimpftes Kind keinen Schaden auf dieser Welt nehmen könnte. Denn selbst wenn wir irgendwann einmal Impfstoffe gegen jede Erkrankung besitzen würden, so kann – zumindest nach heutigem Wissensstand – nur gegen Erkrankungen des Körpers geimpft werden und nicht gegen solche der Psyche.

Zwar führen psychische Erkrankungen – sieht man von der Ausnahme des Suizides ab – nicht zum sofortigen Tod, sie sind aber, sowohl aus einem gesamtgesellschaftlichen Blickwinkel betrachtet als auch für das einzelne Individuum, nicht weniger gefährlich als körperliche Krankheiten. Eine noch nie da gewesene Zahl von ausgebrannten und depressiven Jugendlichen und jungen Erwachsenen spricht eine eindeutige Sprache, es gibt deutliche Hinweise, dass die depressiven Störungen bei Kindern und Jugendlichen in der westlichen Welt deutlich zunehmen. Studien belegen, dass bereits zwei Prozent der Kinder im Volksschulalter an einer klinisch relevanten Depression leiden. Ab der Pubertät kommt es dann zu einem deutlichen Anstieg auf bis zu zehn Prozent, und bis zum Erwachsenenalter hat schon fast jeder fünfte junge Mensch eine schwere depressive Episode durchleiden müssen. Mädchen sind davon im Übrigen häufiger betroffen als männliche Jugendliche. Je nach Studie gelten noch weitere zehn Prozent der Jugendlichen als depressionsgefährdet. Und der überwiegende Teil aller Suizide im Kindes- und Jugendalter steht in Zusammenhang mit einer diagnostizierten Depression. Die Selbsttötung stellt in dieser Altersgruppe übrigens die zweithäufigste Todesursache nach Unfällen dar.

Es hat den Anschein, dass, je instabiler und flüchtiger menschliche Beziehungsgefüge in der Folge des gesellschaftlichen Wandels werden, die Gesellschaft und ihre Medizin reflexartig ein umso größeres Augenmerk auf die körperliche Gesundheit ihres Nachwuchses legen. Aber wir dürfen nie vergessen, dass Krankheiten aller Art immer auch eine psychische Komponente haben. Ein Hilfeschrei sein können. Ein Bedürfnis nach mehr Zuwendung oder nach Ruhe zum Ausdruck bringen können. Wenn Kinder nicht mehr körperlich krank sein dürfen, weichen sie eben in andere Bereiche aus. Verschaffen sich auf andere Art Gehör. Machen irgendwie auf sich aufmerksam. Manchmal eben durch psychische Erkrankungen. Denken wir dabei an die ständig steigende Zahl von jungen Patienten, die sich „schneiden" oder „ritzen". Immerhin 5 bis

20 Prozent aller Jugendlichen, Mädchen übrigens bis zu 10 Mal häufiger als Burschen. Dabei würde es oft genügen, ihnen einfach zuzuhören.

So müssen Kinder unserer Zeit zwar weniger Kinderkrankheiten als frühere Generationen durchmachen, dafür ist aber ein Heer von Psychotherapeuten und Psychologen notwendig geworden, um ihnen bei der Bewältigung des Lebens hilfreich zur Seite zu stehen. Schon längst kommt kein Kindergarten und keine Schule mehr ohne professionelle psychotherapeutische Betreuung von sogenannten „auffälligen Kindern" aus.

Ganz besonders betroffen von Depressionen und anderen psychischen Erkrankungen sind Jugendliche in der Pubertät. Jeder Mensch durchlebt seelische Krisen – ganz besonders in einer derartigen Übergangsphase vom Kindes- zum Erwachsenenalter. Solche Krisen können umso leichter eskalieren, je weniger sich das emotionale Umfeld im Gleichgewicht befindet. Wenn der Schutzmantel einer funktionierenden Familie fehlt, wird z. B. auch ein ansonsten wenig dramatischer Liebeskummer zur existentiellen Krise.

Es muss nicht gesondert betont werden, dass eine Depression eine schwerwiegende Beeinträchtigung sowohl des eigenen Lebens als auch der familiären und sozialen Umgebung darstellt. Gerade Jugendliche sind ab dem Eintreten der Pubertät nur schwer in der Lage, von sich aus und spontan über ihr Wohlbefinden und ihre Gefühle zu sprechen. Selbst für stabile Eltern oder feinfühlige Pädagogen ist es schwierig, den zunehmend dicht gewebten Kokon aus typisch jugendlichen Verhaltensweisen zu durchschauen und bei Bedarf auch richtig zu deuten. Der oft scheinbar unverständliche Rückzug eines liebenswerten, angepassten und offenen Kindes, seine Verwandlung in einen rätselhaft-rüpelhaften Jugendlichen, überfordert an sich schon viele Erziehungsberechtigte. Sie suchen dann eher einen Fehler bei sich selbst, als dass sie diese Entwicklung als einen notwendigen Schritt zum Erwachsenwerden akzeptieren können.

Für die Eltern ist das Eintreten der Pubertät eine erste Mahnung der Natur, das so geliebte und behütete Kind loszulassen. Dieser Schritt fällt ganz besonders Eltern von Einzelkindern, aus verständlichen Gründen, viel schwerer. Sie empfinden den emotionalen Rückzug des einzigen Kindes oft als persönlichen Verlust und nicht als Bereicherung des gemeinsamen Lebensweges und wissen nicht mehr, wohin mit der vom Nachwuchs plötzlich – aber nur scheinbar – abgelehnten Liebe.

Das pubertierende Einzelkind zerstört sozusagen die mit hohem emotionalem und materiellem Aufwand gestaltete Familienidylle. In Familien mit mehreren Kindern verteilen sich dagegen die pubertären Abschiede auf einen größeren Zeitraum und werden von den Eltern auch oft als Erleichterung empfunden. Einerseits ermöglicht der Rückzug eines Kindes, einem anderen ein Mehr an Aufmerksamkeit zu schenken, andererseits stützen sich mehrere pubertierende Kinder innerhalb eines Familienverbandes oft gegenseitig und erleichtern dadurch die Verantwortungsfunktion der Eltern.

In jedem Fall aber bedarf es gerade in dieser Phase der Pubertät einer sehr feinfühligen familiären und schulpädagogischen Umgebung, um seelische Schwierigkeiten bei einem heranwachsenden Kind rechtzeitig zu bemerken. Doch immer wieder versperren eigene Probleme – wie z. B. Jobverlust, die Trennung von einem Partner, die Nichtbewältigung eigener Lebensprobleme, das Scheitern am Leistungsdruck der Wohlstandsgesellschaft – die Sicht auf die psychische Situation der anvertrauten Jugendlichen.

Wie sollen auch Eltern und Lehrer, die selbst zu einem erschreckend hohen Prozentsatz unter einem Burnout-Syndrom oder Depressionen leiden, geeignete Partner für die heranwachsenden Kinder sein?

Und nicht weniger schwierig gestaltet sich die Therapie eines an Depression erkrankten Heranwachsenden, da die Krankheit von den betroffenen Jugendlichen selbst, aber auch von den betroffenen Eltern in den meisten Fällen zunächst einmal als Schwächezeichen und Schande empfunden und kategorisch abgelehnt wird. Daher werden depressive Kinder und Jugendliche – anders als erwachsene Patienten – häufig erst sehr spät einer adäquaten Therapie zugeführt. Manchmal leider auch zu spät.

Zwei Monate vor ihrem 18. Geburtstag suizidiert sich – auf den ersten Blick betrachtet völlig unerwartet – die Schülerin Anna F. Beide Elternteile sind Akademiker, höchst erfolgreich und fest im Berufsleben verankert. Die Familie gilt in ihrer Umgebung als Vorzeigefamilie. Anna ist, aufgrund beruflicher Überlegungen ihrer Mutter und entgegen dem Wunsch des Vaters, ein Einzelkind geblieben. Von den Eltern war immer wieder der Satz zu hören: „Wir tun das alles nur für unsere Tochter."

Annas Selbstmord ist, abstrakt betrachtet, lediglich eine statistische Größe; aus Sicht der betroffenen Familie sowie der Klassengemeinschaft ist er jedoch eine unfassbare Tragödie.

Später findet sich ein Abschiedsbrief, in dem das Mädchen beklagt, sich alleine gefühlt zu haben und mit seinen Lebensängsten nicht ernst genommen worden zu sein: „Wenn ich krank war, hatten meine Eltern weder Geduld noch Zeit, fremde Menschen verabreichten mir Unmengen von Medikamenten, damit ich wieder schnell funktionierte. Von nun an werde ich nicht mehr lästig sein." Und dann schreibt die schon fast erwachsene junge Frau den bemerkenswerten Satz: „Ich bin gegen so gut wie alles geimpft, außer gegen die Lieblosigkeit in meiner Welt."

Soweit die traurigen Tatsachen. Wagen wir nun aber ein gedankliches Experiment: Angenommen, Anna wäre nicht gegen alle Erkrankungen der Kindheit geimpft worden, angenommen, die Eltern hätten etwa auf die Impfung gegen die Feuchtblattern verzichtet. Anna hätte sich vermutlich, wie viele andere Kinder auch, mit dem Varicella-Zoster-Virus infiziert und die Feuchtblattern durchmachen müssen. Vielleicht hätten sich die Eltern, die angeblich alles aus Liebe zu ihrer Tochter getan hätten, Zeit genommen, das kranke Kind mit dem juckenden Ausschlag selbst zu betreuen, es in den Schlaf zu streicheln, zu baden, ihm eine Geschichte vorzulesen und die einzelnen Pusteln von Zeit zu Zeit mit einer Schüttelmixtur zu betupfen.

Nehmen wir überhaupt an, Anna hätte dann und wann krank sein dürfen. Hätte dann ein paar Nächte im Bett ihrer Eltern schlafen, Körperkontakt mit Vater und Mutter spüren dürfen. Hätte nicht sofort, beim geringsten Krankheitszeichen, eine antibiotische Behandlung bekommen. Hätte einmal 10 oder 14 Tage husten dürfen, ohne damit die häusliche Nachtruhe der vom beruflichen Alltag erschöpften Eltern zu stören.

Vielleicht hätte Anna dann von Zeit zu Zeit die Erfahrung machen dürfen, auch einmal krank sein oder sich einfach nur schwach fühlen zu können, ohne deshalb sofort ärztlicher Hilfe und Korrektur zu bedürfen. Denn viele Kinder empfinden den Besuch beim Arzt eher als Strafe denn als liebevollen Akt ihrer Eltern. Immer wieder hören sie Sätze wie „Wenn du nicht bald gesund wirst" oder

„Wenn du nicht bald mit dem Husten aufhörst, müssen wir mit dir zum Arzt gehen", und die klingen doch eher wie eine Drohung denn wie ein Hilfsangebot.

Vielleicht hätte die so stattfindende gemeinsame Krankheits- und Konfliktbewältigung mit den Eltern Anna gerade jenes Quäntchen von Geborgenheitsgefühl, Selbst-Wert-Gefühl und Angenommensein vermittelt, das dann in der Krise einer pubertären Depression den Unterschied zwischen Weiterleben und Selbstmord bedeutet hätte.

Würden diese Annahmen eintreffen, dann könnte ein solches Experiment zeigen, dass das Durchleiden einer Krankheit auch zur Lebensbewältigung beitragen kann.

Doch woher rührt dieses gehäufte Auftreten von psychischen Erkrankungen bei Kindern und Jugendlichen? Spielen, neben dem veränderten familiären Umfeld, nicht auch andere Aspekte wie die mediale Reizüberflutung eine Rolle? Denn so wie die Idole unserer Kinder reihenweise an der Realität scheitern, scheitern Kinder bei der Nachahmung ihrer Idole. Der omnipräsente virtuelle Glitzerraum bleibt im Alltag unerreichbar. Das Empfinden eigener Unzulänglichkeit ist vorprogrammiert. Wenn 14-jährige Mädchen mit dem Umfang ihrer Ober- oder Unterschenkel unzufrieden sind und deshalb den Arzt aufsuchen, fordert die gesellschaftliche Normierung ihre ersten Opfer.

Und dazu kommt noch ein weiterer Aspekt, nämlich der Punkt, ab dem wir einen Menschen als krank bezeichnen. Kinder, von denen man früher gesagt hätte: „Der ist halt ein bisschen komisch", „Der ist ein bisschen langsam", werden heute als krank eingestuft und einer Behandlung zugeführt.

Wenn aber nun die Gesellschaft mehr Kinder durch Unfälle und Suizide verliert als durch Kinderkrankheiten – müsste dann nicht das Hauptaugenmerk der medizinischen Prävention auf Verkehrssicherheit und das psychische Wohlergehen der Jugend gelegt werden, anstatt weitere Impfungen in das staatliche Impfprogramm aufzunehmen? Auch wenn es einfacher ist, das gestresste elterliche Gewissen durch eine möglichst hohe Zahl von Impfungen zu beruhigen, als die eigene Verwirklichung kurzzeitig etwas zurückzunehmen und die dadurch frei gewordene Zeit und Energie dem Nachwuchs zu widmen.

Würde nicht vermehrte körperliche und psychische Zuwendung von Eltern und Erziehungsberechtigten Kinder und Jugendliche menschlich stabiler und damit resistenter gegen psychische Erkrankungen und deren Folgen machen? Würde vielleicht gar eine solche vermehrte Zuwendung eine Art Impfung gegen seelische Erkrankungen bedeuten?

Ja, noch nie hat eine Gesellschaft so wenige Kinder durch Kinderkrankheiten und ihre Komplikationen verloren wie hier und heute. Gleichzeitig gab es auch noch nie eine so hohe Zahl psychischer Erkrankungen bei Kindern und Jugendlichen. Leider gibt es gegen diese Krankheiten noch keine Impfung. Und Zuwendung und Liebe sind noch nicht in Tablettenform erhältlich.

Vom Nest hinaus in die Welt

Wenn man so will, ist die mütterliche Gebärmutter das erste Nest eines werdenden Menschen. Sie ist mehr als nur ein Dach über dem Kopf – mit ihren perfekten Versorgungs-, Schutz- und Kontrollsystemen stellt die Einheit von Plazenta, Uterus, mütterlichem und kindlichem Kreislauf so etwas wie einen ersten funktionierenden Mikrokosmos dar.

Diese Idylle endet schlagartig mit der Geburt. Ein erstes Mal erlebt das Baby ein „in die Realität hinausgeworfen werden" bzw. einen Eintritt in eine neue Realität, denn natürlich waren auch die Wohnungsverhältnisse in der Gebärmutter für den Fötus real.

Nach der Entbindung von seiner Mutter lernt das Baby sehr schnell, dass nunmehr die Außenseite der bisherigen Wohnungs- und Kostgeberin Wärme, Schutz und Nahrung bietet und damit in einer neuen Form das Zuhause auskleidet. Das, was wir Erwachsenen als unser Zuhause bezeichnen, unsere räumlich-bauliche Umgebung, hat zu diesem Zeitpunkt für das Baby nur eine untergeordnete Bedeutung. Ob in Urzeiten unter freiem Himmel, in einem Zelt, in einer Hütte, im Krankenhaus oder im Rahmen einer Hausgeburt in den eigenen vier Wänden – bedeutend für die Zufriedenheit des Neugeborenen ist nicht der Raum, in dem es sich befindet, sondern die Stillung der elementarsten Bedürfnisse u. a. durch die Berührung der Mutter und zum allerersten Mal auch des Vaters. In diesen ersten Lebensminuten außerhalb der intrauterinen Häuslichkeit sind also die Körper von Mutter und Vater entscheidend für das Entstehen eines neuen Begriffs von Zuhause.

Die alles entscheidenden Fragen, die der Säugling nun instinktiv und nonverbal stellt, lauten: „Wo bekomme ich Schutz?", „Wo bekomme ich Wärme?", „Wo bekomme ich Nahrung?" Wer diese Fragen in Form von Geborgenheit, körperlicher Wärme und der Fütterung an der Brust gibt, übernimmt eine erste Ver-antwort-ung im ursprünglichen Sinne des Wortes. Weil er die ersten klaren Antworten gibt. Eine erste Verantwortung, die für ein späteres stabiles, selbstständiges Leben des Kindes eine weit größere Bedeutung besitzt, als sie die gestressten Eltern im Augenblick oft wahrnehmen können.

Erst viel später wird sich ein heranwachsendes Kind durch Tasten und Berühren mit seiner räumlichen Umgebung beschäftigen. Unabhängig davon, ob seine Wiege in einem ärmlichen Haus oder in einem Palast steht, wird das Baby zunächst diese Wiege als sein Zuhause wahrnehmen und erst später, wenn es die Wiege krabbelnd verlässt, die weitere Umgebung in einen stetig wachsenden Begriff von Zuhause einbauen.

Wenn das Baby diese Welt des „außerhalb Gelegenen" langsam kennenlernt, ist es aus seiner Sicht bedeutungslos, ob die Eltern bereits einen den Erwartungen der modernen Wohlstandsgesellschaft entsprechenden Wohnort geschaffen haben oder nicht. Für das Baby zählt nur die Befriedigung seiner emotionalen und körperlichen Bedürfnisse, zu denen auch das Kennenlernen und die anschließende Eroberung der Umwelt gehören. Ein Baby hat noch keine materiellen Ansprüche, bzw. seine emotionalen und materiellen Bedürfnisse sind noch identisch.

Später wird das Kind an der Hand von Mutter und Vater sein Zuhause verlassen, um den Spielplatz, die Kinderkrippe, den Kindergarten und die Schule zu besuchen. Ein weiteres Mal wird so die Außenhülle eines Zuhauses zum Bestandteil einer größeren, neuen Welt, in der sich der werdende Mensch nunmehr zu Hause fühlt.

In dieser Entwicklung verliert der Körperkontakt zu Mutter und Vater laufend an Bedeutung. Und irgendwann muss das Kind erwachsen werden und sich ein weiteres Mal von Mutter und nunmehr auch Vater abnabeln. Selbstständig werden. Auch wenn es abermals nur eine vorläufige Abnabelung ist – viele Erwachsene berichten, dass sie sich erst seit dem Tod ihrer Mutter bzw. beider Elternteile endgültig erwachsen fühlen. Vielleicht stellt also erst der Tod der Eltern den Zeitpunkt der endgültigen Abnabelung, das definitive Ende der Geburt dar.

Das Erwachsenwerden ist also ein stetiger Prozess, der ganz im Sinne des Höhlengleichnisses des antiken Philosophen Platon das ständige Erkennen und Akzeptieren von neuen Dimensionen eines Zuhauses beinhaltet. Und wie beim ersten Schritt aus der Höhle der Gebärmutter hinaus in die Welt ist dieser Weg ständig dadurch gekennzeichnet, dass die äußere Begrenzung einer vorübergehenden Heimat überwunden wird und dadurch ihrerseits wiederum zur Innenfläche eines neuen, erweiterten Zuhauses werden kann. In letzter Konsequenz bedeutet dieser Gedanke, zu Ende gedacht, dass auch die Erdoberfläche nur vorübergehend ein menschliches Zuhause darstellen kann. Denn jedes Individuum entwickelt sich letztlich wieder dorthin zurück, von wo es gekommen ist: zum scheinbaren Nichts.

Während im späteren Verlauf des Lebens die materielle Ausstattung dieses Zuhauses immer mehr an Bedeutung gewinnt, steht dieser Aspekt für das Neugeborene noch völlig im Hintergrund. Wer also glaubt, seinem Baby ein möglichst modernes, kostspieliges und perfekt ausgestattetes Zuhause bieten zu müssen, liegt vollkommen falsch. Im Gegenteil: Solche Eltern geben äußerst fragwürdige Sollwerte vor, legen die Latte, an der später vom Kind materielle Errungenschaften gemessen werden, unnötig hoch. Nur wer seinem Baby Liebe, Hautkontakt, Zeit, Empathie und Zuwendung bieten kann, der hat ein perfektes erstes Zuhause geschaffen.

Generationenlang haben Kinder den materiellen Aufstieg ihrer Eltern in Form von immer besserer Wohnqualität kennengelernt. Viele ältere Mitmenschen berichten von einer Kindheit in Untermiete oder vergleichbaren ärmlichen Verhältnissen, ohne dass sie dadurch seelischen Schaden genommen hätten. Sie berichten aber auch von der Freude und dem Stolz, mit dem sie sich im Leben „etwas geschaffen" hätten. Wer von Anfang an alles hat, kann sich kaum noch Neues schaffen. Und der Prozess des Schaffens, des Erschaffens ist ein wichtiger Bestandteil eines sinnerfüllten Lebens. Früher standen in der Lebensplanung die Kinder am Anfang, erst später kamen eine größere Wohnung oder ein eigenes Haus hinzu. Womit wir wieder beim „Erwarten-Können" wären.

Ein Dilemma unserer Zeit ist, dass Eltern heute selbst bereits Kinder der Wohlstandsgesellschaft sind und damit glauben, ihrem Nachwuchs von vornherein jenen Wohlstand bieten zu müssen, den sie selbst erlebt haben. Denn Menschen neigen stets dazu, Gewohntes als normal zu empfinden. Und hat man sich selbst im Verlauf seiner Kindheit und Jugend an eine komfortable Wohnsituation gewöhnt, so geht man davon aus, dass man auch, wenn man seine eigene Existenz aufbaut und Kinder in die Welt setzt, ihnen diesen Komfort bieten müsste.

So wird Kindern die Möglichkeit genommen, materiellen Aufstieg, eine Entwicklung vom Weniger zum Mehr, als natürlichen Weg zu empfinden. Ziele werden konsequent vorweggenommen. Damit Kinder nicht denselben steinigen Weg gehen müssen wie die vorherige Generation. Damit Kinder es einmal besser haben. Provokant könnte man formulieren: Die Kinder sollen es so gut haben, dass es gar keine mehr gibt. Weil die gesamte Lebensenergie möglicher Eltern in die Verwirklichung und Erhaltung der eigenen materiellen Ziele fließt.

Nichts spiegelt diese Entwicklung und damit den gesellschaftlichen Wandel der letzten 50 Jahre besser wider als die Einrichtung zeitgemäßer Kinderzimmer. Als Hausarzt am Land besuche ich seit über 30 Jahren kranke Kinder in ihren Zimmern – wobei ich manchmal lieber formulieren würde, dass ich kranke Kinderzimmer besuche. Denn das perfekte Kind von heute wohnt auch in einem erschreckend perfekten Raum.

Wenn ich heute Kinder in ihren Zimmern besuche, vergleiche ich die Räume mit meinem eigenen Kinderzimmer, welches ich bis zum 18. Lebensjahr mit meinem Bruder teilen musste oder – wie ich heute im Rückblick sehe – durfte. Im Gegensatz zu damals ist heute meistens alles aufgeräumt, so gut wie nichts liegt herum. Keine Modelleisenbahn, kein Puppenhaus und keine Holzklötze. Kein Metallbaukasten, kein Matador. Vor allem auch nichts Selbstgebautes. Nichts zum Aufziehen, wenn schon beweglich, dann batteriegetrieben. Keine spitzen Gegenstände, keine scharfkantigen Objekte, nichts, womit sich ein Kind verletzen könnte. Nichts, was ein Kind versehentlich verschlucken könnte. Stattdessen stoße ich auf die mehr oder weniger uniform aussehenden Plastikspielzeuge, die wenige große Hersteller liefern – Plastikmonster aus Fernsehserien, Plastikdinosaurier, Plastikpuppen, eine als Teppich verwendbare Straßenlandschaft und immer wieder: ein Arztkoffer. Samt Inhalt auch aus Plastik. Fast habe ich den Eindruck, dass Kindern die Bedeutung des Arztes für ihr künftiges Leben schon so früh wie möglich bewusst gemacht werden soll.

Oft komme ich mir bei meinen Hausbesuchen vor, als wenn ich zu einer Abendeinladung käme. Alles ist blitzsauber. Und ich glaube, das ist nicht immer nur wegen des Arztbesuches so. Wegen der Hausstaubmilbenallergie gibt es kaum noch einen Teppich am Boden. Stattdessen kalter Stein, bestenfalls noch Holz. Immer steril. Spielsachen, die man angreifen, bewegen und herumliegen lassen könnte, gibt es – der Elektronik- und IT-Industrie sei Dank – kaum noch. Der zweidimensionale Flatscreen hat dreidimensionales Spielzeug weitestgehend ersetzt. Welches Kind sollte sich auch noch mit Matchbox-Autos abgeben müssen, wenn es auf seiner Spielkonsole auch bequem „Need for Speed" spielen kann? Und warum sollte ein Kind am unbequemen und kalten Boden sitzen müssen, wenn eine eigene Sitzgruppe viel bequemer wäre? Am besten gleich aus Leder, wegen der Staub- und Allergenbelastung. Und warum sollte ein Kinderzimmer schlechter eingerichtet sein als der Wohnraum für die Erwachsenen? Haben Kinder nicht das Recht, genauso gut wie ihre Eltern behandelt zu werden? Sollten sie dann nicht einen eigenen Fernsehapparat bekommen, damit sie sich auch ihr eigenes Fernsehprogramm aussuchen können?

Moderne Eltern vergessen dabei aber, dass sich nicht die Ausstattung des Kinderzimmers an die Wünsche des Kindes anpassen sollte, sondern das Kind sich eher an die Vorstellungen und Vorgaben von Mutter und Vater. Und moderne Eltern vergessen weiters, wie wichtig es für ihre Kinder ist zu lernen, Kompromisse zu schließen, zu teilen und Rücksicht auf andere zu nehmen. Bei allem Luxus erscheint, aus diesem Blickwinkel, das moderne Einzelkinderzimmer die ideale Brutstätte für den Egoismus zu sein, wie wir ihn in unserer Gesellschaft häufig beobachten können.

Zur Standardausstattung heutiger Kinderzimmer gehört eine Vielzahl elektronischer Geräte. Dabei muss ich oft feststellen, dass sich die technische Ausstattung der Kinderzimmer umgekehrt proportional zum Einkommen der Familien verhält: Je niedriger der soziale Status, desto teurer das Handy und das Tablet – sichtlich sollen es die Kinder weniger gut situierter Menschen besonders gut haben. Lediglich in höher gebildeten Kreisen und in Mittelschicht-Haushalten sehe ich dann und wann noch Legosteine, eine Duplo-Eisenbahn oder Playmobil-Figuren. In einer Gesellschaft, die großen Wert auf Äußerlichkeiten legt, werden die eigene Identität und die eigene Wertigkeit, besonders in ökonomisch schwächeren Schichten, viel stärker übers Materielle ausgestaltet.

Doch diese Überpräsenz elektronischer Unterhaltungsgeräte wird den Bedürfnissen von Kindern nicht gerecht. Kinder lernen nicht nur spielend, sondern vor allem beim Spielen. Dabei geht es nicht nur um die feinmotorischen Fähigkeiten der Finger, wie sie zum Beispiel beim Schrauben mit dem Modellbaukasten oder beim Spielen mit größeren Gegenständen geübt werden, sondern auch um dreidimensionales Erkennen und räumliches Vorstellungsvermögen. Im Sandkasten werden Kinder nicht nur dreckig, sie lernen auch plastisches Modellieren, dreidimensionales Planen oder auch gemeinsam Konflikte und Machtverhalten zu erleben, wenn sie sich gegenseitig Sandburgen zerstören und wieder aufbauen.

Wenn ich heute immer wieder höre, dass Kinder nur ruhigzustellen seien, wenn man ihnen das iPad oder ein Smartphone in die Hände gibt, erinnere ich mich an die Stunden und Tage, die ich mit meinem Bruder am Boden kniend verbracht habe, bis ein Hochhaus aus Lego oder eine Seilbahnanlage vom Heizkörper bis zum Bücherregal fertiggestellt war. Weder möchte ich verhehlen, dass wir dabei häufig gestritten haben, noch, dass ich mich die ersten 18 Jahre meines Lebens lang nach einem eigenen Kinderzimmer gesehnt habe. Im Rückblick aber erkenne ich den ungeheuren Reichtum, den unser – zum Ärger der Mutter – oft chaotisches Bubenzimmer für meine persönliche Entwicklung bedeutet hat. Ganz abgesehen davon, dass mein Bruder der beste Freund im Leben geworden und geblieben ist.

Erschlagen von der Bilderflut

Eine Kindheit in unseren Tagen ist untrennbar mit der Eroberung des Alltags durch IT-Industrie und Massenmedien verbunden. Bis in die intimsten menschlichen Bereiche ist der Siegeszug der virtuellen Welt vorgedrungen. Screens und Apps in allen Größen und aller Art gehören zu einer konsequent und omnipräsent digitalisierten Umwelt. Ein Leben ohne Internet ist so gut wie unvorstellbar geworden.

Um die Bedeutung dieser Veränderungen für die Entwicklung von Kindern abschätzen zu können, lohnt sich ein Blick zurück: Als ab den 1920er Jahren das Radio seinen Siegeszug antrat, verzeichnete man an den psychiatrischen Kliniken einen deutlichen Zuwachs an „Verrückten". Zunehmend wurden Patienten eingeliefert, die im Schlaf bedrohliche Stimmen hörten oder von anderen Halluzinationen heimgesucht wurden. Als Erklärung für das Phänomen wurde von den Nervenärzten angeführt, dass es für viele Menschen unmöglich sei zu begreifen, wie eine menschliche Stimme aus einem hölzernen Kästchen kommen könne. Sogar von okkulter Gedankenübertragung und Spiritismus war die Rede. Und als 1938 in den USA das von Orson Welles bearbeitete Hörspiel „Krieg der Welten" im Radio ausgestrahlt wurde, kam es zum Teil zu panikartigen Reaktionen. Die als Reportage gestaltete Sendung berichtete von der fiktiven Landung Außerirdischer auf der Erde.

Auch wenn einige der Beschreibungen aus heutiger Sicht übertrieben erscheinen mögen, steht doch fest, dass das neue Medium Radio eine ungeheure Auswirkung auf Empfinden, Denken und Verhalten der Menschen hatte. Gewohnte Erklärungsmuster reichten offensichtlich zum Begreifen des neuen Kommunikationsmediums nicht mehr aus. Der überforderte menschliche Geist wehrte sich, zumindest in einigen Fällen, auf seine Art. Nämlich mit einer Krankheit. Die Psychose als Entgleisung der Psyche entspricht im Bereich der Geisteskrankheiten durchaus der Knochenfraktur als Resultat einer mechanischen Überbeanspruchung eines Knochens.

Heute würde niemand mehr die Sinnhaftigkeit und Alltäglichkeit des Radios in Frage stellen. Das Medium Radio ist aus unserem Alltag nicht mehr wegzudenken. Es rettet sicherlich weit mehr Menschenleben, als es gefährdet – man denke nur an den unzweifelhaften Nutzen einer Geisterfahrermeldung. Außerdem haben wir uns mittlerweile daran gewöhnt, nicht mehr alle Gebrauchsgegenstände unseres Alltags „be-greifen" zu können. Doch vor 80 Jahren gehörten Krankheit und Überforderung zu den ersten Reaktionen auf das neue Medium.

Im Gegensatz zum Radio bietet das Fernsehen neben der Tonspur auch noch ein bewegtes Bild. Die psychische Konfrontation des Betrachters mit abstrakten Inhalten wird so noch intensiver, das Gehirn wird beim Fernsehen noch weit mehr als beim „Fernhören" zum geistigen Aufnahmeorgan ohne Mitgestaltungsmöglichkeit degradiert. Nicht umsonst legte der amerikanische Erfinder Thomas Alva Edison, der maßgeblich an der Entwicklung des Kinos beteiligt war, die Höchstdauer für Filme in den 1890er Jahren mit wenigen Minuten fest, da er der Ansicht war, das menschliche Gehirn sei nicht imstande, mehr Eindrücke zu verarbeiten. Womit er – sosehr wir auch über die Aussage lächeln mögen – sogar heute noch, zumindest was Kleinkinder anbelangt, recht behalten hat.

Besonders eindrücklich fällt das auf, wenn man die mediale Berichterstattung z. B. über ein Flugzeugunglück damals und heute miteinander vergleicht: Vor 80 Jahren berichteten vor allem die Zeitungen über ein solches Unglück. Der Schlagzeile folgte ein Text. Anfangs meist ohne Illustration, später dann mit grobkörnigen Schwarz-Weiß-Fotografien. Die geistige Aufnahme des Dargebotenen war aber immer noch freiwillig – der Leser entschied nach der Schlagzeile selbst, ob und wann er den Artikel lesen würde oder nicht. Und er konnte selbst beeinflussen, welches Bild des Gelesenen er sich im Kopf ausmalte. Die Impressionen, die im Gehirn des Informierten zurückblieben, waren vor allem durch seine eigene Imagination geprägt. Nichts anderes passiert übrigens, wenn man Kindern aus einem illustrierten Kinderbuch vorliest. Und diese Vorstellungskraft ist sowohl bei Erwachsenen wie auch bei Kindern individuell verschieden. Das bedeutet, dass zwei verschiedene Menschen vor 80 Jahren aus ein und denselben paar Informationszeilen einer Zeitung über einen Flugzeugabsturz zwei unterschiedliche Bilder in ihrem Kopf anfertigt haben. Diese verschieden ausgeformten Wahrnehmungen waren dem jeweiligen Charakter, der jeweiligen Leidensfähigkeit, der Fähigkeit mitzufühlen, der Phantasie, dem jeweiligen Kulturkreis und vielen anderen individuellen Parametern angepasst. Im Normalfall werden sie individuell erträglich geblieben und in die eigene Wirklichkeit integrierbar gewesen sein. Denn selbst ausgedachte Bilder können in jedem Alter psychisch ohne weiteren Schaden verarbeitet werden.

2016 bietet sich ein anderes Bild: Die hochaufgelösten Farbbilder eines rauchenden Flugzeugwracks, blutüberströmte, schreiende Überlebende oder in Plastik verpackte Tote werden live ins Wohnzimmer – und ohne Unterschied auch ins Kinderzimmer – gesendet. Dazu gibt es einen gesprochenen Kommentar, der keinen Freiraum für eigene Vorstellungen lässt. Jedes verborgene Detail wird geschildert und erklärt. Eingeblendete virtuelle Modelle des Absturzes oder Livemitschnitte der Tragödie verfestigen die bildliche Information. Mit Ausnahme des Tast- und des Geruchssinnes wird das gesamte menschliche Sensorium direkt angesprochen. Das Bild wird nicht mehr vom Kopf gestaltet, sondern dem Kopf aufgezwungen. Der menschliche Geist wird aus der Gestalterrolle gedrängt.

Aus freiwillig wird zwangsweise. Das bedeutet, dass dem Vorstellungsvermögen des fernsehenden Menschen viel weniger Spielraum, viel weniger eigenes Ermessen gegeben wird, das Bild im Kopf individuell auszuformen. Denn in der modernen Berichterstattung wird keine Rücksicht auf die Unterschiedlichkeit der Menschen genommen, die sie konsumieren. Die menschliche Gier nach Neuem wird ausgenützt, missbraucht und mit fertigen Bildern bedient.

Für Kinder bedeutet diese Entwicklung eine besondere Belastung. Denn schon längst sitzen sie zu jeder Tageszeit genauso vor dem Flatscreen in der Küche, im Wohnzimmer und im Kinderzimmer wie Erwachsene. Bei gleichem Informationsgehalt ist eine im Wohnzimmer liegende Zeitung, die über besagten Flugzeugabsturz berichtet, für die kindliche Psyche wesentlich harmloser als ein eingeschalteter Fernsehapparat. Der Zeitungsartikel muss zuerst einmal selbst gelesen, ihr Sinn aktiv erarbeitet werden – liest ein Kind (was wohl die Regel ist) keine Zeitung, wird es damit die Nachricht auch nicht wahrnehmen. Und selbst wenn, findet keine Konfrontation mit dem realitätsnahen belebten Bild statt. Nichts prägt sich in das junge Gehirn ein, keine In-Formation, letztlich auch keine De-Formation. Dem kindlichen Sensorium bleibt Zeit und Raum, sich mit angemessenen, kindheitsrelevanten Inhalten zu beschäftigen. Und das ist auch richtig so, denn Kinder müssen sich altersentsprechend eigene Welten erbauen.

Wenn zehn unterschiedliche Kinder ein Märchen vorgelesen bekommen, so malen sie sich in ihren zehn Köpfen die Geschehnisse selbst aus. Und zwar in zehn unterschiedlichen Phantasien. Fernsehen hingegen ist nur passiv wahrnehmbar und monoton formend. Und jeder Altersgruppe zugänglich. Die Gesellschaft liefert aus Bequemlichkeit und Gedankenlosigkeit schon ihre Kleinkinder dem Einfluss des virtuellen Wechselbildes aus, ohne sich der Folgen bewusst zu sein. Wissenschaftler sind sich einig, dass die Seele eines Kindes nicht imstande ist, die gesehenen, oft unbegreiflichen Bilder entsprechend zu verarbeiten und das eigene Ich vom Gesehenen und Gehörten abzugrenzen. Selbst auf einer Autofahrt hat das moderne Kind einen Bildschirm in die Kopfstütze vor sich integriert und kommt nicht mehr in Versuchung, die vorbeigleitende Realität wahrnehmen zu müssen. Die ubiquitäre Fiktion ist zur Realität geworden.

Unbestimmte Ängste, gestörtes Selbstwertgefühl, abnorme Reaktionen auf Stress und unangepasstes Sozialverhalten, aber auch körperliche Beeinträchtigungen wie Haltungsschäden, partielle Muskelschwächen und mangelnde Körperbeherrschung, um nur einige zu nennen, haben ihre Ursache nicht zuletzt in der grenzenlosen Informationsgesellschaft.

Eine Mutter besucht zusammen mit ihrer scheinbar völlig gesunden dreieinhalbjährigen Tochter eine Kinderarztpraxis. Dennoch stellt sie der Ärztin gegenüber fest: „Mein Kind ist krank." Die Angesprochene ermuntert die besorgte Mutter, mehr zu erzählen, denn ein erster ärztlicher Blick bestätigt diesen Eindruck nicht. „Die Kleine isst nicht mehr richtig, sie schläft schlecht und ist überhaupt so komisch in letzter Zeit", so die besorgte Mutter. Währenddessen sitzt die Tochter wohlernährt, hübsch gekleidet und friedlich auf ihrem Schoß. Es fällt der konsultierten Ärztin schwer, eine Krankheit in Betracht zu ziehen. Auch ohne eine körperliche Untersuchung durchgeführt zu haben, kann sie sich nicht vorstellen, worunter das kleine Mädchen leiden sollte. Da sagt die Mutter plötzlich: „Mir kommt die Kleine überhaupt so verändert vor, wissen Sie, in der Nacht macht sie wieder ins Bett, und sie will gar nicht mehr zu uns ins Ehebett kommen, das macht mir alles solche Sorgen." Beim Stichwort „Bettnässen" beschließt die Kinderärztin, der Sache doch genauer auf den Grund zu gehen. Gemeinsam mit der Mutter erhebt sie eine Familien- und Sozialanamnese, in der irgendwann, ohne besonderen Anlass, das Wort „Fernsehen" vorkommt.

„Ja, die Kleine sieht schon regelmäßig fern, meistens mit ihrem Bruder gemeinsam."

„Wie alt ist denn der Bruder?", fragt die Ärztin, um sich ein besseres Bild machen zu können.

Es stellt sich heraus, dass der Bruder schon elf Jahre alt ist und Zugang zu den DVDs der Familie hat. Die Ärztin erkundigt sich nun genauer, ob die Mutter denn einen Überblick habe, was die Kinder gemeinsam ansehen. Die Frau errötet und bekennt stammelnd: „Ich glaube, es könnte sein, mein Mann und ich sind uns aber nicht sicher, aber vielleicht ... könnten die Kinder einmal unbeaufsichtigt, normalerweise sind die versteckt, ich weiß auch nicht, wie sie die gefunden haben ...", und dann fügt sie mit gesenktem Blick hinzu, „einen Pornofilm geschaut haben."

Plötzlich wird der Ärztin auch klar, warum das Kind nicht mehr zu Vater und Mutter ins Bett möchte. Es entsteht ein betretenes Schweigen. Dann fragt die verunsicherte Mutter: „Kann das unserer Tochter geschadet haben?"

„Ja, es kann und wird geschadet haben", ist die deutliche Antwort der Ärztin, die sich bemüht, ihre Erregung und ihren Abscheu verborgen zu halten.

Eine monatelange Familientherapie ist die Folge des anschließenden Gesprächs. Dennoch: Wie tief und mit welchen Folgen für das spätere Leben das Kind verletzt worden ist, wird sich niemals genau sagen lassen.

Über die Zahl von Klein- und Kleinstkindern, die mit Fernsehsendungen konfrontiert werden, die abartige Gewalt oder Pornographie darstellen, kann nur spekuliert werden.

Wenn Ärzte und Psychologen Eltern fragen, warum denn die Kinder so viel Fernsehen konsumieren dürfen, bekommen sie häufig folgende Antwort: „Es gefällt den Kindern, und sie sind dann ruhig."

Fernsehen zur Beruhigung.

Fernsehen als Ersatz für das verloren gegangene Gespräch, als Ersatz für Zuwendung, die wegen der eigenen Überforderung nicht mehr gegeben werden kann. Fernsehen als der kollektive Rückzug von einer schwer erträglichen Wirklichkeit. Ein Drehen im Kreis, eine Spirale der Hilflosigkeit. Eine Flucht in die virtuelle Welt und zugleich das Zurückbleiben gähnender Leere in der reellen Welt. Und die hohe Kunst des Mediums: Das ständige Wecken von Bedürfnissen und deren gleichzeitige virtuelle Befriedigung.

Aber niemals kann das Fernsehen die direkte Auseinandersetzung mit den Eltern ersetzen. Fernsehen kann weder Geruch noch Stimmung vermitteln, der Tastsinn wird davon immer unberührt bleiben. Fernsehen kann nicht befriedigen. Fernsehen kann das Denkvermögen von Kindern nur in geringem Umfang fördern. Keine noch so gut gestaltete Kindersendung kann der Bedeutung von Zuwendung, Spiel, Liebe oder Hautkontakt auch nur ansatzweise nahekommen. Die moderne Gesellschaft „spielt" im eigentlichsten Sinn des Wortes nicht mehr mit ihrem Nachwuchs.

Zeitlich nicht oder nur wenig eingeschränktes Fernsehen wird zumindest im Kindesalter zu emotionaler Abflachung, zu Vereinsamung und zu Realitätsverlust führen. Denn im Gegensatz zum Erwachsenen glauben Kinder weit eher, was sie sehen. Seriösen Berechnungen zufolge werden alleine in Österreich bis zum Jahr 2030 jährlich medizinische Zusatzkosten von 1,6 Milliarden Euro entstehen, die auf den physischen und psychischen Zustand der Kinder unserer Zeit zurückzuführen sind. Ein Teil dieser Kosten wird aus den psychosomatischen Folgen von Realitätsverlust in der Wahrnehmung und der damit verbundenen Orientierungslosigkeit resultieren.

Aber wo bleiben dann, analog zur Zigarettenschachtel, die Warnhinweise? Wo bleibt der Beipacktext beim Kauf eines Fernsehapparates? Der Hinweis auf die Gefahren des Fernsehens bei der Gebührenabrechnung? Etwa: „Fernsehen schadet der Gesundheit Ihrer Kinder!" „Fernsehen schadet der geistigen Entwicklung Ihrer Nachkommen!"

Und nicht zuletzt müssen an dieser Stelle auch die Auswirkungen der Werbeblöcke auf die Ernährungsgewohnheiten Erwähnung finden. Es ist hinlänglich bekannt, dass Kinder zu den begeisterten Konsumenten von Werbeblöcken gehören. Das Betrachten der Werbung vor und nach dem Kinderprogramm ist wesentlicher Bestandteil des Kinderfernsehens. Schokolade, gesunde Lutschbonbons, der berühmte Burger, das beliebte Coca-Cola, Eistee, eine Portion Milch in leckerer Schokoladenhülle zwischendurch und was sonst noch alles wird da in einer Bandbreite angeboten und mit Bildern von Glück, Spaß und Schönheit verknüpft, wie es auch die beste Erziehung später, nach dem Fernsehen, dem Nachwuchs nicht mehr ausreden kann. Denn „wissen" kommt vom lateinischen Wort „videre", was „sehen" bedeutet. Und gesehen haben die Kinder weit mehr, als sie verstehen können.

Doch dann, nach dem „in die Ferne sehen", kommt irgendwann die Rückkehr in ein Hier und Jetzt. In zweierlei Hinsicht: entweder nach dem Abschalten der Fernsehgeräte oder mit dem Eintritt in ein reelles Leben. Schule, Berufsausbildung, Beruf und finanzielle Realität entsprechen meistens ganz und gar nicht den im Kopf eingeprägten Bildern. Die Erkenntnis, dass die Spaß- und Wohlstandsgesellschaft nicht immer einen selbst betrifft, hinterlässt Spuren. Die Orientierung in der echten Welt gelingt nicht immer so einfach wie gehofft, geglaubt, vermutet. Der äußeren Leere folgt die innere. Von der Wirklichkeit niedergeschlagen, fällt es oft schwer, sich wieder aufzurichten. Ziele rücken in weite Ferne. Die eigenen Möglichkeiten werden als unzureichend erkannt. Die vorgegebenen, vorgeführten Muster erweisen sich als Utopien. Als Beispiel könnte in diesem Zusammenhang erwähnt werden, wie häufig im Film gezeigte Wohnungen nicht im Geringsten mit den zu erwartenden finanziellen Möglichkeiten der Figuren übereinstimmen. Teure Sportwagen fahrende Polizisten kommen in der Wirklichkeit ebenso selten vor, wie auch all die makellosen Darsteller in den diversen Serien keine Entsprechungen in der Wirklichkeit haben.

So gilt auch für das In-die-Ferne-Sehen der Satz des Arztes Paracelsus aus dem 15. Jahrhundert: „Alle Dinge sind Gift, und nichts ist ohne Gift. Allein die Dosis macht, dass ein Ding kein Gift ist." Oder einfacher gesagt: Die Dosis macht das Gift.

Mein Kind schreit nicht!

Als Hausarzt werde ich oft von erregten und erschöpften Eltern mit sogenannten Schreibabys konfrontiert. „Herr Doktor, unsere Kleine schreit so viel, können wir ihr nicht was Leichtes, Pflanzliches zur Beruhigung geben?" Und während ich mir vor meinem geistigen Auge ausmale, wie das Kind später, als offiziell anerkannter ADHS-Patient, mit Psychopharmaka inklusive schwerer Nebenwirkungen behandelt werden wird, versuche ich mir Zeit für ein Gespräch zu nehmen. So oft und so gut es geht, und wenn die Eltern es erlauben, nehme ich dabei das als Schreikind deklarierte Bündel Mensch in meine Arme. Und dann reden wir über das veränderte Leben, die fehlende Ruhe, das Zeit-Nehmen, das Wunder Mensch, die Stimmung zu Hause, das häufige Aufstehen in der Nacht, den Stress, die ewigen Ängste, etwas falsch zu machen, sogar über die aufkommende Wut auf das Baby, die eigene Unzufriedenheit mit den Falten, die die Schwangerschaft am Bauch hinterlassen hat, über die veränderte Brust, die fünf oder zehn Zigaretten, „die ich mir gönne, obwohl ich weiß, dass ich das nicht tun sollte, solange ich stille", die Ernährung des Babys und vieles andere mehr. Ich versuche den Eltern klarzumachen, dass Schreien an sich keine Krankheit ist und dass ständige Arztbesuche die Nervosität auf beiden Seiten nur noch weiter steigern werden. Währenddessen werden erregte Eltern oft ruhiger, und ich wiege das Baby in meinen Armen hin und her. Und plötzlich schreit niemand mehr. Nur die Umstände, unter denen Kinder Ruhe bewahren sollen, schreien manchmal zum Himmel.

Die Wissenschaft definiert präzise, ab wann von einem Schreibaby gesprochen werden darf: Wer öfter als dreimal in der Woche mehr als drei Stunden täglich schreit, ist nicht mehr normal. Immerhin jedes fünfte Baby, so verschiedene Schätzungen, erfüllt diese Kriterien. Dazu noch verzweifelte und überforderte Eltern, eine Medizin, die Abhilfe verspricht, und schon ist ein neuer Patient geboren: das Schreibaby.

Eine Metaanalyse von 22 Studien aus den Jahren 1987 bis 2006 hat ergeben, dass sogenannte Schreikinder im ersten Lebensjahr später zu 40 Prozent anfälliger für unterschiedliche Verhaltensstörungen waren als unauffällige Säuglinge. Das bedeutet aber auch, dass sich 60 Prozent dieser Kinder zu unauffälligen Jugendlichen entwickeln. Es wird vermutet, dass es sich bei den leicht erregbaren und schwer zu beruhigenden Babys um besonders sensible Kinder handelt. Ein entsprechend sensibler und besonders liebevoller Umgang mit ihnen kann also durchaus Schlimmeres verhindern. Aber nicht jedes Kind, das einmal schreit, ist ein krankhaftes Schreibaby.

Eine 23-jährige, frischgebackene Mutter besucht ihre Gynäkologin. Die Ärztin gratuliert nach der üblichen Begrüßung und einem neugierigen Blick in den Maxi-Cosi zum Nachwuchs. Da sie vermutet, dass der Besuch zur Routinekontrolle der Mutter nach der Entbindung dienen soll, fragt sie nur beiläufig, ob mit dem Baby alles in Ordnung sei.

Aber sofort bricht die junge, deutlich übergewichtige Frau in Tränen aus: „Frau Doktor, das Stillen funktioniert bei der Michelle überhaupt nicht." Die Ärztin ist verwundert, denn sie glaubte doch, ein wohlgenährtes Baby gesehen zu haben. Freundlich fragt sie deshalb: „Ja, Frau F., was haben Sie denn für Probleme, die Kleine schaut ja wirklich prächtig aus?"

Da fragt die verzweifelte Mutter: „Sind Sie sich da sicher, dass sie gut ausschaut? Weil die kleine Michelle will einfach nicht trinken. Immer, wenn ich sie anlege, wetzt sie zwar mit dem Kopf ein bisschen an der Brustwarze hin und her, aber richtig trinken tut sie fast nie."

Frau F. macht eine Pause und wischt sich die Tränen aus dem Gesicht. Ratlos blickt sie auf das kleine Bündel Mensch, das friedlich im Kindersitz vor sich hin döst.

„Eine Freundin hat mir schon gesagt, dass ich etwas dazufüttern muss, weil die Michelle viel zu schnell an der Brust einschläft, und da wird sie nie genug Milch bekommen."

Die Frauenärztin hat Mitleid mit ihrer Patientin und sagt: „Also, ich bin zwar keine Kinderärztin, aber wenn ich mir die Michelle so anschaue, dann hab ich nicht das Gefühl, dass Ihre Tochter zu wenig Milch bekommt. Erzählen Sie mir einmal genau, wie oft am Tag Sie die Tochter anlegen und wie die Kleine dabei trinkt."

Dankbar, dass ihr die Frauenärztin behilflich sein will, beginnt Frau F. etwas umständlich zu berichten. Eine Zeit lang hört ihr die Gynäkologin geduldig zu, aber dann unterbricht sie: „Also wenn ich Ihnen so zuhöre, wie Sie das eh sehr liebevoll und gut machen, dann habe ich eher das Gefühl, dass die Michelle nicht zu wenig trinkt, sondern Sie ihr die Brust viel zu oft anbieten. Die Kleine trinkt einfach deshalb nichts mehr, weil sie schon satt ist. Ein kleines Baby muss nicht ständig gefüttert werden."

Da fragt Frau F. völlig verzweifelt: „Aber sagen Sie mir doch, wie merke ich denn dann, ob die Michelle Hunger hat? Ich möchte mit dem Füttern ja nicht immer warten, bis sie schreit!" Schon am Blick der Frauenärztin merkt Frau F., welche Frage als Nächstes kommen wird, und sagt deshalb schnell: „Ich will einfach nicht, dass meine Tochter schreien muss, damit sie etwas bekommt. Das hat sie sich nicht verdient."

Da fasst sich die Gynäkologin ein Herz und sagt: „Liebe Frau F., glauben Sie mir bitte, es ist unbedingt notwendig, dass Sie Ihre Tochter dann und wann auch ein bisschen schreien lassen. Denn wenn Sie Ihrem Kind jeden Wunsch sofort erfüllen wollen, noch bevor er ausgesprochen ist, dann führt das sicher früher oder später zu einer Katastrophe." Und ohne sich unterbrechen zu lassen, fährt die Ärztin fort: „Beim Essen würde dieses Verhalten dazu führen, dass Ihre Tochter auch sehr schnell übergewichtig werden würde, und das wollen

Sie doch selber nicht, oder? Und außerdem: Wenn Sie Ihrem Kind jeden Wunsch immer erfüllen, werden die Wünsche Ihres Kindes immer größer werden und eines Tages so groß, dass Sie diese Wünsche einfach nicht mehr erfüllen können. Also, lassen Sie die Michelle um Himmels willen das Gefühl von Hunger kennenlernen. Hunger bedeutet schließlich auch Freude auf die nächste Mahlzeit. Und diese Vorfreude nehmen Sie Ihrer Tochter, wenn sie nie auf etwas warten kann und muss. Dabei, das können Sie mir wirklich glauben, ist die Freude eine der wichtigsten Erfahrungen, die wir Menschen auf Erden machen können."

Zum Selbstbildnis des modernen Elterndaseins gehört: Mein Kind schreit nicht! Denn wenn mein Kind schreit, habe ich versagt. Wenn mein Kind schreit, habe ich nicht all seine Bedürfnisse erfüllt. Nicht einmal bei der Geburt soll das Kind schreien müssen. Denn wenn die Geburt nur sanft genug wäre, so hat mir eine – selbst kinderlose – Hebamme einmal erklärt, und das Baby nach der Entbindung sofort Hautkontakt mit der Mutter habe, erübrige sich ein Schreien.

So weit die Theorie dieser Hebamme. In der Praxis schreien frisch geborene Kinder, weil sich ihre Lunge zum ersten Mal mit Luft füllt. Sie schreien aus Erleichterung, sie schreien, weil sie sich sonst noch nicht ausdrücken können. Sie schreien, weil sie sagen wollen: „Jetzt bin ich da!"

Und Kinder möchten gehört werden. Erhört werden. Wahr-genommen werden.

Und vielleicht möchten sich Kinder auch selbst schreien hören. Sich auf diese Weise nach neun Monaten des eigenen Schweigens selbst wahr-nehmen.

Kinder haben Bedürfnisse. Sie möchten ernst genommen werden. Gut aufgehoben sein. Aufgehoben werden.

Und wenn sie diese Bedürfnisse und das Verhalten von Erwachsenen „un-erhört" finden, weil sie nicht erhört werden, dann schreien sie eben.

Natürlich: Sie schreien manchmal auch, weil sie Darmkoliken haben. Als wissenschaftlich bewiesen gilt diese Vermutung aber nicht. Ich glaube: Eher schreien sie, weil sie sich nicht wohl fühlen. Weil sie sich nicht geborgen fühlen. Weil sie nicht zur Eigentherapie der Eltern geschüttelt werden wollen – eine Unart, die ich als Arzt immer häufiger zu sehen bekomme: dass Babys einfach in den Arm genommen und zur Beruhigung in einem Rhythmus hin- und hergeschüttelt werden, dass einem schon vom Hinsehen schlecht wird. Ein Schütteln, bei dem die ohnmächtige Wut der überforderten Eltern offensichtlich eine weit größere Rolle spielt als der Versuch, das Kind zu beruhigen. Mit erschreckender Regelmäßigkeit sterben sogar Kinder am sogenannten Schütteltrauma.

Und manchmal denke ich, dass auch kleinste Kinder ganz einfach ihre Sorgen haben. Und sich schlichtweg einmal bei jemandem „ausweinen" wollen. Ich erinnere mich gut, als mein erstgeborener Sohn mit ca. einem halben Jahr plötzlich anfing, am Abend, vor dem Zubettgehen, bitterlich zu weinen. Zunächst dachten wir, dass er noch hungrig oder durstig wäre. Dass er das abendliche Bad noch länger hätte genießen wollen. Aber was immer wir als Eltern mit ihm machten, es half nichts – er weinte. Bis heute wissen wir nicht, warum. Ich bin allerdings mittlerweile überzeugt, dass unser Kind einfach traurig war, dass ein Kindertag zu Ende gegangen war. Wenn wir ihn heute als Erwachsenen im Scherz fragen, warum er als Baby monatelang jeden Abend geweint hat, antwortet er: „Ihr werdet mich schon nicht ordentlich behandelt haben." Und lacht.

Worin auch immer der Grund für das Schreien liegt: Es ist normal und natürlich, dass Babys schreien. Sie schreien so lange und so laut, bis ihre Bedürfnisse erkannt, wahrgenommen und gestillt sind oder bis sie vor Erschöpfung einschlafen. Oder auch, bis sie als Schreikinder entsprechend problematisiert werden. Und zwar nicht, weil sie selbst, sondern weil die Eltern am Ende ihrer Kräfte sind. Ein bedauerlicher Ausgang dieses ersten, ungleichen Kräftemessens.

Und so werden Babys therapiert, statt geliebt zu werden. In die Schreiambulanz gebracht. Wo dann den Eltern geholfen wird, kindertaugliche Verhaltensweisen wie beruhigende Massagen zu erlernen.

Aber immerhin: zumindest wird das Baby dann ernst genommen.

Universalwaffe Antibiotikum

Einer der Wünsche, die Eltern mit kranken Kindern in meiner Arztpraxis am häufigsten vorbringen, ist der nach einem Antibiotikum. „Bitte geben Sie meinem Kind unbedingt gleich ein Antibiotikum, wir können nicht so lange warten wie das letzte Mal, ich habe keinen Pflegeurlaub mehr." Jeder niedergelassene Kinderarzt oder Allgemeinmediziner kann von solchen Erlebnissen mit Eltern berichten. Dabei ist die voreilige Gabe eines Antibiotikums bei banalen Infekten sowohl kurzfristig als auch auf lange Sicht gesehen eindeutig kontraproduktiv.

Das immunologische Abwehrsystem von Kindern entwickelt sich erst im Laufe der ersten Lebensmonate und -jahre. Lediglich unmittelbar nach der Geburt und während der Stillzeit werden Babys durch das mütterliche Immunsystem gleichsam mitbetreut. Zuerst sind sie über die Nabelschnur und dann durch das Trinken der Muttermilch an den mütterlichen Kreislauf angebunden. Danach müssen Kleinkinder langsam lernen, auf eigenen immunologischen Füßen zu stehen. Aber wie auch beim wirklichen Stehen- und Gehen-Lernen benötigt dieser Prozess seine Zeit. Kleine Stürze sind in Form von vorübergehenden Krankheitsepisoden notwendig.

Vor allem während dieser Periode des Lernens ist die kindliche Darmflora besonders anfällig gegenüber äußerlichen Einflüssen, wie es z. B. die systemische Gabe eines Antibiotikums darstellt. Denn im Gegensatz zur Darmflora eines erwachsenen Menschen ist die bakterielle Besiedelung des Darms beim Kind noch wenig artenreich und keinesfalls ausgereift. Daher ist sie auch weniger stabil und nach der Behandlung mit einem Antibiotikum unter Umständen nachhaltig verändert und lebenslang geschädigt. Bedenkt man, dass das menschliche Immunsystems seine Tätigkeit vorwiegend aus dem Darm heraus entfaltet, wird klar, wie krankmachend Antibiotika-Behandlungen in der sensiblen Phase der Darmreifung sein können.

Studien belegen, dass Kinder, die während ihrer ersten Lebensjahre häufig mit Antibiotika behandelt worden sind, im späteren Leben überdurchschnittlich häufig an chronischen Darmerkrankungen, Autoimmunerkrankungen, Asthma, Diabetes und Allergien erkranken. Und auch zur späteren Entstehung von Übergewicht besteht ein Zusammenhang, denn durch die Reduktion der natürlichen Vielfalt der Keime im Darm wird die Aufnahme von Nahrungsbestandteilen durch die Darmwand verbessert. Ein Prinzip, das man sich in der Tiermast zunutze macht – hier werden Antibiotika eingesetzt, um eine bessere Gewichtszuname der Tiere zu erreichen –, macht also nicht nur Masttiere, sondern auch unsere Kinder dicker. Eine finnische Studie mit einer Datenbank mit 12.000 Kindern zeigt, dass Kinder, die im ersten Lebensjahr systemisch mit Antibiotika behandelt wurden, bereits im Kleinkindalter ein statistisch erhöhtes Übergewichtsrisiko aufwiesen.

Die hohe Verletzlichkeit des noch unreifen und sich erst langsam entwickelnden kindlichen Wesens zieht sich wie ein roter Faden durch alle Interaktionen der Umwelt mit dem Baby und Kleinkind. Ebenso sensibel, wie das Kind in seiner seelischen Entwicklung auf psychoemotionale Einflüsse reagiert, ebenso sensibel reagiert sein Körper auf die Verabreichung von Medikamenten. Wenn Eltern bewusst wäre, was sie ihren Kindern längerfristig antun, würden sie vielleicht nicht „zur Sicherheit" bei jedem Husten und jedem Auftreten von Fieber sofort ein Antibiotikum verlangen. Obwohl 80 Prozent aller Halsentzündungen viralen Ursprungs sind und Antibiotika nicht gegen Viren helfen, was allerdings – wieder eine Studie – nur jeder zweite Erwachsene weiß.

Eine Mutter, offensichtlich sehr gestresst, was sie auch demonstrativ zur Schau stellt, erscheint mit ihrem dreijährigen Sohn in der Ordination und klagt: „Jetzt hustet der Kleine schon die dritte Nacht, wir können alle nicht schlafen." Der Arzt hört aus ihrem Tonfall heraus, dass sie die eigene Schlaflosigkeit weit mehr belastet als das Husten des Kindes.
Es folgen eine genaue Anamnese sowie die Untersuchung des Buben. Und noch während der Arzt die Lunge des kleinen Patienten abhört, sagt die Mutter: „Ich glaube, der Kleine braucht ein Antibiotikum." Betont gewissenhaft und langsam schließt der Arzt die Untersuchung ab und antwortet dann: „Nein, die Lunge Ihres Sohnes ist vollkommen unauffällig und frei von krankhaften Geräuschen, und Lymphknoten sind auch keine vergrößert. Ein Hustensaft und ein paar Tage Zeit werden vollkommen ausreichend sein." Dann gibt er noch ein paar Tipps bezüglich Raumtemperatur, Bett-

ruhe und Inhalationen, welche die Mutter mehr oder weniger desinteressiert zur Kenntnis nimmt. Im Hinausgehen hört er noch den ärgerlich hingeworfenen Nachsatz: „Wissen Sie, der Kleine bleibt mir sowieso nicht im Bett."

Und wie es der erfahrene Arzt eigentlich schon erwartet hatte, sucht ihn die Mutter mit ihrem hustenden Sohn schon am nächsten Tag wieder auf. „Herr Doktor, der Kleine hustet immer noch, wir haben schon wieder die ganze Nacht nicht geschlafen." Der Ton vorwurfsvoll, die untrennbare Symbiose von Mutter und Sohn durch die Verwendung des Wortes „wir" unüberhörbar deutlich gemacht.

Wieder untersucht der Arzt den fieberfreien Buben gewissenhaft, spricht mit ihm, und während der ganzen zehn Minuten hustet der kleine Patient kein einziges Mal. Noch einmal spricht der Hausarzt der Familie die Raumtemperatur an und bittet die Mutter, das Fenster nachts leicht zu öffnen, damit die Luft im beheizten Kinderzimmer nicht zu trocken wäre. Die Frau nickt eher unfreundlich und teilnahmslos und sagt dann: „Herr Doktor, ich glaube, wir brauchen jetzt aber doch ein Antibiotikum." Aber auch diesmal bleibt der so Angesprochene medizinisch korrekt und verschreibt die geforderte Spezialität nicht.

Doch beim vierten Ordinationsbesuch von Mutter und Sohn in fünf Tagen reißt dem Arzt doch der Geduldsfaden, kann er im Stress eines zwölfstündigen Arbeitstages den fordernden Ton der Mutter nicht mehr ertragen. Das Wartezimmer ist voll, ein Herz-Notfall vom Roten Kreuz angekündigt. Wortlos verschreibt er der Mutter – gegen sein ärztliches Gewissen – das geforderte Antibiotikum. Der Mutter zuliebe, und auch sich selbst, denn er hat keine Lust, die Mutter in absehbarer

Zeit nochmals sehen müssen. Auf keinen Fall aber gilt die Verschreibung dem Buben, denn davon, dass der kleine Patient kein Antibiotikum braucht, ist der Arzt felsenfest überzeugt. Der Knabe tut ihm leid, nicht nur wegen des Hustens, sondern auch wegen der Ausweglosigkeit seiner Situation.

Zu seiner großen Überraschung sieht er am nächsten Vormittag den Familiennamen des kleinen hustenden Patienten wieder auf der elektronischen Warteliste. Und als er die Tür in den Ordinationsraum öffnet, kommt ihm die Mutter, diesmal ohne ihren Sohn, wider Erwarten freudestrahlend entgegen: „Herr Doktor, Sie können sich das gar nicht vorstellen, ich habe dem Kleinen nur einen einzigen Löffel vom Antibiotikum geben müssen, und er hat die ganze Nacht durchgeschlafen, ohne ein einziges Mal zu husten." Dann fügt sie noch ein „Danke" hinzu, das eher nach Triumph als nach Dankbarkeit klingt.

Der Arzt bleibt kopfschüttelnd zurück. Denn anders als die Mutter weiß er, dass ein solches Antibiotikum mindestens zwei Tage lang eingenommen werden müsste, bis es überhaupt eine Wirkung in der Lunge hätte entfalten können. Das bedeutet, dass die Besserung des Hustens des Knaben eine reine Placebowirkung gewesen sein muss oder dass der Husten nach diesen sechs Tagen ohnehin von selbst aufgehört hätte. Aber vielleicht hat der kleine Bub auch einfach gespürt, dass seine Mutter jetzt beruhigt war, und dadurch mit dem Husten aufgehört.

Aber neben der schädigenden Wirkung auf das kindliche Immunsystem gibt es eine weitere Gefahr bei der leichtfertigen Gabe von Antibiotika. In Form von zunehmender Resistenzentwicklung bei bakteriellen Krankheitserregern kommt ein derzeit noch völlig ungelöstes medizinisches Problem auf uns zu. Denn die Gesetze der Evolution machen auch vor Bakterien nicht halt. Seit jeher werden von allen Gattungen prinzipiell jene Gene weitervererbt, die sich entweder als überlebensnotwendig oder besonders umwelttauglich erwiesen haben. Nach den Gesetzen Darwins überlebt, wer sich durch das Wechselspiel von Mutation und Selektion am besten und schnellsten an die sich verändernden Umweltbedingungen anpassen kann. Das gilt für Menschen und Tiere ebenso wie für Bakterien.

Wird ein Mensch also mit Antibiotika behandelt, sterben zuerst die schwächsten Krankheitserreger, und erst mit ausreichender Dauer und Dosierung des Medikaments kann im günstigsten Fall die gesamte Population eines krankmachenden Bakteriums eliminiert werden. Aber leider tritt der günstigste Fall nicht immer ein. Denn Antibiotika werden einerseits zu oft, andererseits aber häufig auch in zu geringer Dosierung und über einen zu kurzen Zeitraum verschrieben und eingenommen.

Schuld daran tragen aber nicht nur die Ärzte. Denn auch wenn eine überängstliche Elterngeneration bei jeder Gelegenheit nach antibiotischen Medikamenten verlangt, hat sich doch herumgesprochen, dass solche Medikamente nicht ganz unproblematisch sind. Wenn also die Krankheitssymptome beim Kind verschwinden, wird auch meist die Therapie ohne Rücksprache mit dem Arzt abgebrochen. Denn man möchte dem Kind die Gefährlichkeit des Medikamentes auf keinen Fall länger als notwendig zumuten.

Zweifelsohne eine dumme Entscheidung, nicht nur für das eigene Kind, sondern indirekt auch für die gesamte Gattung Mensch. Denn dadurch können sich in weiterer Folge jene Bakterien fortpflanzen, die den ersten Angriff des Antibiotikums überlebt haben, deren genetische Ausstattung sie vor einem schnellen Tod im ersten pharmakologischen Kugelhagel bewahrt hat.

Das kann entweder zum sofortigen Wiederaufflackern der Infektion führen oder im Falle der neuerlichen Anwendung des gleichen Antibiotikums in einem neuen Krankheitsfall dessen Wirkung beeinträchtigen. Denn die Kinder und Kindeskinder der ursprünglich überlebenden Bakterien sind nun bestens in der Lage, dem neuerlichen Behandlungsversuch ausreichenden Widerstand entgegenzusetzen. Im medizinischen Alltag bedeutet das, dass ein verordnetes Antibiotikum nicht wirkt.

Durch die übertriebene Anwendung von Antibiotika im veterinären und humanen Bereich gibt es heute bereits zahlreiche Bakterienstämme, die auf keines der gängigen Antibiotika mehr ansprechen. Weltweit sterben jedes Jahr Tausende von Menschen an diesen multiresistenten, nosokomialen Keimen.

Diese hausgemachte Misere hat Alexander Fleming, der Entdecker des Penicillins, im Übrigen bereits 1945 vorausgesehen: „Die Zeit wird kommen, in der Penicillin von jedermann in Geschäften gekauft werden kann. Dadurch besteht die Gefahr, dass der Unwissende das Penicillin in zu niedrigen Dosen verwendet. Indem er die Mikroben nun nichttödlichen Mengen aussetzt, macht er sie resistent. Ein hypothetisches Beispiel: Mr. X hat eine Halsentzündung. Er kauft Penicillin und nimmt es ein. Jedoch in Mengen, die nicht ausreichen, um die Streptokokken abzutöten, aber sehr wohl genügen, um sie resistent zu machen. Dann steckt Mr. X seine Frau an. Mrs. X bekommt eine Lungenentzündung und wird mit Penicillin behandelt. Weil die Streptokokken nun resistent gegenüber dem Penicillin sind, schlägt die Behandlung fehl. Mrs. X stirbt."

Sterile Sauberkeit und Hygiene: Nährboden für Allergien

Dass in der westlichen Welt die Zahl von Kindern, die unter Allergien leiden, von Jahr zu Jahr ansteigt, kann nicht mehr länger bestritten werden. Neben klassischen Allergien wie Heuschnupfen, Asthma oder Nesselerkrankungen der Haut steigt auch die Zahl entzündlicher Erkrankungen wie Morbus Crohn, multiple Sklerose oder Neurodermitis.

Inzwischen gibt es eindeutige wissenschaftliche Ergebnisse, die einen Zusammenhang zwischen dieser Entwicklung und den oft übertriebenen Hygienestandards in den sogenannten zivilisierten Ländern der westlichen Wohlstandsgesellschaften vermuten lassen. Die sogenannte Hygienehypothese besagt, dass es in unserer Gesellschaft zu einer zunehmenden Sterilisierung der verschiedenen Lebensräume gekommen ist. Dadurch ist das kindliche Immunsystem nicht mehr in der Lage, in der Zeit der eigenen Entwicklung körperfremde Stoffe wie pflanzliche Pollen, Hausstaub, Parasiten, Bakterien und Viren oder einzelne Nahrungsmittelbestandteile kennenzulernen. Wird der Körper aber zu einem späteren Zeitpunkt dann doch einmal mit einer solchen Substanz konfrontiert, erkennt das „ungeübte" Immunsystem diese als fremd und antwortet mit einer überschießenden Reaktion. Eine solche überschießende Reaktion wird von der Medizin als allergisch-entzündliche Erkrankung definiert und behandelt. Über die Ätiologie, also die Ursache der Erkrankung, wird dagegen nicht weiter nachgedacht.

Umgekehrt zeigen die Daten, dass ein früher Kontakt mit anderen Kindern, wie z. B. in einer Kinderkrippe, die Wahrscheinlichkeit, später selbst an einer Allergie zu erkranken, reduziert. Kinder, die in einer unsauberen Umgebung bzw. gemeinsam mit Haustieren aufwachsen, erkranken ebenso seltener an Allergien. Das belegt nicht zuletzt die vom bayerischen Staatsministerium für Gesundheit herausgegebene ALEX-Studie, die einen Zusammenhang zwischen einer Kindheit in einer bäuerlichen Umgebung und verminderter Allergiewahrscheinlichkeit im Erwachsenenalter aufzeigt.

Eine besondere Bedeutung für den Aufbau eines kompetenten Immunsystems und damit die Verhinderung von Allergien kommt der Darmflora zu. Denn im Darm befinden sich wesentliche Anteile des menschlichen Mikrobioms, also der Gesamtheit der den menschlichen Organismus besiedelnden Mikroorganismen. Die Entwicklung dieser Darmflora beginnt unmittelbar mit und während der Geburt. In diesem Zusammenhang ist bekannt, dass durch die Scheide zur Welt gekommene und im Anschluss mit Muttermilch gestillte Kinder eine sogenannte Bifidusflora (grammpositive Stäbchenbakterien) entwickeln. Kinder, die via Kaiserschnitt geboren werden, weisen dagegen ein anderes Bakterienmuster auf. Auch wenn wissenschaftlich noch nicht nachgewiesen ist, welche Bedeutung diese unterschiedlichen Muster im Entstehungsprozess von allergisch-entzündlichen Erkrankungen tatsächlich aufweisen, so lassen Studienergebnisse doch vermuten, dass vaginal entbundene bzw. mit Muttermilch gestillte Kinder im Laufe des späteren Lebens seltener von derartigen Erkrankungen betroffen sind.

Hinderlich für die Entwicklung eines kompetenten Immunsystems sind allerdings auch überhöhte Vorstellungen von Sauberkeit und Hygiene in der Kindererziehung: Wenn Kinder, die sich am Spielplatz Sand oder Gras in den Mund stecken, sofort behandelt werden, als hätten sie ein tödliches Gift geschluckt; wenn sowohl die Wohnung als auch Mutter, Vater und Kind regelmäßig mit speziellen antibakteriellen, medizinischen Seifen und Reinigungsmitteln behandelt werden; wenn kein Kind mehr mit schmutziger Kleidung herumläuft, alles penibel geputzt wird; dann werden dem Kind gleichzeitig auch Möglichkeiten genommen, sein Immunsystem an die Umweltbedingungen anzupassen und entsprechend auszubilden.

Allerdings gibt es auch kritische Stellungnahmen gegenüber dieser Hygienehypothese, etwa von der „Arbeitsgruppe Allergie der Kommission Umweltmedizin am Robert-Koch-Institut" von 2014: „Die Faktoren, die die Hygienehypothese begründen, sind allesamt eingebunden in ein Lebensstilkonzept und sind Teil dessen, was in der Literatur als ‚westlicher Lebensstil' beschrieben wurde. Das verdeutlicht, dass eine Reihe weiterer lebensstilabhängiger Faktoren in dem Hygienehypothesenkonzept nicht oder nicht ausreichend berücksichtigt werden. Zu diesen Faktoren gehört die deutliche Veränderung der Ernährung in Richtung mehr Fertigprodukte, mehr industrialisiert hergestellte Nahrungsmittel, eine Verschiebung des Verzehrs bestimmter Fette, Veränderung in den Wohnverhältnissen mit besser isolierten Innenräumen und demzufolge einer reduzierten Luftaustauschrate und den Konsequenzen eines vermehrten Schimmelbefalls und einer Anreicherung von Schadstoffen, Verringerung der im Alltag integrierten körperlichen Aktivität, veränderte Reisegewohnheiten und den damit im Zusammenhang stehenden Expositionen gegenüber neuen Allergenen, Veränderung der Zusammensetzung von Außenluftschadstoffen und vieles andere mehr."

Bei genauerer Betrachtung dieser Stellungnahme stellt man fest, dass sie letztlich lediglich eine Erweiterung der umstrittenen Hygienehypothese darstellt, indem sie zusätzlich zur übertriebenen Hygiene noch andere veränderte Umweltbedingungen unserer Zeit in Zusammenhang mit der Zunahme bestimmter allergischer Erkrankungsgruppen bringt. So führt der Wohlstand unserer Zeit zwar einerseits zu Fortschritt, zu einer Vermehrung der Annehmlichkeiten im Alltagsleben, zu einer verbesserten medizinischen Versorgung, aber auch zu „verbesserten Bedingungen" für die Entstehung neuer Erkrankungen. Die weitgehende Abschaffung der Kindheit zugunsten immer gesunder und tadelloser Kinder schadet also nicht nur der späteren Lebensfähigkeit, sondern auch der späteren Gesundheit. Wer im Kindesalter nicht krank sein darf, wird das mit erhöhter Wahrscheinlichkeit später im Leben nachholen.

Die Prinzipien, nach denen sich das körperliche Immunsystem auf die Reize seiner Umwelt einstellen und mit ihnen umzugehen lernen muss, lassen sich übrigens auch hervorragend auf die psychische Entwicklung umlegen. Denn genauso, wie es eine körperliche Besiedlung des neugeborenen Menschen mit Bakterien gibt, muss der – aus psychologischer Sicht – nackte und noch nicht menschlich geprägte Säugling erst mit menschlichen Kontakten „infiziert" werden. Die ersten Erfahrungen des Angenommen- und Geliebt-Werdens, die Art der ersten Berührungen beim Wickeln, An- und Auskleiden, aber auch die ersten Erfahrungen von Warten-Müssen, Zurückweisung und Ablehnung bleiben ein Leben lang ausschlaggebend für den eigenen späteren Umgang mit der menschlichen Umwelt. Und ebenso, wie es für die körperliche Entwicklung nicht hilfreich ist, wenn jeder Schmutz weggewischt und vermieden wird, so ist es für die psychische Entwicklung nicht hilfreich, wenn Kindern jedes Hindernis von vornherein aus dem Weg geräumt wird. Es ist eine falsche Liebe, die das eigene Kind über alles und alle anderen stellt und die dem Kind jede negative Erfahrung, jeden Konflikt ersparen will. Denn gerade die menschliche Reibung mit Gleichaltrigen ist von überragender Bedeutung für eine gesunde psychische Entwicklung.

Bei Familien mit mehreren Kindern finden solche Reibungen naturgemäß bereits sehr früh innerhalb der Familie statt. Dabei erleben die Kinder nicht zuletzt, dass sie trotz ihrer unterschiedlichen psychischen Natur – und der sich daraus ergebenden Streitigkeiten untereinander – trotzdem von den Eltern gleichartig geliebt werden. Eine vergleichbare Erfahrung fehlt den immer und überall über alles geliebten Einzelkindern im Übrigen – umso wichtiger ist es für sie, in anderen Umgebungen wie z. B. dem Kindergarten und der Schule der Reibung mit Gleichaltrigen ausgesetzt zu sein. Jeder Streit von kleinen Kindern untereinander, sei es um ein Spielzeug, um den Sieg in einem Brettspiel oder gar die Zuneigung von Erwachsenen, stellt eine psychische Auseinandersetzung mit der Umwelt dar, die immunologisch dem Kontakt des Körpers mit einem unbekannten Bakterium oder Virus entspricht.

Und während im Bereich der immunologischen Reifung einzelne Auseinandersetzungen des Körpers mit der Umwelt durch eine Impfung minimiert und unsichtbar gemacht werden, ist etwas Vergleichbares im Bereich menschlicher Friktionen nicht möglich. So hoch entwickelt die moderne Medizin auch ist: Impfstoffe für Geist und Seele hat sie noch nicht erfunden.

Der Schmerz an Körper und Seele

Kleine Kinder haben im Allgemeinen noch kein spezifisches Organbewusstsein und drücken Schmerzempfindungen daher meist ungerichtet und nonverbal aus. Weinen, Schreien oder mehr oder weniger unkontrollierte Bewegungen, die auf den Schmerzpunkt hinweisen können, sind typische kleinkindliche Reaktionen auf einen Schmerz. Mit zunehmendem Alter und Körperbewusstsein lernt das Kind, Schmerzen etwas präziser als „Bauchweh", „Kopfweh" oder Schmerzen an den Gliedmaßen(„Fußweh") zu artikulieren. Und wendet diese Begrifflichkeiten häufig auch dann an, wenn es eigentlich kein körperliches, sondern ein psychisches Unwohlsein zum Ausdruck bringen will.

Auf Veränderungen im Bereich des emotionalen Umfeldes reagieren Kinder äußerst verlässlich und feinfühlig. Sie nehmen seelische Belastungen sehr sensibel wahr, sind aber bis weit ins Schulalter nicht imstande, von sich aus psychische Probleme zu benennen und anzusprechen. Denn Kinder teilen ihr „Selbst-Gefühl" nicht in Körper und Seele, sie sind ab dem Zeitpunkt der beginnenden Selbstwahrnehmung zunächst einmal nur kleine Ichs. Und so sprechen Kinder häufig von körperlichen Beschwerden, wenn sie eigentlich eine seelische Belastung verspüren.

Das bedeutet, dass z. B. die Klage über Bauchweh oder Kopfschmerzen am Abend vor einer Mathematikschularbeit weniger eine Erkrankung des Darms oder des Nervensystems als vielmehr den empfundenen Stress zum Ausdruck bringt. Nicht umsonst sagt man ja auch: „Bei der Sache habe ich Bauchweh", wenn man sich bei einem Vorhaben nicht 100-prozentig sicher ist.

Doch weil diese seelischen Ursachen für körperliches Schmerzempfinden häufig nicht wahrgenommen werden, besteht die Reaktion der Eltern oft nicht in einem tröstenden Wort, einer Beruhigung, Umarmung oder einer anderen emotionalen Unterstützung – sondern im Gang zum Arzt. Die Folge ist, dass eine immer größer werdende Zahl von Kindern nicht notwendigen medizinischen Untersuchungen ausgesetzt wird. Denn eine computertomographische Untersuchung des kindlichen Kopfes macht bei regelmäßigen Kopfschmerzen vor Schularbeiten keinen Sinn – schließlich gibt es keine organische Krankheit, die immer nur vor Schularbeiten auftritt. Das Gleiche gilt für die belastenden und nicht ungefährlichen Magen- und Darmspiegelungen bei regelmäßigen Bauchschmerzen.

Aber ein krankes Kind kommt in einer Wohlstandsgesellschaft nicht in Frage, und wenn ein Kind doch Zeichen von Krankheit oder „Nicht-Funktionieren" zeigt, übertragen die Eltern die Verantwortung, entsprechend dem ungeschriebenen Gesetz der medizinischen Omnipräsenz und -potenz, automatisch an das Gesundheitssystem. Denn dass ein Kind trotz Schokolade mit Kalzium, optimaler Ganztagsbetreuung mit hochkaloriger Nahrung, einer gut ausgestatteten Wohnung, bester medialer Versorgung, eines eigenen Handys, Tennis- oder Reitstunden, hoch dotierten Taschengeldes, zwei berufstätigen Elternteilen und trotz einer eigenen Lebensversicherung durch sein Bauch- oder Kopfweh eine nicht vorgesehene Unruhe in dieses hochsensible soziale Gefüge bringt, das ist nicht akzeptabel.

Auch früher waren Kinder krank, sogar öfter als heute. Der Unterschied ist aber, dass Eltern heute zu ungeduldig, zu ängstlich, zu perfektionistisch, zu verunsichert sind oder vielleicht auch einfach zu sehr gewohnt, Dienstleistungen der Wohlstandsgesellschaft zu konsumieren und bei jeder Art von Krankheit gleich zum Arzt gehen. Viele Eltern unserer Zeit sind nicht mehr in der Lage, ausreichend zwischen einem kleinen Wehwehchen und einer ernsthaften Erkrankung zu differenzieren. Ein mit Liebe geklebtes Pflaster, ein tröstendes Wort oder ein Tag im Bett hat früher für die Behandlung von einem Großteil der kindlichen Funktionsstörungen ausgereicht. Kind sein zu dürfen bedeutet auch, einmal nicht funktionieren zu dürfen.

Heute dagegen sind es bedauerlicherweise häufig erst die Arztbesuche, die dem Kind endlich die erwünschte Nähe zu den nun endlich besorgten Eltern ermöglichen.

Jede Fahrt zum Hausarzt, zum Kinderarzt, zu einer Ultraschalluntersuchung beim Radiologen bedeutet zumindest die körperliche Nähe von Vater oder Mutter. Und obendrein bietet die Medizin auch noch die Möglichkeit der Tablettierung eines unruhigen Kindes.

Dabei wäre die Behandlung mit der warmen, liebevollen, geduldigen Hand eines Elternteiles der nüchternen und technokratischen Behandlung mit einem Medikament vorzuziehen.

Oft hilft schon ein vorsichtiges, hinwendungsvolles Berühren einer schmerzhaften Stelle, das behutsame Streicheln des Bauches oder gar nur die körperliche Nähe der Eltern, um dem leidenden Kind Linderung zu verschaffen. Ein Elternteil, der Ruhe ausstrahlt, langsam und liebevoll mit dem Kind spricht, so gut er es eben kann, bewirkt häufig mehr als das beste Medikament gegen Bauch- oder Kopfschmerzen. Denn Kinder sind sehr feinfühlige Gradmesser für unser eigenes Befinden. Und in vielen Fällen steht hinter einem banalen Kranksein des Kindes die Sehnsucht nach mehr Aufmerksamkeit von Seiten der Eltern. Das gilt nicht nur für typisch psychosomatische Beschwerden wie Kopfschmerzen oder Übelkeit, sondern auch für Infekte wie z. B. einen Schnupfen, denn die Rolle des Immunsystems als nonverbales Ausdrucksmittel von seelischen Bedürfnissen darf nicht unterschätzt werden. Gerade in der Selbstverwirklichungshektik unserer Zeit ist ein Kranksein für ein Kind oft die letzte Möglichkeit, um ernst und wichtig genommen zu werden. Denn wer vor lauter selbst auferlegten Forderungen und Verpflichtungen keine Freiheit mehr hat, kann auch Kindern und ihren Bedürfnissen nicht mehr frei begegnen. Wer den ganzen Tag in sich hineinhört, hört sein Kind nicht mehr. Wer den ganzen Tag nur zusieht, dass es ihm selbst gut geht, sieht die Bedürfnisse des Kindes oft nicht mehr.

Und gerade vor diesem Hintergrund ist die Zuwendung der Eltern die bessere Medizin als jede verschriebene Tablette. Oft wären die Eltern die besten Ärzte und trauen es sich einfach nicht zu oder haben Angst, irgendetwas zu übersehen.

Der Körper ist selbst ein guter Arzt

Jede Verletzung, und sei es auch nur eine Hautabschürfung, stellt – medizinisch gesehen – eine Schädigung der Integrität des menschlichen Körpers dar. Die ärztliche Erfahrung zeigt allerdings, dass kleinere Verletzungen wie z. B. leichte Verstauchungen, Schürfwunden, Insektenstiche oder kleine Einschnitte in die oberflächlichen Gewebsstrukturen binnen weniger Tage von selbst verheilen. Und jahrhundertelang machten auch Kinder die für den weiteren Lebensverlauf wichtige Erfahrung, dass der menschliche Körper selbst ein guter Arzt ist – „Der eigentliche Arzt ist der Patient selbst, der Arzt hingegen ist nur sein Gehilfe", sagte schon Paracelsus. Denn durch Schmerzen und andere Symptome gibt uns der Körper klar zu verstehen, dass wir eine verletzte Extremität ruhig halten oder dem angeschlagenen Körper Bettruhe gewähren sollten. Das Gleiche gilt übrigens auch für harmlose grippale Infekte, zu denen das Sprichwort, medizinisch durchaus berechtigt, sagt: „Eine Erkältung heilt mit Medizin in sieben Tagen und ohne in einer Woche."

Das Aufwachsen mit diesem scheinbar banalen Wissen um die Selbstheilungskraft des Körpers – und wohl auch der Seele, denn auch harmlose psychisch-emotionale Verletzungen heilen in einer grundsätzlich intakten menschlichen Umgebung rasch von selbst – hat Generationen von Menschen dabei geholfen, kleine gesundheitliche Beeinträchtigungen als alltäglich und bewältigbar zu begreifen.

Heute dagegen versuchen überbesorgte Eltern ständig, ihren Kindern jede mögliche Verletzung zu ersparen. Sie müssen hermetisch von Insekten abgeschieden werden und dürfen nicht mehr barfuß gehen, weil sie allergisch auf einen möglichen Bienenstich reagieren könnten. Bei jeder Kinderschaukel, bei jedem Klettergerüst steht eine besorgte Mutter oder ein ängstlicher Vater, die über ihr Kind wachen. Dabei aber nicht bedenken, dass sie ihrem Kind dadurch eine wichtige Erfahrung vorenthalten. Wie sollen Kinder ihre körperlichen Fähigkeiten kennenlernen, wenn sie nie an ihre Grenzen stoßen dürfen?

Kinder, die lange geplant, mit mehr oder weniger großem medizinischem Aufwand gezeugt und schließlich mittels Kaiserschnitt zur Welt gebracht werden, sind zu wertvoll und kostbar, als dass sie sich verletzen dürften. Überbesorgte Eltern lassen ihre Kinder nur noch unter einem Glassturz heranwachsen. Eine zwar verständliche, aber für die Entwicklung eines gesunden Körper- und Selbstbewusstseins der Kinder schädliche Verhaltensweise.

Und kommt es doch zu einem Unfall, werden selbst kleinste Bagatellverletzungen zu dramatischen Ereignissen aufgebauscht – denn der so sehr geplante, ersehnte und so schwierig zustande gekommene kleine Mensch soll durch keinen Schmerz, durch keine vorübergehende Funktionseinschränkung in der Lust und Freude am Leben gestört werden. Unter dem Etikett „nur zur Sicherheit" werden von verunsicherten Ärzten unnötige Röntgenaufnahmen von minimal verstauchten Fingern und anderen Gliedmaßen angefertigt, Blutbilder abgenommen und Entzündungswerte kontrolliert, nur um sich im Notfall auch juridisch gegenüber fordernden und druckmachenden Eltern verteidigen zu können. Jeder Bienenstich könnte ja auch zu einer dramatischen allergischen Reaktion, einem

Kreislaufkollaps oder gar zum Erstickungstod führen. Und selbst ein Mückenstich oder ein Zeckenbiss könnten sich entzünden oder zu ungeahnten Komplikationen wie einer späteren Borrelieninfektion führen. Daher wird bei jeder Rötung der Haut sofort nach einer antibiotischen Therapie gerufen. Zur Sicherheit. Um nur ja nichts zu übersehen.

Während einer Nachmittagsordination an einem Sommertag stellt mir meine Assistentin ein Telefongespräch durch – mit der Begründung, es sei dringend, es gehe angeblich um Leben oder Tod. Ich müsste lügen, wenn ich leugnen würde, dass ich bei solchen Anrufen auch nach 30 Jahren als Arzt noch immer ein ängstliches Kribbeln im Bauch verspüre. Angespannt nehme ich das Telefonat also entgegen.

Am anderen Ende der Leitung vernehme ich eine völlig aufgelöste Mutter. „Hilfe, Hilfe, kommen Sie sofort, bitte sofort, mein zweijähriger Sohn ist mit dem Kopf schwer auf eine Glasplatte gestürzt." Vor meinem geistigen Auge sehe ich sofort Glassplitter, tiefe Schnittwunden, ein blutendes, regloses Kind. In diesem Augenblick höre ich aber im Hintergrund die Stimme eines schreienden Kindes. Sofort lässt meine innere Anspannung nach, und schnell frage ich die Mutter, ob das verletzte Kind für das deutlich vernehmbare Geschrei im Hintergrund verantwortlich sei.

„Ja, ja, natürlich", brüllt die Mutter, die inzwischen fast aggressiv klingt, ins Telefon, „kommen Sie sofort!" Ich senke meine Stimme bewusst, um der aufgeregten Mutter das Gefühl von Vertrauenswürdigkeit und Kompetenz vermitteln zu können. Dann sage ich mit langsamen Worten: „Liebe Frau P., solange Ihr Kind brüllt, geht es ihm gut. Seien Sie wirklich beruhigt. Beschreiben Sie mir doch bitte die Verletzungen Ihres Sohnes."

Ich spüre das Unbehagen der aufgebrachten Mutter am anderen Ende der Leitung. Noch einmal wiederholt sie verzweifelt ein „Kommen Sie einfach". Aber es klingt schon nicht mehr so vehement. Und als ich ihr versichere, dass ich sofort kommen werde, wenn sich das als notwendig herausstellen würde, ist der verbale Grundstein für ein etwas weniger emotionales Gespräch gelegt.

Nach längerem Hin und Her stellt sich heraus, dass der Knabe eine Beule auf der Stirn habe, die aber weder aufgeplatzt noch blutunterlaufen sei. Dann frage ich zur Sicherheit noch, ob der Kleine sofort nach dem Sturz mit dem Schreien begonnen habe. Und als die Mutter auch diese Frage bejaht und mir auf Nachfrage auch noch versichert, dass der Bub nicht erbrochen hätte, bitte ich sie, inzwischen innerlich völlig entspannt, die sieben Kilometer mit dem Pkw in meine Ordination zu kommen, denn für den kleinen Buben, so erkläre ich ihr, bestehe absolut keine Gefahr.

Allerdings spüre ich bei der Beendigung des Telefonats ganz deutlich, dass ich in den Augen der Mutter kein sehr guter Arzt sein könnte. Denn sie sagt: „Na gut, wenn wir keine andere Wahl haben, kommen wir eben zu Ihnen."

Eine Viertelstunde später sehe ich einen knapp zweijährigen Knaben mit verheulten Augen, einem verschwitzen Gesicht, einer rotzigen Nase und eben einer kleinen Beule auf der linken Stirnhälfte im Arm seiner Mutter. Schon lange weiß ich als Arzt, dass der Weg zur Mutter über einen guten Kontakt mit dem Kind führt. Und tatsächlich beginnt der Bub auf mein vorsichtiges Zusprechen gleich zu lachen.

Ich führe langsam etliche neurologische Untersuchungen mit ihm durch, die ich bewusst kommentiere, um die Mutter zu beruhigen. Nach fünf Minuten gelingt es, der verunsicherten Frau P. klarzumachen, dass eine schwere Gehirnerschütterung zunächst einmal als ausgeschlossen gelten darf, wenn ein Kind nach einem Sturz sofort losbrüllt. Denn wenn kleine Kinder schreien, sind sie in der Regel geistig wach, haben ein ausreichendes Lungenvolumen und einen intakten Kreislauf. Erst der gegenteilige Fall, nämlich wenn ein Kind nach einem Sturz schläfrig und ruhig vor sich hin dämmert, wäre als dringender Notfall zu sehen.

Der Bub sitzt inzwischen auf meinem Schoß und scheint sich dabei nicht unwohl zu fühlen. In Ruhe besprechen wir noch, dass außer kalten Kompressen keine weiteren medizinischen Maßnahmen notwendig sind. Zur Sicherheit gebe ich Frau P. meine Handynummer, falls doch noch irgendwelche Beschwerden auftreten sollten.

Fälle wie dieser sind Alltag nicht nur in jeder ärztlichen Praxis, sondern immer öfter auch in Spitalsambulanzen. Stets wird dabei der Ruf nach dem besten Spital laut, wo doch allen Beteiligten schon längst klar sein sollte, dass durch Zertifizierungen, qualitätssichernde und normierende Maßnahmen alle medizinischen Institutionen gleich gut geworden sein sollten. Oder geht es doch plötzlich um Ruf und Namen, weil für ein besonderes Kind auch die medizinische Versorgung besonders gut sein soll? Denn spätestens bei der Gesundheit des eigenen Kindes hört sich der Spaß der Gleichberechtigung aller Kinder auf.

Und was die Ärzte für die körperliche Unversehrtheit tun sollen, wird von den Psychologen für den Bereich der Seele gefordert. Nach dem Motto: Was immer ich nicht richtig oder gar falsch gemacht habe, der Psychologe bringt es wieder in Ordnung.

Modediagnose ADHS?

Die Normierungen und Standardisierungen unserer Zeit machen auch vor Kindern und Jugendlichen nicht halt. Wer herausragt oder aus dem Rahmen fällt, ist krank. Wer mehr Zuwendung benötigt als vorgesehen, ist krank. Wer in einem Unterrichtsfach nicht so gut ist wie die Mitschüler, ist krank. Wer mit seinem Benehmen die Ruhe einer überalterten Gesellschaft stört, ist krank. Zugespitzt könnte man sagen: Wer nicht einem imaginären Durchschnitt entspricht, ist krank.

Kein Thema wird in diesem Zusammenhang so kontrovers diskutiert wie das immer häufigere Auftreten von ADHS, dem Aufmerksamkeits-Defizit-Hyperaktivitäts-Syndrom. Dabei lohnt es sich, das Thema aus verschiedenen Perspektiven zu beleuchten.

Aus rein medizinischer Sicht stellt das ADHS keine neue Krankheit dar. Bereits im 19. Jahrhundert beschrieb der Nervenarzt Heinrich Hoffmann in seinem Kinderbuch „Der Struwwelpeter" neben dem Suppen-Kaspar, dem Hanns Guck-in-die-Luft und anderen neurologisch-psychiatrischen „Krankheitstypen" auch den Zappelphillipp, einen unfolgsamen, hyperaktiven Buben. Nach dieser, mit eindringlichen Bildern illustrierten Kindergeschichte wird das Krankheitsbild ADHS oft auch als „Zappelphilipp-Syndrom" bezeichnet.

Damals galten solche Kinder als schlecht bzw. zu wenig streng erzogen, und dementsprechend waren auch die Therapiemethoden. Aber auch wenn das Krankheitsbild beschrieben und bekannt war, die Ausbreitung der Funktionsstörung war marginal. Die damalige Gesellschaft hatte kein großes Problem mit Zappelphilipp-Kindern, oder sie machte keines daraus. Hunger und Infektionen waren weit schlimmer als ein ungezogenes Kind.

Das hat sich nunmehr geändert. Mit einem klingenden Namen aus deutschen, griechischen und lateinischen Wörtern versehen (wirklich bekannt ist nur die Abkürzung), feiert das ADHS einen fulminanten Aufstieg als neue Krankheit. Analog zu dem hohen Lebensalter als Hauptursache für Demenzerkrankungen oder der modernen Arbeits- und Lebenswelt als Nährboden für das Burnout-Syndrom kann man eine mögliche Ursache für die rasante Entwicklung des Krankheitsbildes ADHS in modernen Familienstrukturen vermuten. Häufig sind überforderte Multifunktionseltern als Erziehungsberechtigte bzw. Erziehungsverpflichtete der betroffenen Kinder anzutreffen – wenngleich man daraus nicht den Umkehrschluss ziehen darf, dass Konzentrationsstörungen und Überaktivität als Symptome auf vernachlässigte und überforderte Kinder beschränkt bleiben.

Internationale Prävalenzraten gehen davon aus, dass 9,2 Prozent der Buben und 2,9 Prozent der Mädchen betroffen sind. In Deutschland nimmt man an, dass rund 5 bis 6 Prozent der Kinder im Alter zwischen 3 und 17 Jahren betroffen sind, mit einem ähnlichen Verhältnis von 4:1 zwischen Knaben und Mädchen. Studien deutscher Gesundheitsforscher zeigen weiters, dass ADHS überdurchschnittlich häufig bei Kindern diagnostiziert wird, deren Eltern einen niedrigeren Bildungsstandard haben, arbeitslos oder unter 30 Jahre alt sind.

Und eine Statistik des österreichischen Hauptverbandes der Sozialversicherungsträger zeigt eindrucksvoll, in welchem Ausmaß die Erkrankungszahlen steigen: Wurden im Jahr 2006 die Kosten für 48.712 Verschreibungen von Medikamenten zur Behandlung des ADHS übernommen, stieg diese Zahl bis 2010 um 79 Prozent auf 87.018 Rezepte. Jede zweite Verordnung betrifft Kinder im Alter unter 14 Jahren.

Diese Zahlen spiegeln sich auch in meiner täglichen Arbeit wider. „Mein Kind hat so einen Bewegungsdrang, das bekomme ich nur ruhig, wenn ich ihm das iPad überlasse" – solche Sätze sind leider keine Seltenheit im Ordinationsalltag. Sie zeigen auch, dass die Eltern übersehen, dass das Kind nicht an Bewegungsdrang leidet, sondern an einem Mangel an Zuwendung, verbunden mit Zielen und Grenzen.

Erstmals auffällig wird mangelnde Konzentrationsfähigkeit oder Überaktivität häufig mit dem Eintritt in die Schule – wobei Experten bestätigen, dass in mindestens 20 Prozent der Fälle primär Lernschwierigkeiten vorliegen und die Diagnose ADHS zu Unrecht gestellt wird. Viele Lehrer sind mit „Problemkindern" überfordert. Sie sind selbst Kinder ihrer Zeit und stehen entsprechend unter Beobachtung der Eltern und der Schulbürokratie. Sie empfinden permanenten Erfolgsdruck und die Angst, etwas falsch zu machen oder eine Krankheit zu übersehen. Psychologen und Ärzte werden angefordert und aufgefordert, Abhilfe zu schaffen. Und das geht nun einmal am besten mittels Diagnosepfad und medikamentöser Therapie.

Auf diese Weise ist ein gesellschaftliches Problem zu einem neuen medizinischen Problem geworden. Denn, so beteuern Politik, Ärzte und Pharmaindustrie gemeinsam, das ADHS ist eindeutig eine Krankheit. Niemand hat einen Fehler gemacht, niemand hat in seiner Rolle versagt. Eltern und Lehrer werden a priori von jeder Schuld freigesprochen. Mangelnde Zuwendung und Beschäftigung mit dem Kind kommen als Erklärungen nicht in Frage. Denn Zeit und Zuwendung sind knapp, Erziehung ist verpönt, Grenzen in einer grenzenlosen Gesellschaft überflüssig. Kinder mit ADHS sind einfach krank und müssen daher mit Tabletten behandelt werden, so einfach ist das.

So werden statt Liebe und Zuwendung, Erziehung und Konsequenz Medikamente eingesetzt, um Grenzen aufzuzeigen: „Bis hierher darfst du abweichen, jede weitere Abweichung von der Norm wird pharmakologisch bestraft."

Die Kriterien, nach denen beurteilt wird, was dieser Norm entspricht und was nicht, funktionieren stets hierarchisch. Vorgesetzte beurteilen ihre Angestellten, Lehrer ihre Schüler, Ärzte ihre Patienten, Eltern ihre Kinder. Wie würde es aber aussehen, wenn es umgekehrt wäre? Vielleicht würden in einer Kinderwelt die Eltern behandelt werden? Vielleicht würden sich ADHS-Kinder selbst als unauffällig beurteilen und die Therapie ihren Lehrern zukommen lassen? Warum sollten Jugendliche nicht gegen übermäßige Ordnung der Elternwelt revoltieren? Das war ja auch einmal Inhalt der Pubertät. Aber Unruhe, Auflehnung und die Suche nach Grenzen sind von der Gesundheitsindustrie als krankhaft erkannt worden und müssen medikamentös behandelt werden. Dabei könnten gerade die überaktiven Kinder und Jugendlichen das Salz in der gesellschaftlichen Suppe sein.

Doch selbstverständlich sind nicht alle Fälle gleich, gibt es unterschiedliche Schweregrade des Erkrankungsbildes. Und natürlich ist es manchmal ein Segen, dass für besonders schwere Fälle beruhigende Medikamente zur Verfügung stehen. In den meisten Fällen aber hilft die Diagnose ADHS den betroffenen Kindern nicht wirklich weiter, solange sie zwar medikamentös behandelt werden, ihr Ruf nach Zuwendung, Grenzen und Konsequenz aber unerhört und unerkannt bleibt. Wie viel Medizin kann Kindern zugemutet werden? Wie viel Beschäftigung mit dem Nachwuchs, wie viel Geschichtenerzählen, wie viel Vorlesen, wie viel Basteln und wie viel Familie kann durch Medikamente ersetzt werden?

In der medikamentösen Therapie des ADHS kommen zwei unterschiedlich wirkende Medikamentengruppen zum Einsatz: Zum einen Medikamente aus der Gruppe der Amphetamine zur Behandlung von Konzentrationsstörungen und sogenannten Aufmerksamkeitsstörungen. Dabei soll der Einsatz dieser anregenden Substanzen die Aktivität des Gehirns positiv beeinflussen und dadurch die Aufmerksamkeit von betroffenen Kindern verbessern. Bei überaktiven, leicht reizbaren Patienten kommen zum anderen Neuroleptika und Antidepressiva zum Einsatz. Diese Medikamentengruppe hat eine sedierende, ruhigstellende Wirkung. Oft werden beide Medikamentengruppen zugleich verwendet.

Nach der Einnahme entsprechender Tabletten wird auch ein unangepasstes Kind ruhig und angenehm. Nicht mehr auffällig. Nicht mehr fordernd. Nicht mehr überfordernd. Nicht für Lehrer, nicht für Eltern. Alle können sich wieder dem eigenen, kaum bewältigbaren Leben widmen. So praktisch kann eine gesellschaftlich anerkannte Krankheit sein.

Von den negativen Auswirkungen der medikamentösen Therapie menschlichen Versagens wird dabei nicht geredet: Die Liste der Nebenwirkungen der am häufigsten bei ADHS eingesetzten Medikamente umfasst Kopfschmerzen, Schlafstörungen, Blutdruckanstieg, Herzrhythmusstörungen und Appetitlosigkeit, um nur einige zu nennen. Und das schon für unsere Kinder. Dazu kommt, dass eine mögliche spätere Abhängigkeit von derart behandelten ADHS-Patienten im Bereich des Denkbaren liegt – schließlich kommen Amphetamine später als „Speed" in der Drogenszene zur Anwendung. Doch die Pharmaindustrie schweigt.

Neben der medikamentösen Behandlung herrscht auch Konsens darüber, dass der Verhaltenstherapie von ADHS-

Patienten ein bedeutender Stellenwert zukommt. Wenn man solche Therapieeinheiten genauer analysiert, fällt auf, dass viele der dort geübten und erlernten Verhaltensweisen früher im Rahmen der Familie gefördert wurden. So wie heute eine Gruppe von „Problemkindern" um einen Tisch versammelt ist und mit dem Therapeuten das konzentrierte Spielen eines Brettspiels erlernt, so sind früher die Mitglieder einer Familie um den Familientisch gesessen und haben miteinander und gegeneinander Siegen und Verlieren gelernt.

Und wieder stellt sich die Frage: Ist ein Kind, das sich schwerer konzentrieren kann, mehr Hilfe bei der Bewältigung der Hausaufgaben benötigt als ein anderes, wirklich krank? Fehlt nicht vielleicht einfach nur die physische und psychische Nähe von Mutter oder Vater, die es unterstützen könnten? Werden aus Schreibabys wirklich nahtlos ADHS-Patienten? Fehlen Kindern nicht oft nur andere Kinder, mit denen sie sich – von den Argusaugen der Eltern und der ganzen Gesellschaft unbeobachtet – austoben können? Oder ist es nicht nur wesentlich einfacher, den Nachwuchs, vor dem Fernsehapparat alleingelassen, ruhigzustellen und im Notfall medikamentös wieder zu normalisieren und zu normieren?

Übergewicht und Bewegungsmangel

Vor nicht allzu langer Zeit kommt eine besorgte Mutter in meine Ordination und fordert für ihren – nicht anwesenden – siebenjährigen Sohn eine Überweisung zum Orthopäden. Höflich, aber bestimmt lehne ich ihr Ansinnen ab und erkläre stattdessen: „Wissen Sie, als Arzt möchte ich gerne meine Patienten zuerst kennenlernen und untersuchen, bevor ich sie zu weiteren Behandlungen weiterschicke." Aber die Mutter insistiert und sagt: „Schauen Sie, der Patrick hat so einen watschelnden Gang, dass ihn die Mitschüler schon auslachen, da werden Sie auch nicht helfen können, oder?" Aber ich bleibe bestimmt und hart. Widerwillig resigniert die Mutter und verspricht, mit ihrem Sohn wiederzukommen. Im Weggehen murmelt sie noch demonstrativ verärgert: „Wissen Sie, ich muss ihn ja für jeden Arztbesuch extra aus der Schule nehmen."

Einige Tage später steht Patrick dann tatsächlich vor mir: ein siebenjähriger Knabe mit altersentsprechender Größe und geschätzten 90 kg Körpergewicht. Und sofort wird mir klar, warum sein Gangbild nicht federnd, leicht und elegant sein kann. Und dass seine Mitschüler ihn auslachen, wird wohl nicht nur mit dem eigenartigen Gangbild zu tun haben.

Vorsichtig frage ich die Mutter, ob sie wirklich glaube, dass der Orthopäde Abhilfe schaffen könne. Da beginnt die – selbst deutlich übergewichtige – Mutter zu weinen, und in der Folge bricht es wie ein Wolkenbruch aus ihr heraus: „Nein, Herr Doktor, jetzt bin ich eh froh, dass wir da sind, weil bei uns geht alles drunter und drüber. Wissen Sie, mein Mann und ich sind seit einem halben Jahr geschieden, und der Patrick ist jedes zweite Wochenende beim Papa, und da habe ich keinen Überblick über die Sachen, die er zu essen bekommt." Spontan denke ich mir, dass diese zwölf Wochenenden das Kraut auch nicht so fett gemacht haben können, und gleichzeitig fällt mir auf, dass der Sohn, der sich inzwischen hingesetzt – oder vielmehr hingelümmelt – hat, völlig hilflos den Worten seiner Mutter zuhören muss. Deshalb frage ich die Mutter: „Glauben Sie nicht, dass es besser wäre, wenn wir das alles nicht vor Ihrem Sohn besprechen würden?" Ich staune nicht schlecht, als sie zur Antwort gibt: „Nein, nein, der Bub weiß eh, dass ich nicht will, dass er zu seinem Vater geht. Aber er geht halt so gern hin, ich glaube, es ist nur wegen dem Essen."

Vor meinem ärztlichen Auge sehe ich sehr klar, dass der übergewichtige Knabe nichts anderes ist als der Fleisch gewordene Berg der Probleme in der getrennt lebenden Familie. Und weil es meine Zeit als Hausarzt mit vollem Wartezimmer nicht zulässt, ein Gespräch mit der notwendigen Tiefe zu führen, bin ich froh, dass es mir nach wenigen Minuten Konversation mit der Mutter gelingt, die ursprünglich geforderte Überweisung zum Orthopäden in eine Überweisung zum Psychologen umzuwandeln.

Warum haben Eltern kein Gefühl mehr dafür, ob ihr Kind gesund ist oder nicht? Warum erkennen Mütter und Väter nicht mehr, dass ihr Kind zu dick ist? Oder ist es einfach bequemer, die Medizin für alle Probleme verantwortlich zu machen?

Noch nie gab es in der westlichen Welt so viele übergewichtige Kinder wie heute. 13-jährige Jugendliche mit einem Körpergewicht von über 100 kg sind keine Seltenheit mehr. In den USA sind drei von vier Jugendlichen dermaßen übergewichtig, dass sie nicht für den Militärdienst herangezogen werden können. Nebenbei bemerkt, sind die USA auch das erste westliche Land, in dem die durchschnittliche Lebenserwartung wieder im Sinken begriffen ist – eine Entwicklung, die unmittelbar mit dem hohen Anteil an übergewichtigen Menschen zusammenhängt. Und wenn die Probleme hierzulande auch geringer ausfallen, so lassen verschiedene Untersuchungen aus Deutschland doch vermuten, dass 10 bis 20 Prozent aller Jugendlichen übergewichtig sind. Diese Diagnose bestätigen auch Schwerpunktkrankenhäuser und spezielle Beratungsstationen. 20 Prozent übergewichtige Kinder, das bedeutet auch: 20 Prozent potentielle Außenseiter, 20 Prozent zukünftige Blutzucker- und Herz-Kreislauf-Patienten, kaputte Gelenke, mangelndes Selbstwertgefühl, verringerte Lebenserwartung und andere Schäden.

Abgesehen von den unmittelbaren physischen und psychischen Schäden für die betroffenen Kinder und Jugendlichen bedeuten diese Zahlen auch eine immense Kostenlawine, die auf ein Gesundheitssystem zurollt, das bereits jetzt durch eine überalterte Gesellschaft ständig an den Grenzen seiner finanziellen Belastbarkeit dahinlaboriert. Alleine die Zahl der zu erwartenden Diabetespatienten – mitsamt ihren Begleiterkrankungen und Spätkomplikationen und deren Folgekosten – sprengt jede finanzielle Vorstellungskraft.

Wie viele andere Krankheiten ist auch die Diagnose Übergewicht in sozial schwächeren bzw. weniger gebildeten Schichten überdurchschnittlich häufig anzutreffen. Als wollte man sagen: Wir sind zwar vielleicht sozial schwach, arm und unterprivilegiert, aber dafür können wir unseren Nachwuchs überdurchschnittlich gut ernähren. Das jahrtausendelang bewährte Naturprinzip, dass diejenigen Bevölkerungsgruppen überleben werden, die in der Lage sind, ihre Nachkommen bestmöglich zu ernähren, verkehrt sich in Zeiten des Wohlstandes in sein Gegenteil.

Immer wieder fallen in meiner Ordination Sätze wie: „Aber mein Kind isst mir das nicht", oder: „Es ist doch besser, der Kleine trinkt einen Saft, als er trinkt gar nichts, weil ein normales Wasser trinkt er mir sowieso nicht." Die Devise scheint zu lauten: Das Kind ist der König, die Erziehungsberechtigten lediglich seine devoten Diener. Eine äußerst ungesunde Verkehrung der Beziehungsverhältnisse. Denn durch die Erhebung des Kindes zum Götzen geschieht genau das, wovor Religionsgründer aller Zeiten immer schon gewarnt haben: Das Streben nach falschen Zielen lenkt von sinnvollem Verhalten ab und führt geradewegs in den Untergang. Das gilt nicht nur für den Bereich der Religionen, sondern auch, wenn man ganz einfach die Sinnhaftigkeit von menschlichen Verhaltensweisen vor dem Hintergrund der Natur beurteilt: Wenn ein Kind zu einem psychisch und physisch gesunden und damit lebensfähigen Mitglied einer Gesellschaft werden soll, muss es lernen, Verhaltensweisen und Grenzen im Rahmen des sozialen Miteinanders zu akzeptieren. Nur dann wird es in der Lage sein, später selbst das Leben wieder an eine neue Generation weiterzugeben.

Nach etlichen Gesprächen mit der Direktion, den Lehrerinnen, den Elternvertretern und der Schulbehörde willigt der Bürgermeister einer kleinen Gemeinde im Westen Österreichs ein, im Rahmen eines neuen Projektes „Gesunde Jause" am Schulbuffet nur noch gesunde, hochwertige Bio-Nahrungsmittel aus lokaler Produktion zu verkaufen. Statt Kuchen, industriell hergestellten Süßigkeiten, hoch zuckerhaltigen Säften und Weißbrot sollen nur noch Obst, Schwarz- und Vollkornbrot, ballaststoffreiche Aufstriche und Mineralwasser angeboten werden.

Der bisherige Anbieter des Schulbuffets, ein lokal ansässiger Bäcker, zieht sich mehr oder weniger beleidigt zurück, da er die geforderten Qualitätskriterien seines Sortiments nicht erfüllen kann und ein Zukauf der geforderten Ware nach seinen Aussagen zu kostspielig wäre. Es erfordert weit mehr Mühe als gedacht, bis ein neuer Anbieter für das Schulbuffet gefunden werden kann. Dann endlich wird das Projekt „Gesunde Jause" feierlich aus der Taufe gehoben. Der Schulchor singt, die diversen Verantwortlichen loben sich selbst und das Schulprojekt, und Pressefotografen lichten glückliche Kinder, Eltern und Lehrkräfte ab.

In den lokalen Zeitungen sieht man im Lauf der folgenden Wochen unter der Überschrift „Schulprojekt – Gesunde Jause" den neuen Anbieter des Schulbuffets stolz zwischen Bürgermeister und Direktorin posieren. Aber zum Erscheinungstermin der meisten Blätter hat der Kleinunternehmer bereits das Handtuch geworfen, da der erhoffte, von den Verantwortlichen versprochene Ansturm auf das gesunde Schulbuffet ausgeblieben ist. Stattdessen haben sich die größeren Kinder im nahe gelegenen Supermarkt selbst mit geschmacklich entsprechenden Belohnungen versorgt, und ein Großteil jener Eltern, die das Projekt „Gesunde Jause" unterstützt hatten, hat sich offensichtlich dazu durchgerungen, den Nachwuchs schon zu Hause mit Süßigkeiten, Chips und süßen Getränken für die Pausen zwischen den Schulstunden auszustatten.

Bei einer Krisenbesprechung acht Wochen nach Start des Projektes weisen alle Beteiligten jede Schuld für das Scheitern kategorisch von sich. Man kommt etwas kleinlaut überein, dass man den Willen der Kinder nicht einfach ignorieren könne. Und erneut, diesmal jedoch ohne mediale Aufmerksamkeit, übernimmt – mit hämischer Freude – der ursprüngliche Anbieter die Ausstattung des Schulbuffets und die Versorgung der hungernden Kinder.

Wieder mit dem ursprünglichen Sortiment, jetzt allerdings zu deutlich er- und überhöhten Preisen.

Chips, Donuts, Schokoriegel und Schokoladen, Zimtschnecken und Nusskipferln zusammen mit hochkalorigen Getränken wie Coca-Cola gehören heute zu einer durchschnittlichen Ausstattung eines Kindes für die Unterrichtspausen. Oder, wie Lehrkräfte immer wieder berichten, auch für zahllose, fast nicht kontrollierbare, selbsterlaubte Belohnungen und Pausen während einer Unterrichtsstunde. Denn eine ganze Stunde ohne orale Ersatzbefriedigung scheint den Kindern nicht zumutbar.

Neben falscher Ernährung bedeutet auch der Bewegungsmangel bei Kindern ein zunehmendes gesundheitliches Problem. Der VCÖ hielt 2015 fest, dass in Österreich nur jedes fünfte Kind zwischen 11 und 15 Jahren ausreichend Bewegung habe. Nur 15 Prozent der Kinder würden den Schulweg mehrmals pro Woche mit dem Rad oder zu Fuß bewältigen.

Analog zum Dauerbrenner „Gesunde Jause" ist auch der Kampf um eine zusätzliche Turnstunde ein unerschöpfliches Thema im österreichischen Schulsystem. Dabei wäre es so einfach, wenn sich die Verantwortlichen darauf einigen könnten, dass Kinder zum Beispiel Schulwege unter 1 km morgens und mittags zu Fuß zurücklegen müssen. Ein solcher Schritt würde nicht nur die zu den Stoßzeiten ohnehin überlasteten öffentlichen Verkehrsmittel entlasten, sondern auch zusätzliche Bewegung für eine zunehmend übergewichtige Jugend garantieren. Und nicht zuletzt gäbe es auch deutlich weniger Kinder, die mit der Ausrede: „Der Bus war überfüllt, ich musste auf den nächsten warten", zu spät zum Unterricht kommen.

Das Bundesministerium für Unterricht und Kunst definiert die Aufgabe des Turnunterrichts folgendermaßen: „Der Unterrichtsgegenstand Leibesübungen hat die Aufgabe, die Schüler zu befähigen, in vielfältigen Bewegungssituationen eigenverantwortlich zu handeln, und ihnen dadurch ein freudvolles Erleben allein und in Gemeinschaft mit anderen zu eröffnen. Der Unterrichtsgegenstand Leibesübungen soll zu sozialer Verantwortung gegenüber dem Mitmenschen und der Umwelt erziehen, zur Selbstentfaltung und Selbstfindung des jungen Menschen beitragen und damit sein gegenwärtiges und zukünftiges Leben bereichern."

In einem scharfen Kontrast dazu steht die Aussage einer Unterstufe-Lehrerin, die ich hier zitieren darf: „Diese dicken Kinder können sich ja kaum noch bewegen. Für die meisten von ihnen stellt schon ein einfacher Klimmzug eine völlige Überforderung dar. Und die wenigsten aus der Klasse sind imstande, an einer Kletterwand ein paar Sprossen zu erklimmen. Und wenn sie es manchmal doch können, muss ich Angst haben, dass sie einfach wie Sandsäcke herunterfallen, weil sie die Höhe nicht abschätzen können. Und wenn sich ein Kind im Turnunterricht verletzt, habe ich wieder schlaflose Nächte. Glauben Sie mir, alle diese Berichte, die ich dann schreiben muss, die Rechtfertigung vor der Direktorin und die Gespräche mit den Eltern, das zehrt schon alles an den Nerven. Ich bin ja auch nicht mehr die Jüngste. Überhaupt sollten Sie einmal sehen, wie diese Kinder auch mit kleinsten Verletzungen überfordert sind. Unlängst hat sich ein zwölfjähriges Mädchen beim Laufen leicht überknöchelt und ist sofort wie eine Schwerverletzte am Boden liegen geblieben. Und die anderen Kinder haben sich augenblicklich um sie herum versammelt und wie verrückt geschrien. Man hätte glauben können, dass das Mädchen im Sterben liegt."

Die heilige Kuh Alkohol

Trotz aller Aufklärungsmaßnahmen unterschätzen viele schwangere Frauen die Gefahr von Alkoholkonsum in Bezug auf die Entwicklung ihres Kindes nach wie vor. Immer noch glaubt fast ein Viertel der Erwachsenen, dass ein Gläschen Sekt während der Schwangerschaft nicht schaden könnte. Aber die medizinische Wahrheit sieht anders aus: Auch schon geringe Mengen an Alkohol können während der Schwangerschaft das heranwachsende Kind, je nach Entwicklungsstadium des Fötus, körperlich und/oder geistig schädigen.

In Deutschland werden pro Jahr mindestens 2.000 Kinder mit einem fetalen Alkoholsyndrom (FAS) zur Welt gebracht. Die meisten von ihnen sind ein Leben lang schwer behindert und brauchen ständige Hilfe, um ein alltägliches Leben zu bewältigen. Bis zu 10.000 weitere Kinder leiden ein Leben lang an fetalen Alkoholspektrum-Störungen (FASD). Bei diesen Kindern sind die neurologischen Störungen meist nicht so stark ausgeprägt, aber auch sie sind in einem bestimmten Ausmaß lebenslang geschädigt und hilfsbedürftig. Für Österreich gibt die „ARGE Suchtvorbeugung" an, dass von 78.742 im Jahr 2010 lebendgeborenen Kindern 787 mit einer FASD-Symptomatik zur Welt kamen. Die Dunkelziffer von nicht erkannten alkoholbedingten Störungen dürfte allerdings weit höher liegen. Doch obwohl durch FAS verursachte körperliche und geistige Behinderungen die häufigsten nicht genetisch bedingten Behinderungen bei Kindern und Jugendlichen darstellen, erfährt das Thema in einer Gesellschaft, in der dem Alkohol die Rolle einer legitimen Droge zukommt, so gut wie keine öffentliche Aufmerksamkeit.

Zu den körperlichen Schädigungen des fetalen Alkoholsyndroms gehören u. a. Minderwuchs, Untergewicht, Kleinköpfigkeit, Minderentwicklung des Gehirns, kleine Zähne und vergrößerter Zahnabstand, verkleinerte Augen mit herabhängenden Lidern, tief ansetzende Ohren, Lippen- und Gaumenspalten sowie eine mangelhafte Ausbildung der Körpermuskulatur. Aufgrund derartiger organischer Veränderungen kommt es bei den betroffenen Kindern zu Sprach-, Hör-, Ess- und Schlafstörungen.

Diese Schädigungen treten nicht bei allen betroffenen Kindern in gleichem Ausmaß auf, sodass es oft auch für erfahrene Kinderärzte schwierig ist, ein FAS mit Sicherheit zu diagnostizieren. Sicher ist jedoch, dass die Schwere der kindlichen Störungen in direkter Relation zum Ausprägungsgrad des Alkoholmissbrauches der werdenden Mutter steht. Dabei spielen sowohl die Menge des getrunkenen Alkohols als auch seine Qualität eine entscheidende Rolle.

Besonders schwerwiegend sind auch die neurologischen und kognitiven Störungen von betroffenen Kindern. Massive Lern- und Verständnisschwierigkeiten, gepaart mit einer psychischen und emotionalen Instabilität, machen die betroffenen Kinder zeit ihres Lebens zu Außenseitern der Gesellschaft. Gerade in ländlichen Gegenden, wo jeder einzelne Mensch viel stärker in ein soziales Umfeld eingebettet ist, sind die Kinder von Alkoholikern, unabhängig vom Ausprägungsgrad eines FAS, ein Leben lang als „Säuferkinder" stigmatisiert. Ein Teufelskreis, der seinerseits wieder zu Alkoholkonsum und sozialer Ausgrenzung führen kann. Altgediente Landärzte können ein Lied von den vielfältigen medizinischen und sozialen Problemen singen, die direkt oder indirekt mit Alkoholismus zusammenhängen.

Die 16-jährige Schülerin P. sitzt tränenüberströmt bei ihrer Hausärztin. Daneben sitzt, ebenfalls völlig aufgelöst, ihre Mutter. Die Ärztin erschrickt: „Was ist denn passiert?"
Unsicher, wer von ihnen antworten soll, blicken sich die beiden Frauen gegenseitig an. Dann sagt die Mutter: „Na, sag's du der Frau Doktor." Zum Zeichen, dass sie

bereit sei zuzuhören, nickt die Ärztin einfach mit Blick auf P., die sie seit ihrer Geburt kennt.

Zögernd, unsicher und bruchhaft beginnt P.: „Ich hab so Aussetzer, da wird mir schlecht, und dann glaub ich, dass ich gleich zusammenbreche ... und dann muss ich immer weinen, und schlafen kann ich nur, wenn mein Freund da ist oder das Licht brennt." Da unterbricht die Mutter ihre Tochter und sagt: „Frau Doktor, Sie sind unsere letzte Hoffnung, Sie kennen die P. ja schon, seit sie ein Baby war ... Wir waren schon überall, und keiner kann der P. helfen, und deswegen sind wir bei Ihnen, weil Sie können ihr sicher helfen, oder geben Sie ihr eine Tablette oder so ein Medikament gegen Depressionen, ich weiß es ja auch nicht ... sind es Depressionen oder so was? Auf jeden Fall, Sie müssen uns helfen." Dann ist einmal Ruhe.

In den folgenden Minuten lässt sich die Ärztin die mitgebrachten Befunde von einem Internisten, einer Neurologin und einer Frauenärztin zeigen. Auch zwei umfassende Blutbefunde, mit Kaffeeflecken verziert, liegen in dem zerknitterten Papierstapel. Sie überfliegt die medizinischen Expertisen und kommt zu dem Schluss, dass P. organisch weitestgehend gesund ist. Und erinnert sich gleichzeitig an die Zeit der Schwangerschaft von P.s Mutter. An die chaotischen Verhältnisse in der Familie. Daran, dass der damalige Partner und Kindesvater schwerer Alkoholiker war, und auch daran, dass die Mutter selbst immer gerne ein Gläschen über den Durst getrunken hat. Bei dieser medizinisch-menschlichen Vorgeschichte sind die Probleme der jetzt jugendlichen Tochter kein Wunder, denkt sich die Ärztin, beschließt aber, die beiden Frauen nicht mit diesem Zusammenhang zu konfrontieren. Zu ausweg- und hoffnungslos scheint ihr die Gesamtsituation.

Denn natürlich waren die Eltern zu jedem Zeitpunkt ihres Lebens mit der heranwachsenden Tochter und ihren Bedürfnissen überfordert. Dass ein 16-jähriger Mensch zu Beginn seines Lebens schon so hoffnungslos vor der Realität kapitulieren muss, berührt die Hausärztin besonders. Wie auch die Ausweglosigkeit der Lage. Die Unumkehrbarkeit. Eine Situation also, in der sie als Ärztin tatsächlich nur noch medikamentös Symptome behandeln kann.

Eine Heilung ist nicht mehr möglich.

Für dieses immense, für jedes Individuum katastrophale und dabei auch, gesamtwirtschaftlich betrachtet, sehr teure Problem gäbe es eine effiziente, einfache und kostengünstige Lösung: nämlich die strikte Vermeidung von Alkohol während der Schwangerschaft. Doch es scheint aus vielerlei Gründen nicht möglich, diese Lösung durchzusetzen. Vor allem die Tatsache, dass Alkohol ein gesellschaftlich anerkanntes Genuss- und Suchtmittel mit einer starken Wirtschaftslobby ist, lässt die verantwortlichen Politiker bei einer Konfrontation mit dem Thema in Schockstarre verfallen.

Ähnlich gravierende Auswirkungen, wie sie der Alkoholkonsum während der Schwangerschaft hat, müssen auch der regelmäßigen Einnahme von starken Schmerzmedikamenten zugeschrieben werden. In einer 2012 im „Journal of the American Medical Association" veröffentlichten Studie heißt es, dass in den USA immer mehr Neugeborene mit einer Opiatabhängigkeit zur Welt kommen, die durch den Schmerzmittelkonsum der schwangeren Mütter verursacht wird. Von 2002 bis 2012 hat sich die Zahl der Fälle von schmerzmittelgeschädigten Neugeborenen verdreifacht. Atmungsprobleme, Krampfanfälle, unterdurchschnittliches Geburtsgewicht sowie überdurchschnittliche Reizbarkeit sind nur einige der Folgen für die Babys. Gleichzeitig hat sich im Vergleich zur Jahrtausendwende der Verbrauch von verschreibungspflichtigen Substanzen durch werdende Mütter in den USA verfünffacht. Was nichts anderes bedeutet als: Die Rücksichtnahme auf das werdende Baby wird zugunsten des momentanen eigenen Wohlbefindens hintangestellt.

Tritt man nun einen Schritt zurück, so erkennt man, dass all diese Einzelbeobachtungen und -befunde in Bezug auf die körperliche und seelische Entwicklung unserer Kinder wie einzelne Mosaiksteine schließlich ein gesamtes Bild ergeben: Eine Frühgeburtenrate von 9 Prozent, eine Kaiserschnittrate von mittlerweile 33 Prozent, laufend zunehmende Zahlen von Allergien und Autoimmunerkrankungen bei Kindern, eine dramatische Zunahme von ADHS und Depressionen, historische Höchststände von Jugendlichen, die Nikotin und Alkohol konsumieren, Übergewicht und Bewegungsmangel – all das sollte der Gesellschaft zu denken geben. Denn offensichtlich ist menschlicher Nachwuchs in unseren wohlstandsverwöhnten Gesellschaften nicht nur seltener, sondern auch anfälliger geworden. Aber welchen Preis müssen unsere Babys und Kinder für den sogenannten Wohlstand ihrer Eltern bezahlen? Und mit welchen Hypotheken kommt unser Nachwuchs zur Welt?

Verwöhnen, Gewöhnen, Entwöhnen

Verwöhnen bedeutet: zu viel des Guten. So viel zu viel des Guten, dass es bereits wieder schadet, körperlich oder psychisch. Wer mit Schokolade verwöhnt wird, wird dick und unbeweglich. Wer jeden Wunsch erfüllt bekommt, wird antriebslos und auf Dauer unzufrieden. Wer immer gesättigt wird, wird niemals Hunger empfinden.

Aber was bedeutet Verwöhnung nun in Bezug auf die psychisch-emotionale Entwicklung von Kindern? Darf man Kinder verwöhnen? Dürfen sich Kinder an Verwöhnung gewöhnen? Und wann und wovon muss man Kinder entwöhnen? Und ab welchem Zeitpunkt ist es überhaupt möglich, ein Kind zu verwöhnen? Darüber sind sich Pädagogen und Psychologen seit jeher uneins.

Aus medizinischer Sicht kann der heranwachsende Fötus im Mutterleib noch nicht bewusst verwöhnt werden. Ihm kann lediglich – etwa in Form von Alkohol, Nikotin, Lärm, physischem und psychischem Stress – Schaden zugefügt werden. Man könnte also sagen: Ein bewusstes Fernhalten von Schäden, eine angenehme und behagliche Gestaltung der ersten Wohnung im Mutterleib, bedeutet eine erste Fürsorge, vielleicht auch eine erste sinnvolle und liebevolle Verwöhnung. Immerhin steckt ja auch das Wort „Wohnung" im Begriff „Verwöhnen".

Ein Blick zurück in die Evolutionsgeschichte des Menschen zeigt, dass die wichtigsten Bedürfnisse des Neugeborenen zu jeder Zeit Schutz und Nähe, Sicherheit und Nahrung sind. Kleine Kinder wurden viel getragen, denn die physische Nähe zur Mutter bedeutete nicht nur Schutz vor wilden Tieren und anderen Gefahren, sondern auch Wärme. Diese uneingeschränkte Nähe zur Mutter sorgte aber auch für eine optimale Reifung des Immunsystems, Stärkung des Vertrauens und damit letztlich auch Selbstsicherheit. Eigenschaften, die für ein späteres selbstständiges Leben unerlässlich waren und auch heute noch sind.

Aber worin besteht nun die Grenze zwischen einem notwendigen Normalmaß und einem Übermaß an mütterlicher Fürsorge? Wie wird ein liebevoll umsorgtes Söhnchen zum verwöhnten Muttersöhnchen? Die Antwort ist einfach: Das Muttersöhnchen hat nicht zu viel Liebe von der Mutter bekommen, sondern hat sie zu lange bekommen. Es wurde, im übertragenen Sinne, emotional nicht rechtzeitig abgenabelt.

Verwöhnen beginnt sowohl im emotionalen als auch im materiellen Bereich also erst dort, wo erste Schritte in eine Selbstständigkeit durch Überversorgung unterbunden werden. Dort, wo erste Schritte des jungen Menschen weg von seinen Eltern – in welcher Form und aus welchen Gründen auch immer – verhindert werden sollen. Entweder bewusst, weil Eltern denken: „Mein Kind soll in materiellen Angelegenheiten seinen Altersgenossen nicht nachstehen müssen", oder: „Mein Kind soll es besser haben als ich". Oder unbewusst, um sich durch Verwöhnen die Liebe der Kinder zu sichern, oder aus dem permanenten schlechten Gewissen heraus, bisher zu wenig Zeit, zu wenig emotionale Energie für das Kind aufgebracht zu haben. Ein Mangel, der im materiellen Bereich mit teuren Geschenken und im emotionalen Bereich mit falschverstandener Scheinliebe kompensiert werden soll.

Dabei ist es unerhört wichtig, Kinder erste Erfahrungen außerhalb des elterlichen Schutzes machen zu lassen. Wer einem Kind diese Erfahrung versagt oder vorwegnimmt, verwöhnt es in einem krankmachenden Sinn.

Und mit dieser Verwöhnung geht auf Dauer eine Gewöhnung einher. Ein Säugling oder Kind gewöhnt sich an eine liebevolle Umsorgung ebenso gerne, wie ein Erwachsener sich z. B. an Substanzen wie Nikotin und Alkohol gewöhnt. Eine Gewöhnung, die direkt in ein Suchtverhalten führen kann, das den Betroffenen zwingt, immer mehr von einer Substanz zuzuführen, um ein körperliches oder seelisches Wohlgefühl zu erhalten oder wiederherzustellen. Und nicht nur aus Perspektive der Medizin muss ein Zuviel an Gewöhnung mit einer Entwöhnung bezahlt oder therapiert werden. Je nach Sicht der Dinge.

Immer wieder höre ich von Müttern und Vätern den Satz: „Ich kann doch einem so kleinen Kind keinen Wunsch abschlagen." Die Palette dieser Wünsche reicht vom Schlafen im elterlichen Bett, der Forderung nach Schokolade, Süßigkeiten oder dem Smartphone der Eltern bis hin zum unbedingten Respekt gegenüber dem kindlichen Wollen oder Nicht-Wollen.

Unlängst hat ein Kind während einer sieben Minuten dauernden Untersuchung in meiner Ordination einen Lutscher, zwei Stücke Schokolade und das Versprechen der Mutter erhalten, dass es erstens auf keinen Fall ein Zäpfchen verabreicht bekommen und zweitens, wenn es sich auch noch ins rechte Ohr schauen lassen würde, eine Spielzeugpuppe als Draufgabe bekommen würde. Ich habe daraufhin die Mutter gefragt, warum sie denn ihrem Kind jeden Wunsch im Vorhinein, sofort und unreflektiert, erfülle. Daraufhin hat mich die Frau verschämt angelacht und gesagt: „Wissen Sie, ich werde in 14 Tagen wieder zu arbeiten beginnen, und da hab ich schon ein ordentlich schlechtes Gewissen der Kleinen gegenüber."

Verwöhnen muss aber nicht nur in der Erfüllung materieller Wünsche bestehen. Verwöhnen bedeutet auch ein Satz, den ich als Arzt oft zu hören bekomme: „Mein Kind weißt selber, was für es gut ist oder nicht." Oder, etwas konkreter: „Mein Kind will kein Zäpfchen." Nun ist es aber im medizinischen Notfall wie bei einem Erstickungsanfall oder einem Fieberkrampf aus ärztlicher Sicht keine Frage des kindlichen Willens, sondern der elterlichen Überzeugung, ob ein Kind ein Zäpfchen bekommt oder nicht. Schließlich dient die Beugung des kindlichen Willens in diesem Fall dem Überleben. Eine Situation, die sich im Laufe des Lebens in der einen oder anderen Form immer wieder bieten wird. Es kann nicht schaden, wenn Kinder so früh wie möglich lernen, mit solchen Gegebenheiten zurechtzukommen. Sie zu akzeptieren. Um eines höheren Gutes willen.

Wenn aber dem kindlichen Willen aus schlechtem Gewissen heraus stets nachgegeben wird, dann lernen Kinder perfekt, mit dem schlechten Gewissen ihrer Eltern umzugehen. Dass es dabei auf längere Sicht gesehen nur Verlierer geben kann, ist den Eltern nicht bewusst. Denn das schlechte Gewissen der Eltern bleibt, die Wünsche der Kinder werden – mit der Gewöhnung an die Verwöhnung – aber größer. Manchmal frage ich in solchen Situationen Eltern: „Und was werden Sie machen, wenn Ihr – jetzt noch – Kleiner später einmal einen Porsche will?" – „Na, so weit sind wir ja noch nicht", lautet dann oft die Antwort.

Verwöhnen kann man ein Kind also in materieller wie in emotionaler Hinsicht, und es lohnt sich, diese beiden Spielarten differenzierter zu betrachten: Eine materielle Form der Verwöhnung ist vor allem Kleinkindern und Kindern gegenüber höchst gefährlich. Wenn ein Kind einmal gelernt hat, dass ihm jeder materielle Wunsch, angefangen vom Plastiktraktor bis zum Computer, jederzeit und prompt erfüllt wird, kann und wird die Entwöhnung von dieser Erfahrung im späteren Leben schmerzhaft ausfallen. Kinder, die sich an einen ständigen materiellen Überfluss gewöhnt haben, werden im späteren Leben Schwierigkeiten haben, sich Ziele zu setzen und diese auch aus eigener Kraft zu erreichen. Weil es noch nie notwendig war, sich ein reales Ziel zu setzen. Weil die Kraft der Vorfreude fehlt. Weil sie das Warten nicht gelernt haben. Oder, wie Oscar Wilde das Dilemma treffend auf den Punkt bringt: „In dieser Welt gibt es nur zwei Tragödien. Die eine ist, nicht zu bekommen, was man möchte, und die andere ist, es zu bekommen."

Wer dagegen schon als Kind gelernt hat, in welcher Form auch immer einen eigenen Beitrag zur Erfüllung eines materiellen Wunsches leisten zu müssen, wird kompetenter und realistischer mit den ständigen Verlockungen der materiellen Wohlstandsgesellschaft umgehen können. Und wird vielleicht auch Arbeit, die dazu dient, ein selbst gesetztes Ziel zu erreichen, zumindest teilweise auch als freudvoll empfinden können.

Dazu sagte Neil Armstrong, US-amerikanischer Astronaut und erster Mensch am Mond, in einem Interview: „Die Leute reden viel von der Wirtschaftskrise, von den Entbehrungen. Sie sehen es falsch. Während der Wirtschaftskrise lebten die Menschen – die Eltern, die Kinder – mit der Geldknappheit. Es war nicht so bedrückend. Man dachte nicht daran. Man kam einfach nicht auf den Gedanken, sich etwas Besonderes zu leisten. Ich kaufte Flugzeugmodelle ohne Motor, weil es mir gar nicht in den Sinn kam, welche mit Motoren zu kaufen. Ich kaufte und baute mit Gummiband angetriebene Modelle. Ich fühlte mich deswegen gar nicht bedrückt. Ich wusste, was ich mir leisten konnte, und war sehr glücklich damit."

Anders verhält es sich mit der emotionalen Verwöhnung. Denn was einem kleinen Kind nicht in Form von Liebe, Zuwendung und Empathie mit auf den Lebensweg gegeben worden ist, kann später nicht mehr nachgeholt werden. Das Gefühl des Urvertrauens kann nur in der „individuellen Urzeit" unmittelbar nach der Geburt grundgelegt werden. Wer in den ersten Tagen, den ersten Wochen, den ersten Monaten und letztlich den ersten Lebensjahren die unbedingte und verlässliche Liebe von Mutter und Vater und anderen wichtigen Bezugspersonen wie Geschwistern oder Großeltern kennengelernt hat, wird spätere zwischenmenschliche Krisen besser bewältigen als ein Mensch, dem dieses Urvertrauen der Liebe fehlt. Und so wird, um es in einem plakativen Beispiel auf den Punkt zu bringen, eine im 13. Lebensjahr leichtfertig im Affekt gegebene Ohrfeige ein solides zwischenmenschliches Vertrauensverhältnis nicht zerstören können – wer aber schon im Kleinkindalter enttäuscht und verunsichert worden ist, wird durch keine noch so intensive psychologische Zuwendung menschliches Urvertrauen erwerben können.

Ein Baby oder Kleinkind kann also niemals mit Liebe und durch die Erfüllung emotionaler Wünsche verwöhnt werden. Diese Gefahr steigt erst mit zunehmendem Alter – erst dann wird es gefährlich, sämtliche emotionalen Wünsche des Kindes ständig und vorauseilend zu erfüllen.

Die Gefahr, ein Kind in materieller Hinsicht zu verwöhnen, sinkt hingegen mit zunehmendem Alter. Denn wer schon als Kind gelernt hat, sich über kleine Dinge zu freuen, zu warten, zu teilen und zu verzichten, wird später besser mit materiellem Wohlstand umgehen können. Wer gelernt hat, mit materieller Beschränkung umzugehen, wird auch später noch Dankbarkeit empfinden, wenn seine materiellen Wünsche befriedigt werden. Wird eine höhere psychosoziale und emotionale Kompetenz aufweisen, auch als erwachsener Mensch mehr Lebensfreude empfinden können.

Überreich beschenkte Kinder

Der einfachste Weg, um Kinder in materieller Hinsicht zu verwöhnen, sind Geschenke, mit denen die Kinder unserer Tage in übertriebenem Ausmaß überhäuft werden. Doch diese Art materieller Verwöhnung widerspricht völlig den eigentlichen Bedürfnissen von Kindern. Denn Kinder brauchen keine teuren Geschenke, sondern Zuwendung, geistige und körperliche Auseinandersetzung und gemeinsam verbrachte Zeit.

Zu Beginn ihres Lebens sind Kinder nicht materiell orientiert. Sie wollen lediglich genährt und angenommen werden. Wachsen. Körperlich und seelisch überleben. Dazu braucht es vor allem „Milch und Liebe". Körperliche Nähe. Später dann Vorlesen am Abend. Konversation. Eine mit Mutter und Vater gemeinsam gespielte Partie „Mensch ärgere dich nicht" oder ein Versteckspiel im Wald. All das hat für die kindliche Wahrnehmung und Entwicklung einen wesentlich höheren Stellenwert als teure elektronische Geräte, die dem Kind mit der Erwartungshaltung überlassen werden, dass es sich damit selbst beschäftigen und Ruhe geben soll. Und dennoch schenken wir – als Symptom der generellen Zeitlosigkeit unserer gegenwärtigen Gesellschaftskultur – unseren Kindern immer seltener Zeit, dafür immer häufiger Geld- oder Sachwerte.

Ein kurzer Blick zurück in das letzte Jahrhundert macht den Unterschied der damaligen Geschenkkultur zu den Gegebenheiten in unseren Tagen schnell begreifbar. Aufgrund der niedrigeren Lebenserwartung gab es nur sehr vereinzelt Urgroßeltern und auch nur wenige Großeltern, die als Schenker in Frage gekommen wären. So beschenkten vor allem die eigenen Eltern, in einem im Vergleich zu unseren Tagen wesentlich bescheideneren materiellen Umfeld, viele Kinde – noch in den 1960er Jahren durchschnittlich 2,6 Kinder.

Heute verhält es sich genau umgekehrt. Eine statistisch geringere Anzahl von Kindern – durchschnittlich 1,4 – erhält nunmehr Geschenke von vielen Erwachsenen. Unter anderem auch von jenen Familienmitgliedern, Onkeln und Tanten etwa, die kinderlos geblieben sind. Dazu gibt es noch Zuwendungen von der statistisch immer größer werdenden Gruppe der Groß- und Urgroßeltern. In den zahlreichen Scheidungs- und Patchworkfamilien treten noch die neue Partnerin des Vaters, der neue Partner der Mutter und diverse Patchworkgroßeltern als zusätzliche Schenker auf. Und ihre Motive liegen auf der Hand. Gemeinsam versuchen sie, sich durch den finanziellen Wert ihrer Geschenke einen möglichst großen Anteil der kindlichen Liebe und Zuneigung zu sichern. Um selbst anerkannt zu werden. Nicht nur zu Geburtstagen und zu Weihnachten, sondern auch zu Ostern, an Namenstagen, ersten und letzten Schultagen und zu unzähligen anderen Anlässen.

Niemand möchte in der Ehrbezeugung einem der selten gewordenen Kinder gegenüber zurückstehen. Schon längst ist das biblische „Du sollst Vater und Mutter ehren" auch in der Geschenkkultur unserer Tage einem „Du sollst die wenigen Kinder ehren" gewichen. Kinder, deren Sparguthaben das der Eltern übersteigt, sind keine Seltenheit mehr. Immer häufiger werden Enkel und Urenkel in Testamenten mit namhaften Beträgen berücksichtigt. Gerade den älteren Generationen scheint die Liebe und Zuwendung von Kindern so wichtig zu sein, dass ihnen keine Ausgabe zu hoch ist, um sie zu gewinnen. Denn während die erkaufte Liebe in Form der Prostitution nach wie vor eine gesellschaftliche Ausgrenzung erfährt, denken wir uns nichts dabei, die Liebe von Kindern – letztlich nicht weniger rücksichtslos und menschenverachtend – erkaufen zu wollen.

Niemand denkt daran, inwieweit dieser kaum zu bremsende Zufluss von materiellem Wohlstand die Erziehungsbemühungen der Eltern beeinflusst und beeinträchtigt. Und niemandem fällt auf, dass dieser desaströse Wettbewerb um die Gunst von Kindern einzig und allein diesen selbst schadet. Denn so wird ihnen die Möglichkeit genommen, Ausdauer, Geduld und das „Warten-Können" zu erlernen und später dafür belohnt zu werden.

Und gleichzeitig wird ihnen auch die Erfahrung der Vorfreude geraubt. Das Sprichwort, dass die Vorfreude die schönste Freude sei, scheint ausgedient zu haben. Anders lässt sich nicht erklären, dass Kinder ein ständiges Weihnachten ohne vorherigen Advent, ein ständiges Osterfest ohne vorherige Fastenzeit erleben, dass zusammen mit der Religion auch die Fastentage aus dem Alltagsleben verschwunden sind und mit ihnen auch das befriedigende Erlebnis eines knurrenden Magens und der genussvollen Sättigung.

Und noch einen Aspekt gilt es zu bedenken: Bringen die Eltern oder Großeltern die Größe ihrer Liebe zum Kind durch einen möglichst hohen finanziellen Wert des Geschenks zum Ausdruck, so mag das, aus der Sicht von Kinderaugen, ein wünschenswerter und idealer Zustand sein. Allerdings wird dieser frühkindliche Geschenkesegen nicht das ganze Leben über anhalten können. Denn je größer der Mensch wird, desto größer werden auch die materiellen Wünsche. So ist es nicht weiter verwunderlich, wenn sich in der modernen Wohlstandsgesellschaft schon Kindergarten- und Schulkinder zu Weihnachten elektronische Unterhaltungsgeräte wünschen, die sich finanziell gesehen in der Größenordnung eines kleinen Monatsgehaltes bewegen. Und schwerer noch wiegt die Tatsache, dass Kinder mit erschreckender Selbstverständlichkeit diese Geschenke auch erhalten.

Das dachte sich wohl auch eine Patientin, die mich kürzlich um Rat gebeten hat: „Mein vierjähriges Enkelkind bekommt alles, was es will. Und wenn die Eltern, was ohnehin selten genug vorkommt, einmal nein sagen, sind schon die anderen Groß- und Urgroßeltern zur Stelle. Ich sage Ihnen, der bekommt einfach alles. Und bei jedem Geschenk reißt er nur noch die Verpackung auf, wirft einen Blick auf das Spielzeug und rührt es nie wieder an, weil er ohnehin schon viel zu viel hat. Ich weiß einfach nicht mehr, was ich tun soll. Ich kann da doch nicht einfach zuschauen! Was soll denn da einmal herauskommen?"

Hat sich in einer Familie einmal eine derartige Geschenkkultur aufgebaut, bei der sich alle Familienmitglieder gegenseitig zu übertrumpfen versuchen und so eine regelrechte Geschenkorgie inszenieren, dann ist es nicht mehr leicht, eine Lösung zu finden.

Mein Rat lautet daher: Sprechen Sie sich innerhalb der Familie, auf eine respektvolle, reflektierte und verantwortungsbewusste Art und Weise, untereinander ab, um im Sinne einer gemeinsamen Verantwortung für das kindliche Wertesystem eine sinnvolle Geschenkkultur zu finden. Und haben Sie keine Scheu, Kinder in materieller Hinsicht knapp zu halten. Schenken Sie ihren Kindern dafür Zeit. Ihre Zeit. Ihre volle Aufmerksamkeit. Bei einem Ausflug oder einem Spiel. Zumindest zeitweise. Dann müssen Sie auch kein schlechtes Gewissen haben, wenn Sie später wieder Zeit für sich selbst in Anspruch nehmen. Denn auch Ihr Kind muss lernen, dass Zuwendung ein Geschenk ist.

Kinder brauchen Grenzen

Auf einem Langstreckenflug hatte ich vor einiger Zeit ausführlich Gelegenheit, eine dreiköpfige Familie mit ihrer ca. zweijährigen Tochter in der Business-Class zu beobachten:

Schon vor dem Einsteigen benimmt sich der betont gepflegte Vater dem Bodenpersonal gegenüber so, als würde er nicht ein Kind, sondern eine Kiste Gold an Bord bringen und diese ganz öffentlich heimlich verstauen wollen. Er möchte zwar von allen gesehen, aber trotzdem nicht bemerkt werden. Anders ist sein widersprüchliches Verhalten nicht zu erklären: „Dürfen wir als Erste einsteigen, wegen unserem Mausibärli? Damit sie sich schon hinsetzen kann?" Mit bedeutungsvoll-besorgtem Blick auf seine Tochter, die auf einem Plastikdreirad im Terminal auf und ab fährt, fügt er fordernd hinzu: „Wir wollen Ihnen aber keine Umstände machen."

Aber genau die macht er. Und zwar ganz bewusst. Denn er ist der „Besitzer" des einzigen Kleinkindes auf diesem Flug. Und das sollen ruhig alle sehen, das einzigartige Kind auf einem der Business-Class-Sitze.

Die Frau am Gate traut sich natürlich nicht, nein zu sagen. Das wäre gegen den Zeitgeist und schlecht fürs Geschäft der Fluglinie. Nur ihre Gesichtszüge können ihre wahre Meinung nicht verbergen. Aber die sieht Mausibärlis Vater nicht.

Beim Einsteigen der anderen Passagiere ist das Mausibärli dann mit einem riesigen Kuschelhasen ständig zwischen den Sitzreihen unterwegs und behindert das Boarding. Der Vater interveniert vorsichtig: „Schatzi, schau doch, die anderen Menschen müssen auch noch da durchgehen und sich hinsetzen, sonst kann das Flugzeug ja nicht wegfliegen." Das Kind bleibt ungerührt mitten im Gang stehen. Ältere Passagiere lächeln unsicher, verstimmt, manche gequält, etliche sichtlich verärgert. Fremde Menschen werfen einander eindeutige Blicke über die Sitzreihen hinweg zu. Niemand scheint das provokante Kind besonders lieb zu finden. Die auffallend geschminkte Mutter ergänzt: „Und du willst doch sicher, dass wir bald nach Hause zu deinem Kätzchen kommen, oder?" Auffällig lautstark, denn wer Business fliegt, ist selbstsicher. Auch Mausibärli, denn sie bleibt mitten im Gang stehen. Offensichtlich hat sie es nicht eilig, zu ihrer Katze zu kommen.

Eine Flugbegleiterin hat den Tumult bemerkt, hebt das Kind vorsichtig und doch bestimmt vom Gang hoch und setzt es auf seinen Platz. Der Gesichtsausdruck der Mutter wirkt dabei versteinert. Offensichtlich hat es noch nie jemand gewagt, ihr Kind von einer unpassenden Stelle zu entfernen. Aber ich staune nicht schlecht, als sie dann sogleich die gestresste Stewardess mit zuckersüßer Stimme fragt: „Könnten wir bitte noch ein Glas Milch für die Kleine haben?"

Als Zuschauer bin ich kurz davor zu explodieren. Was soll das? Jetzt, noch vor dem Abflug, während die Flugbegleiterin im Stress ist, um das Boarding rasch abzuschließen, sorgt sie mit Sonderwünschen für zusätzliche Unruhe? Und außerdem: „noch"? Als ob das der allerletzte Wunsch für diesen Flug wäre?

Aber bevor ich selbst explodieren kann, erledigt das erstaunlicherweise das Kind selbst für mich. Mausibärli beginnt zu brüllen. Und weder dem Vater noch der Mutter gelingt es, die tobende Tochter in ihrem Sitzplatz festzuschnallen. „Schau, Schatzi, wir machen es mit dem Hasen genauso, das willst du doch, dass der Hase auch mit dir nach Hause fliegt, oder?" Ihre Stimmen sind dabei demonstrativ ruhig, getragen und gleichzeitig doch laut genug, dass sie in der ganzen Kabine vernehmbar sind. „Zeig doch, wie brav die Sofie ist." Süßlich, säuselnd und gequält. Die Szenen wirken wie aus einem oft gegebenen Theaterstück. Oder wie aus einem Buch über Kindererziehung auswendig gelernt.

Dann wechseln die Eltern, immer noch das Einsteigen behindernd, ihre Sitzplätze. „Willst du lieber bei deinem Papi sitzen?" Und vom anderen Platz höre ich: „Oder willst du lieber zur Mami?" Die Stimmen überbieten einander dabei an verführerischer Zuckersüße.

Aber die Kleine schreit. Wehrt sich mit Händen und Füßen. Tobt.

„Was hat die Mama dir denn getan?", fragt die Mutter. Emotionslos. Mit perfekt konturierten Lippen. Es klingt wie einstudiert. „Ist Mami denn nicht lieb genug zu dir?" Und ich denke bloß: Wenn nur ein Funken von Liebe in deinem makellosen Äußeren wäre, würdest du das Kind wenigstens ein einziges Mal zurechtweisen, energisch zur Ruhe ermahnen und am Sitz festschnallen.

Bis zum Abheben der Maschine sind Vater und Mutter schweißgebadet – wie Schauspieler im Rampenlicht –, aber noch immer hat niemand der Kleinen Einhalt geboten. Erst als das monotone Geräusch der Turbinen und die Erschöpfung das süße Mausibärli in den Schlaf wiegen, wird das Kind von seiner verzweifelten Suche nach Grenzen erlöst. Zumindest vorübergehend.

Nach 10 Stunden und 50 Minuten endet das Drama nicht anders, als es begonnen hat. Schatzi will sich zur Landung nicht mehr hinsetzen. Schatzi will gar nichts mehr. „Jetzt musst du dich aber schon auf deinen Sitz setzen, der Papa hat ja extra einen teuren Sitzplatz für die Sofie gekauft, Mausibärli." Der Preis des Sitzplatzes ist dem Kind aber völlig egal. Denn ein Platz in der Business-Class macht ohnehin nur für einen Erwachsenen Sinn, für Mausibärli ist jeder Sitzplatz in der Maschine groß genug. Beziehungsweise Mausibärli samt Hasen klein genug.

Und während das Flugzeug zur Landung ansetzt, wird mir bewusst: 10 Stunden und 50 Minuten lang habe ich weder vom Vater noch von der Mutter ein einziges „Ich" gehört. Keine Authentizität erlebt. Keine einzige Abgrenzung der eigenen Bedürfnisse von denen des Kindes. Kein einziges: „Bis hierher und keinen Schritt

weiter." Keine Grenzziehung zwischen „Ich" und „Du".
Nur eingelerntes Rollenspiel. Aufgesetztes Verhalten.
Erst nach dem Aufsetzen der Maschine auf der Roll-
bahn gibt es einen kurzen Moment annähernder Ehrlichkeit, als der erschöpfte Vater vorwurfsvoll sagt – an
seine Tochter gerichtet, aber an seine Frau adressiert:
„Das war jetzt aber schon ein ziemlicher Papa-Flug,
Mausibärli." Und ich denke an die unzähligen Psycho-
therapiestunden, die das an der Misere eigentlich un-
schuldige Mausibärli später einmal brauchen wird, um
ein einigermaßen normales Leben führen zu können.
Stunden, die wesentlich teurer sein werden als die drei
Business-Class-Sitzplätze zusammen. Dann endlich
dürfen wir aussteigen und unserer Wege gehen.

Grenzen begleiten den Menschen von der Geburt bis zum
Tod. Physikalische Grenzen, körperliche und emotionale
Grenzen, Staatsgrenzen, Leistungsgrenzen, Gesetze und
gesellschaftliche Normen. Regeln, Verhaltenskodizes,
Umgangsformen und Verordnungen beeinflussen zu jedem Zeitpunkt des Lebens dessen Entfaltung und Verlauf.
Grenzen bedeuten Orientierung und Sicherheit. Von der
Enge des Geburtskanals über die ersten Bewegungserfah-
rungen in den Grenzen der Gitterstäbe einer Gehschule,
ein Alltag an der Grenze zwischen Erdoberfläche und
Weltall bis zur Grenze des Todes – Leben bedeutet ständige Auseinandersetzung mit Grenzen und Widerstand. Es
bedeutet, an Grenzen zu stoßen, eigene Grenzen zu finden,
Abgrenzung zu schaffen, sich innerhalb von Grenzen zurechtzufinden. Je besser ein Mensch all diese Grenzen erkennt und in den eigenen Lebensentwurf integriert, umso
freier kann er sich entwickeln. Denn Freiheit bedeutet
nicht Grenzenlosigkeit, sondern ein gutes Zurechtkommen mit vorgegebenen Grenzen.

Auch der menschliche Organismus ist nichts anderes als eine komplexe Verwebung von physiologischen Regelkreisen und physikalisch-chemischen Abläufen innerhalb festgelegter Grenzen. Menschliches Leben, wie wir es kennen, kann nur innerhalb der Grenzen eines sehr schmalen physikalisch-chemischen Zustandsbereiches von Erdoberfläche und Atmosphäre stattfinden, die Kraft der Gravitation hat im Lauf der Evolution die Struktur des Bewegungs- und Stützapparates maßgeblich beeinflusst und damit die körperliche Formgebung des Menschen physikalisch begrenzt. Auch die Wahrnehmungsbereiche von Licht und Schall durch die menschlichen Sinnesorgane finden innerhalb sehr enger Grenzen statt.

Wo und wann immer Grenzen verletzt oder übertreten werden, entstehen Prozesse der Auseinandersetzung. An Staatsgrenzen können solche Prozesse Krieg bedeuten, an der Haut als Körpergrenze die Entwicklung von Allergien oder Entzündungen. Infektionen sind so gesehen Kriege zwischen körpereigener Abwehr und unerwünschten viralen oder bakteriellen Angreifern. Das laufende Zurechtkommen mit Grenzen scheint also ein wesentlicher Bestandteil jedes störungsfreien körperlichen und psychischen Wachsens und des menschlichen Funktionierens zu sein – nicht umsonst wissen wir von vielen psychiatrischen Erkrankungen, dass sie durch ein Nicht-Zurechtkommen mit vorgegebenen Grenzen ausgelöst werden können.

All das bedeutet, dass das Kennenlernen von Grenzen und des erforderlichen Umgangs mit ihnen eine enorme Bedeutung für die Entwicklung eines neuen Menschen hat. Denn es liegt auf der Hand, dass aus abgöttisch geliebten, verwöhnten Kleinst- und Kleinkindern, die nie an Grenzen gestoßen sind, leicht Tyrannen werden können.

Kinder suchen und finden Grenzen nicht nur in ihrer psychoemotionalen Entwicklung, sondern auch während ihrer körperlichen Reifung. Eine natürliche Aufgabe des Kindes, und das vom Zeitpunkt der Zeugung an, ist es, zu wachsen, bis es an Grenzen stößt. Diese Grenzen sind bereits während des Embryonalstadiums (bis zur 10. Schwangerschaftswoche) durch genetisch vererbte Sollwerte festgelegt und werden im anschließenden Fetalstadium (von der 11. Schwangerschaftswoche bis zur Geburt) mechanisch gesehen durch die maximal mögliche Ausdehnung der Gebärmutter und während der Geburt durch die anatomischen Verhältnisse des Geburtskanals determiniert.

Aber das Wachsen, Suchen und Finden geht unmittelbar nach der Geburt weiter. So findet der erste Kontakt mit der Mutter außerhalb ihres Körpers an den jeweiligen Grenzflächen der beiden Menschen statt. Haut an Haut, aneinandergeschmiegt, findet eine erste Abnabelung und damit die erste bedeutende Grenzziehung im Zusammenleben der beiden Menschen statt.

Wachsen bedeutet also: Grenzen zu suchen und an Grenzen zu stoßen. Grenzen zu überwinden und hinter sich zu lassen. Abschied zu nehmen und sich neuen Zielen, dem Kennenlernen von neuen Grenzen zuzuwenden.

Ob ein neu gestecktes Ziel erreicht werden kann oder nicht, hängt – nicht nur während der kindlichen Entwicklung, sondern ein ganzes Leben lang – einerseits von der Energie und Zielstrebigkeit des Kindes, andererseits von dem Widerstand ab, der ihm von seiner Umwelt her entgegenwirkt. Von der Konsistenz der neuen Grenze sozusagen. Ob sie starr oder nachgiebig ist. Ob sie unüberwindbar oder bezwingbar erscheint. Denn Kinder beurteilen eigene Erfolge nicht nur daran, ob sie ihre Ziele vollständig erreichen, sondern auch daran, ob es ihnen gelingt, von den Eltern aufgezeigte Grenzen zu verschieben oder gar aufzuheben. Zunächst vorübergehend, später dann dauerhaft.

Denken wir dabei z. B. an die Diskussionen mit Pubertierenden, wie lange diese in der Nacht ausbleiben dürfen.

Wir finden hier ein Grundprinzip wieder, das wir aus der Naturwissenschaft kennen – diese zwar vereinfachende, aber mathematisch und physikalisch verständliche Reduktion der Zusammenhänge auf eine formelhafte Betrachtung kann oft hilfreich sein: In der Kindererziehung entdecken wir die physikalische Aussage vom Gleichgewicht der Kräfte: „actio est reactio", bekannt als das dritte Newton'sche Axiom. Dieses Gesetz besagt: Wenn ein Körper eine gewisse Kraft auf einen anderen Körper ausübt, wird er selbst von diesem anderen Körper – den Massenverhältnissen entsprechend – zurückbeeinflusst. Wenn bei dieser Wechselwirkung zwischen zwei Körpern auch der Bewegungszustand eines Körpers geändert wird, so erfolgt die gleiche Änderung für den anderen Körper in die entgegengesetzte Richtung. Das bedeutet, dass nicht nur die Erde den vom Baum fallenden Apfel anzieht, sondern der fallende Apfel auch eine – entsprechend seiner Größe geringe – Anziehungskraft auf die Erde ausübt.

Die Gültigkeit dieses physikalischen Phänomens bleibt aber nicht nur auf Festkörper beschränkt, sondern lässt sich im Gedankenmodell auch sehr gut auf das „Eltern-Kind-System" übertragen: Nicht nur die Grenzziehungen der Eltern üben eine psychische Kraft auf die Kinder aus, auch die psychische Kraft, die Kinder diesen Grenzen entgegensetzen, verändert die Eltern und ihre Intentionen und Einstellungen.

Meine Frau hat unsere Kinder alle bis zum sechsten Monat voll gestillt. Das hat auch bedeutet, dass sie in der Nacht meist einmal aufgestanden ist und die hungrigen weinenden Säuglinge mit einer Brustfütterung beruhigt hat. Danach haben die Kinder untertags zwar gewöhnliche Babynahrung bekommen, aber sie war weiterhin bereit, sie noch ungefähr bis zum Ende des neunten Lebensmonats am Abend vor dem Einschlafen noch einmal mit der Brust zu versorgen. Danach war es ihr ein Bedürfnis, zur Gänze abzustillen, nicht zuletzt auch deshalb, weil die Kinder mit ihren wachsenden Zähnen ihre Brustwarzen immer öfter durch ihre schmerzhaften Bisse verletzten.

So gut diese Art der Nahrungsversorgung bei unserem ersten und später dann auch bei unserem dritten Kind funktioniert hat, so gab es Probleme mit unserem Mittleren, einem charmanten Sohn, der schon als Kleinkind mit seinem Blick alles erreichen konnte – zumindest bei fremden Menschen. Obwohl meine Frau und ich uns fest vorgenommen hatten, unter keinen Umständen ein Sandwichkind heranziehen zu wollen, sollte uns Felix eines Besseren belehren.

Denn als meine Frau nach neun Monaten abstillen wollte, dachte Felix nicht daran, auf die allabendliche Verwöhnung zu verzichten. Zwar war es kein Problem, ihn gemeinsam mit seinem älteren Bruder zu Bett zu bringen, allerdings wachte er dann regelmäßig zwischen ein und zwei Uhr in der Nacht auf und schrie. Alle Versuche, ihn durch Streicheln und liebevolles Zureden zu beruhigen, schlugen fehl. Einzig und allein ein Fläschchen Kakao konnte das kleine Bündel Mensch beruhigen. Also bürgerte sich im Laufe der Wochen und Monate ein nächtliches Fläschchen Kakao für Felix ein, wobei ich mir diese Aufgabe anfangs mit meiner Frau teilte.

Nach einiger Zeit begann Felix, zweimal in der Nacht nach der Kakaoflasche zu verlangen. Meine Frau machte mir rasch klar, dass sie nicht gewillt sei, sich von unserem zuckersüßen Sohn weiter nachts wach halten zu lassen. Denn sie war überzeugt, dass es sich schon lange nicht mehr um Hunger oder Durst, sondern um einen beginnenden Machtkampf handelte – und auch mir selbst war als Arzt klar, dass es keine körperliche Notwendigkeit gab, unseren Sohn mehrmals pro Nacht mit Flüssigkeit zu versorgen. Deshalb, so beschloss meine Frau, würde sie sich von diesen nächtlichen Kakaoeskapaden zurückziehen, zumal sie mittlerweile zum dritten Mal schwanger geworden war. Und außerdem war ihr Standpunkt stets und für alle unsere Kinder, dass wir sie am Tag mit Liebe versorgten, dass die Nacht für die Familie aber im Großen und Ganzen zum Schlafen da sein sollte. In diesem Sinne hat sie auch unserem Sohn erklärt, dass sie ab jetzt in der Nacht kein Kakaofläschchen mehr zubereiten würde. Und ich bin mir auch heute noch sicher, dass er mit seinen damals 13 oder 14 Monaten bereits jedes ihrer Worte verstanden hat.

Allerdings stellte mir meine Frau frei, den Kleinen in der Nacht selbst mit Kakao zu versorgen, wenn ich wollte. Es bürgerte sich also ein Ritual zwischen mir und meinem kleinen Sohn ein: Irgendwann mitten in der Nacht richtete sich Felix in seinem Gitterbett auf und rief klar und deutlich: „Papa, Kakao, Kakao." Mehr oder weniger leicht stand ich dann auf, nahm meinen Sohn in den Arm und ging mit ihm in die Küche hinaus, wo ich schon am Abend zuvor das Kakaofläschchen vorbereitet hatte, wärmte es in der Mikrowelle, setzte mich dann mit meinem Liebling und dem warmen Fläschchen in einen Fauteuil im Wohnzimmer und ließ ihn trinken, so viel und so lange er eben wollte. Dann küsste ich ihn und brachte ihn zurück in sein Bett, wo der Kleine anstandslos einschlief.

Bis es irgendwann zur nächsten Eskalationsstufe kam. Denn eines Nachts, in dem Augenblick, in dem ich mich niedersetzte und das Fläschchen zu Felix' Mund führte, begann dieser, seinen Kopf zu schütteln und „Nein" zu sagen. Liebevoll fragte ich also: „Willst du lieber keinen Kakao?" Wieder schüttelte Felix seinen Kopf, worauf ich ankündigte: „Dann bring ich dich also ins Bett zurück?" Felix schien damit einverstanden zu sein, und tatsächlich schlief er wieder ein, auch ohne den Kakao getrunken zu haben.

Einige Nächte später passierte Folgendes: Am Weg zurück ins Kinderzimmer begann Felix doch wieder das Fläschchen zu verlangen, indem er die Worte „Kakao, Kakao" wiederholte. Also drehte ich um, nahm das abgestellte Kakaofläschchen wieder zu Hand, setzte mich wieder, und Felix trank ein paar Schlucke, um sich dann anstandslos wieder ins Bett bringen zu lassen. Spätestens zu diesem Zeitpunkt, so glaube ich rückblickend, wurde auch mir klar, dass es schon längst nicht mehr um den Kakao ging, sondern um ein Machtspiel und ein Austesten von Grenzen.

Die Sequenz zwischen dem Fauteuil und der Kinderzimmertür, bei der Felix dann doch wieder „Kakao, Kakao" sagte, wurde nun immer öfter und in immer kürzeren Abständen wiederholt: Zuerst forderte er an der Kinderzimmertür doch seinen Kakao, wollte ihn aber dann, wieder im Wohnzimmer angelangt, nicht mehr und beim Zurückbringen in sein Zimmer aber doch wieder. Manchmal lachte ich noch darüber, aber immer häufiger brachte mich mein Sohn in eine Stimmungslage, die weit mehr mit Zorn und Wut als mit Liebe und Verständnis zu tun hatte. Meine Frau hielt ihrerseits fest, dass ich die Situation ganz alleine verschuldet hätte und sie mein Verhalten für die kindliche Entwicklung nicht gutheißen würde, auch wenn sie mir weiterhin freie Hand lasse. Und irgendwann war ich dann so weit.

Felix, inzwischen schon fast zwei Jahre alt, hatte mich an den Rand des Wahnsinns gebracht. Um drei Uhr in der Früh, und nach mehreren allerletzten frustranen Versuchen mit dem Fläschchen, erklärte ich ihm, dass ich ab jetzt das ganze Gitterbett samt Inhalt einfach ins Wohnzimmer stellen und ihn dort schreien lassen würde, solange er eben wollte. Ich sprach lange, liebevoll und ausführlich mit ihm darüber. Ich erklärte ihm mein Bedauern, aber auch, dass er jetzt schnell lernen müsse, die von mir gesetzte Grenze zu akzeptieren. Mein Entschluss war unumstößlich, denn als Vater und Arzt war mir mittlerweile klar, dass Felix schon lange kein Fläschchen mehr brauchte, sondern eine klar und konsequent gezogene Grenze.

Der Rest ist schnell erzählt: In der ersten Nacht schrie unser Sohn drei volle Stunden durch. Meiner Frau und mir blutete das Herz, des Öfteren standen wir abwechselnd oder gemeinsam auf und besuchten das schreiende Kind im Wohnzimmer, um ihm zu sagen, dass wir zwar da seien, er jetzt aber unbedingt lernen müsse, in der Nacht durchzuschlafen. In der Nacht darauf schrie Felix nur noch eine Stunde. In der dritten und vierten Nacht waren es nur mehr 10 oder 20 Minuten, ehe er sich von selbst hinlegte und weiterschlief. Und ab der fünften Nacht schlief Felix dann, wie sein großen Bruder auch, die ganze Nacht durch.

Im Rückblick bin ich überzeugt, dass gerade diese Episode meine Beziehung zu unserem zweiten Sohn intensiviert und dass uns diese schmerzhafte Grenzziehung aneinandergeschweißt hat. Nicht zuletzt deshalb, denke ich, hatten wir später, vor allem in seiner Pubertät, einen belastungsfähigen Zugang zueinander. Und es freut mich, dass mir unser inzwischen erwachsener Sohn erlaubt hat, diese Geschichte aus seiner Kindheit zu erzählen.

Keine Konsequenz ist schlimmer als Inkonsequenz

Der biblische Satz: „Du bist Petrus, und auf diesen Felsen will ich meine Kirche bauen", könnte auch von einem Kind zu seinen Eltern gesprochen worden sein. Dann würde dieser Satz sagen: „Bitte sei fest, sei stabil und verlässlich, bitte gib mir ein festes Maß vor, an dem ich mich orientieren kann." Denn nichts ist für ein Kind schlimmer als Eltern, die ständig ihre Meinung, ihre Richtlinien und ihr Verhalten dem Kind gegenüber ändern. Kinder suchen Kontinuität, Zuverlässigkeit und Verlässlichkeit. Sie verzeihen ihren Eltern ein Fehlverhalten, eine Überreaktion oder eine Ungerechtigkeit viel leichter als Wankelmütigkeit und Inkonsequenz. Denn Kinder haben nicht nur ein Recht auf positive Emotionen, Kinder haben auch ein Recht auf Frustration – hier wie dort gilt, wie stets, der Satz des Arztes Paracelsus: „Die Dosis macht das Gift."

Ein Vater hat mir einmal erzählt, dass er sich, nach einer im Rückblick übertriebenen Bestrafung, am nächsten Tag bei seinem fünfjährigen Sohn entschuldigen wollte. Der aber habe ihn schnell unterbrochen und gesagt: „Nein, Papa, das ist schon in Ordnung, wenn du das gesagt hast, dann ist es auch für mich so. Du musst dich nicht entschuldigen." Sowohl angekündigte Belohnung als auch angekündigte Bestrafung erzeugen im Kind eine Erwartungshaltung.

Niemand käme auf die Idee, eine Belohnung, die er einem Kind einmal versprochen hat, ohne handfesten Grund abzuerkennen. Jeder wird seinem Kind das versprochene Stück Schokolade, wenn es die dafür verlangte Leistung erbracht hat, mit Stolz und Freude überreichen. Nicht nur, um damit der Erwartungshaltung des Kindes zu entsprechen, sondern auch, weil er dieser Aufgabe gerne nachkommt. Was also im Fachjargon als „positives Feedback" bezeichnet wird, erzeugt auf beiden Seiten prinzipiell positive Emotionen. Im Wirtschaftsjargon würde man von einer Win-win-Situation sprechen. Man könnte auch sagen: Belohnen bedient das Lustprinzip. Eine in Aussicht gestellte Belohnung erzeugt Lust. Lust erzeugt freudige Erregung und Energie. Diese Energie hilft, das vorgegebene Ziel zu erreichen, um so Anspruch auf die Belohnung zu erhalten.

Auf der anderen Seite bereitet eine in Aussicht gestellte Bestrafung weder dem betroffenen Kind noch seinen Eltern Freude. Negatives Feedback wird also auf beiden Seiten mit negativen Emotionen behaftet sein.

Dennoch sind Belohnung und Bestrafung, positives und negatives Feedback, zwei gleichwertige Erziehungsinstrumente, ebenso wie Addition und Subtraktion ebenbürtige mathematische Operationen darstellen. Und kein wissenschaftlich denkender Mensch käme auf die Idee, die Addition für sympathischer als die Subtraktion zu erklären.

In der Erziehungsrealität zeigt sich allerdings ein anderes Bild. Während niemand zögert, eine zugesagte Belohnung zu erfüllen, werden angekündigte und angedrohte Bestrafungen nur allzu leicht und allzu gerne vermieden oder abgemildert. Weil sich, siehe „actio est reactio", Erwachsene nicht gerne der negativen Emotion des Strafen-Müssens aussetzen wollen. Entweder bekommt das Kind eine weitere Chance zugestanden, oder die Bestrafung wird mit verschiedensten Ausreden ausgesetzt.

Ich erinnere mich sehr gut an die Zeit, als im Freundes- und Verwandtenkreis bekannt wurde, dass meine Frau und ich unser erstes Kind erwarteten. Wir lebten damals in einem frisch renovierten Haus, das nach unseren Wünschen und Vorstellungen eingerichtet war. In einem Wintergarten standen zwei Hydrokulturen, ein Gummibaum und eine Palme in Tontöpfen, die bis zum Rand hin mit Lecakörnern, einem aus Blähton hergestelltem Substratersatz, angefüllt waren.

Ausgerechnet diese Körner waren es, die einem Teil unserer damaligen Freunde Kopfzerbrechen bescherten, um das wir sie gar nicht gebeten hatten. Sie warnten uns mit scharfen Sätze wie „Die Hydrokulturen könnt ihr jetzt aber entsorgen!" oder, etwas milder, „Die Körner in den Hydrokulturen müsst ihr jetzt aber mit einem Gitter abdecken!" vor der Gefahr, die von unserem Kind ausgehen würde. Unterschwellig schwang darin auch eine gewisse Häme mit, dass jetzt bald Schluss mit unserem Leben in Luxus und häuslicher Beschaulichkeit wäre.

Fast naiv fragten wir nach, was denn an den Hydrokulturen so gefährlich sein sollte. Meine Frau dachte vor allem daran, dass die Freunde Angst hätten, unser Kind könnte an einem solchen Lecakorn ersticken. Aber weit gefehlt. Es ging ihnen gar nicht so sehr um das Wohl unseres Kindes als vielmehr um all jene größeren und kleineren Katastrophen, die durch ein Kind verursacht werden könnten. Denn sobald das Kind sich an einem der Tontöpfe aufrichten würde können, wäre es nur noch eine Frage der Zeit, bis es mit seinen kleinen Händen die Lecakörner zu Hunderten aus dem Topf herausschaufeln und im ganzen Wohnbereich verstreuen würde.

Schon damals reagierten meine Frau und ich eher gelassen auf die gut gemeinten Provokationen. „Nein", so meinten wir einstimmig, „im Gegenteil, mit Hilfe der Hydrokulturen wird unser Kind die Bedeutung des Wortes Nein kennenlernen."

Und so sollte es dann auch kommen. Knapp vor seinem ersten Geburtstag begann unser ältester Sohn tatsächlich, zu den Hydrokulturen zu krabbeln und sich an den Töpfen aufzurichten. Schwankend und unsicher, aber doch mit eisernem Willen hielt er sich mit einer Hand am Topfrand fest und begann voller Freude, mit der anderen Hand die Tonkörner im Wintergarten zu verstreuen. Dabei strahlte er uns mit dem Lächeln eines Siegers an. Offensichtlich wusste der kleine Mensch bereits ganz genau, dass er unsere Ordnung verletzen und sein Verhalten nicht unsere ungeteilte Zustimmung finden würde.

Wenn dann meine Frau oder ich ein lautes und deutliches „Nein!" ausstießen, hielt er mit seiner Tätigkeit zwar kurz inne, blickte mit neugierigem und provokantem Kinderblick in unsere Augen, fuhr dann aber ganz demonstrativ mit dem Verteilen der Tonkörner fort. Daher begannen wir, zugleich mit dem „Nein!" seine rechte Hand festzuhalten und ihn dadurch an seiner Arbeit zu hindern. Nach einer kurzen Weile gaben wir seine Hand wieder frei, wiederholten aber laut und deutlich das klare Nein.

Diese Erziehungsmaßnahme ließ ihn zumindest für einige Zeit von seiner Tätigkeit ablassen. Allerdings nur, um nach etlichen Blicken in unsere Richtung mit seinem ersten kleinen Krieg gegen den Willen der Eltern fortzufahren. Nach jeder unserer Interventionen schaute er uns wieder mit seinem unschuldigen kindlichen Lächeln an, anscheinend um sich zu vergewissern, dass jede negative Stimmung aus unseren Gesichtszügen verflogen wäre.

Interessiert konnten wir beobachten, wie er sich bemühte, seine Grenzen von Nein zu Nein auszuweiten und auszutesten. Denn immer wieder war das Geräusch der Tonkörner am Fußboden zu hören. Also kündigten wir ihm schließlich an, dass er beim nächsten Verstoß gegen unser Nein für eine gewisse Zeit in sein Gitterbett verfrachtet werden und dort bleiben würde, bis er gelernt hätte, dass dieses „Nein!" absolut ernst gemeint sei. Und spätestens nach dem fünften Aufenthalt im Gitterbett sind unser Nein und seine Konsequenzen für unseren Sohn verständlich und nachvollziehbar geworden.

Kinder machen regelmäßig die Erfahrung, dass ihrem eigenen Willen ein elterliches „Nein" entgegengesetzt wird. Das sorgt natürlich primär für Frustration, aber später auch für Frustrationstoleranz. Es ist nur natürlich, dass es Eltern schwerfällt, ihrem Kind eine solche Frustration in Form einer Bestrafung zuzufügen – aber sie ist, ebenso wie eine Belohnung, ein wichtiger Teil jeder Erziehung.

Und nichts ist schlimmer, als das „Nein", das dem kindlichen Willen da und dort entgegengesetzt wird, löchrig werden zu lassen. Weil damit auch das „Ja" an Wert verliert. Denn so wie sich Generationen von Forschern und Entdeckern auf die Kompassnadel verlassen mussten, verlassen sich Kinder auf die Richtung, die ihre Eltern vorgeben. Deshalb sollte Norden Norden bleiben, sonst droht eine gewaltige Verirrung. Im Eis wie im Leben.

Gönnen wir unseren Kindern also immer wieder eine kleine Frustration und Ent-Täuschung. Das spätere Leben wird im Übrigen voll davon sein. Wichtig ist dabei nur, dass sich das Kind selbst in seiner Erwartung, welche seiner Wünsche Wirklichkeit werden könnten, getäuscht hat und dass nicht wir als Erziehungsberechtigte das Kind getäuscht haben. Unter diesen Umständen wird Frust in kleinen Dosen eine heilende und lebensstabilisierende Wirkung in Form einer höheren Frustrationstoleranz haben.

Umgedrehte Machtverhältnisse

Übertrieben selbstbewusste, altkluge und fordernde Kinder hat es immer schon gegeben. Kinder, die sich selbst ständig in den Mittelpunkt rücken, durch ihr rücksichts- und zügelloses, unangepasstes Verhalten unangenehm auffallen und die ständige Aufmerksamkeit und Zuwendung der Eltern oder anderer erwachsener Bezugspersonen fordern. Kinder im Übrigen, die weder bei ihren Altersgenossen noch in der Erwachsenenwelt besonders beliebt sind.

Eigenschaften, die man früher gerne mit der Bemerkung „ein typisches Einzelkind" bedacht hat. Denn ganz offensichtlich besteht ein Zusammenhang zwischen derartigen Verhaltensmustern und einer übertriebenen Aufmerksamkeit, die einem Kind zugeteilt wird. Wie es eben bei Einzelkindern notgedrungen der Fall ist, aber auch generell bei – meist besonders engagierten und gleichzeitig erschöpften und ausgelaugten – Eltern, die nicht müde werden zu betonen, wie überdurchschnittlich intelligent und wissbegierig ihre Kinder seien.

Wenn man 50 Jahre weit zurückblickt, stellt man fest, dass sich in diesem Zeitraum die Machtverhältnisse zwischen Kindern und Eltern umgedreht haben. Früher hatten sich Kinder nach den Eltern zu richten, die die unbestrittenen Chefs im Haus waren, heute ist es oft umgekehrt. Viele Eltern trauen sich offenbar nicht mehr, ihre Kinder zu erziehen und ihnen beizeiten Grenzen aufzuzeigen. Häufig habe ich den Eindruck, dass sich Eltern davor fürchten, von ihren Kindern durch Liebesentzug bestraft zu werden. Dazu ein Beispiel:

Ein massiv übergewichtiges vierjähriges Mädchen betritt gemeinsam mit seinem Vater die Ordination des Kinderarztes. Schon im Wartezimmer zieht das Mädchen alle Blicke auf sich, weil es damit beginnt, alle

Zeitungen und Zeitschriften einzeln auf den Boden zu werfen. Vom Vater dabei weder unterbrochen noch ermahnt. Der Gesichtsausdruck der anderen Eltern ist zwar missbilligend, aber niemand getraut sich, das Kind oder den Vater anzusprechen. Als die beiden von der Ordinationsgehilfin aufgerufen werden, macht sich im Wartezimmer aber allgemeine Erleichterung breit. Einmal ins Arztzimmer eingetreten, setzt sich die kleine Patientin sofort auf einen der bereitstehenden Sessel und beginnt mit beiden Füßen gegen den Schreibtisch zu treten. Noch bevor der Kinderarzt, der gerade dem Vater die Hand gegeben hat, dazu kommt, auch die Tochter zu begrüßen, hat das Trommeln eine solche Lautstärke erreicht, dass der Mediziner dem Vater einen fragenden Blick zuwirft.

Der scheint im ersten Augenblick aber gar nicht zu verstehen, was ihm der Arzt sagen will. Erst nach einer längeren, offensichtlich auch für den Vater unangenehmen Pause, während der der Arzt mit starrem Blick auf das gegen den Tisch tretende Kind sieht, sagt er: „Du, ich glaube, der Herr Doktor mag das nicht so gerne."

Immer wieder erlebe ich in meiner Ordination Situationen mit Kindern, die ich mit dem ganz schlichten und altmodischen Begriff „ungezogen" beschreiben möchte: Während ich einem Elternteil die Dosierung eines für das Kind verordneten Medikamentes erklären möchte, hüpft das mehr oder weniger kranke Kind wie wild auf und ab, schlägt mit den Fäusten auf die Tischplatte, wirft Untersuchungsgeräte auf den Boden und unterbricht ständig meine und die Aufmerksamkeit der Eltern. Unlängst hat mir eine „verzweifelt engagierte" Mutter allen Ernstes erklärt, dass sie ein Psychologiestudium absolvieren wolle, um ihren vierjährigen Sohn besser verstehen zu können.

Und ich muss gestehen, dass ich meine Ordinationsgehilfinnen schon öfter gebeten habe, solche umhertobenden Kinder und ihre Eltern möglichst schnell abzufertigen, bevor sie die halbe Einrichtung des Wartezimmers demoliert haben. Die Eltern glauben in solchen Fällen irrigerweise, dass ich ein besonders kinderfreundlicher Arzt wäre.

Zu Unrecht wird die offensichtliche Unruhe von Kindern, die nach Grenzen suchen, mit dem Begriff ADHS erklärt und „entschuldigt". Aus einem bewusst einfach gehaltenen Blickwinkel betrachtet, sind diese Kinder aber schlicht und einfach unangenehm, weil unerzogen. Und dabei selbst weitgehend unschuldig. Denn nicht sie sind es, die sich in den Mittelpunkt stellen, sondern sie sind vom ersten Augenblick an von ihren Eltern in einen Mittelpunkt gestellt – und dort „im Regen" stehen gelassen worden.

Kinder, die immer häufiger als letzter Punkt einer langen, vom Wohlstandsdenken diktierten Wunschliste abgehandelt werden, setzen nun ihrerseits neue Maßstäbe im zwischenmenschlichen Verhalten. Denn sehr schnell wird den kleinen Wesen bewusst, dass es sich bei ihrer Person um etwas sehr Besonderes und Wertvolles handeln muss. Anders können sie logischerweise die ständig nachgebende und entgegenkommende Haltung ihrer menschlichen Umwelt nicht interpretieren. Und in der Folge passen sie ihr Verhalten dementsprechend an.

„Ich muss mich jetzt mehr mit meinem Sohn auseinandersetzen, weil er schon oft recht ungeduldig mit mir ist." Diesen Satz spricht eine 36-jährige Mutter während einer ihrer wöchentlichen psychotherapeutischen Sitzungen. Vorsichtig fragt die Therapeutin nach, wie sich denn die Ungeduld des zweijährigen Knaben äußere.

Verzweifelt versucht die überforderte und ausgebrannte Mutter, die Tränen zurückzuhalten, und schluchzt: „Der Maximilian schlägt mir dann immer mit der Hand ins Gesicht, und ich sage schon, bitte, hör auf, das tut mir weh, verstehen Sie, wenn er mir immer wieder mit der Hand auf die Nase schlägt, das tut wirklich sehr weh."

Die nachdenklich gewordene Therapeutin wartet eine Weile, bis die Mutter ihr Schluchzen wieder einigermaßen kontrollieren kann, und fragt dann mit gesenkter Stimme: „Warum gebieten Sie ihm denn nicht einfach energisch genug Einhalt?" Und zum Entsetzen der Psychologin fällt nach einer bedrückenden Pause folgender Satz: „Ich denke mir, dass der Kleine schon seine Gründe haben wird, warum er mit mir so unzufrieden ist."

Viele Eltern unterschätzen die psychisch-emotionalen Fähigkeiten von Babys und Kleinkindern. Die Beobachtungen von Verhaltensforschern und erfahrenen Eltern zeigen, dass auch kleinste Kinder jedes Wort, jeden Satz, vor allem aber jede Stimmung genau interpretieren und verstehen können. Und auch wenn die kommunikativen Fähigkeiten von Säuglingen auf den ersten Blick rudimentär und eingeschränkt erscheinen, so wird jeder, der sich feinfühlig und intensiv mit seinem Säugling beschäftigt, sehr wohl in der Lage sein, aufgrund von Mimik, Gestik und dem Gesamthabitus des Kindes dessen Wünsche und Bedürfnisse genau zu erkennen.

Und gleichzeitig sind auch bereits Babys in der Lage, ihr emotionales Verhalten der jeweiligen menschlichen Umgebung anzupassen. So erkennen Kinder sehr wohl, in welchem Ausmaß ihnen in einer bestimmten Situation mehr oder weniger Aufmerksamkeit entgegengebracht wird. Und mit unglaublicher Treffsicherheit und Feinfühligkeit vermögen auch kleinste Menschen selbst auf feinste Nuancen zu reagieren.

Unsere wertvollen Kinder: überwacht, bewundert, behütet

Je weniger, umso wertvoller. Dieses Prinzip gilt nicht nur für Goldmünzen oder Briefmarken, sondern offensichtlich auch für Kinder. Aber während Erstere in einem Safe aufbewahrt und vor Beschädigung oder Diebstahl geschützt werden können, kommt etwas Ähnliches für Kinder bekanntlich nicht in Frage.

Und nichts fürchten „1,4-Kinder-Eltern" mehr, als dass ihr Kind in irgendeiner Form beschädigt werden könnte. Schon das Baby wird wie ein Schatz behandelt. Nur ausgewählte Personen dürfen es – oft erst nach vorangegangener Unterweisung – in den Arm nehmen, und nur nach einem strengen Ausleseverfahren ausgesuchte Angehörige oder Freunde sind berechtigt, einmal auf das Kind aufzupassen. Angsterfüllte Eltern lassen ihren Nachwuchs Tag und Nacht nicht aus den Augen. Und nachdem auch die besten Eltern dann und wann nachts schlafen müssen, werden die Kinder in dieser Zeit elektromechanisch überwacht. Spezielle Matten kontrollieren die Atemtätigkeit des Nachwuchses und schlagen im Notfall Alarm oder senden die Telemetriedaten bei Bedarf an die besorgten Eltern weiter.

Es soll und kann gar nicht bestritten werden, dass durch diesen enormen Aufwand auch tatsächlich das ein oder andere Menschenleben gerettet werden kann. Aber welche Nebenwirkungen hat diese Vorgangsweise? Wie wirkt sich diese ständige buchstäbliche Beschattung auf die psychische Entwicklung einer so sensiblen Pflanze aus, wie es ein Kind ist? Welche Freiräume gehen dadurch verloren, und was bedeutet das für die körperliche und seelische Entwicklung des Kindes?

Die Tageszeitung „Kurier" titelte im Sommer 2015 in einer Schlagzeile: „Elektronische Fußfessel für Kinder". Gemeint sind damit verschiedene Smartphone-Apps, die eine lückenlose Beobachtung und genaue Verfolgung aller Wege der Kinder ermöglichen. So dient die großzügige Ausstattung der Jugend mit Smartphones nicht nur der Vereinfachung der Kommunikation zwischen Eltern und Kindern, sondern auch der lückenlosen Überwachung. Wie das deutsche Wochenmagazin „Der Spiegel" berichtete, konnte einer der Entwickler solcher Apps, das Unternehmen Familonet, in nur kurzer Zeit 600.000 Benutzer gewinnen. Auf der Homepage von Familonet berichtet eine gewisse Teresa M. (48): „Die Vorteile erlebe ich jeden Tag und bin sehr froh über die Erfindung. So habe ich einen viel entspannteren Umgang mit ,Ausgehzeiten' und erfahre per Benachrichtigung automatisch, dass meine Tochter gut bei Freunden angekommen ist."

Das ist schön und gut für die besorgte Mutter. Für die Tochter von Teresa M. bedeutet das aber gleichzeitig ständige Überwachung. Dass sie sich z. B. vom vorgegebenen Weg entfernen könnte, um sich heimlich mit einem Freund oder einer Freundin zu treffen, ist ausgeschlossen. Dabei ist es für eine gesunde psychische Entwicklung von herausragender Bedeutung, dass Kinder auch zwischenmenschliche Erlebnisse abseits des Beobachtungsraumes ihrer Eltern haben können. Nur in einem solchen persönlichen Freiraum können eigene Erfahrungen gesammelt werden.

Ein erster solcher Freiraum war in meiner eigenen Kindheit und Jugend der Schulweg vor der Einführung der kostenlosen Schülerfreifahrt. Ich erinnere mich gut an die zweieinhalb Kilometer in der Früh und am Nachmittag, mit all ihren Verlockungen, Entdeckungen, Begegnungen und Geheimnissen. Und zu keinem Zeitpunkt haben meine Eltern von meinen ersten eigenen Auslotungen im Leben erfahren. Aber die Aufregungen, Freuden und Enttäuschungen, die der Schulweg damals für mich bereitgehalten hat, sind bis heute in meinen Gedanken und Erinnerungen präsent geblieben.

Ständig kontrollierte und beobachtete Kinder erfahren dagegen nicht mehr, was es bedeutet, mit dem Vertrauen der Eltern ausgestattet, eigene Verhaltensweisen ausprobieren und entwickeln zu dürfen und daraus Schritt für Schritt Selbstständigkeit und Selbstvertrauen aufzubauen.

Welchen ungeheuren Wert jedes einzelne der seltenen Kinder besitzt, zeigt sich nicht nur in ihrer permanenten Behütung, sondern auch in der überproportionalen und ständigen Bewunderung, die sie erfahren. Jede noch so dürftige Vorstellung auf der Bühne beim Krippenspiel, im Schulchor oder am Fußballplatz wird von Eltern, Tanten, Onkel und Großeltern beklatscht und bewundert. Kritik scheint tabu, auch dann, wenn das Kind falsch gesungen oder seinen Text nicht gut gelernt hat. Natürlich sollen Kinder Anerkennung und Bewunderung erfahren. Das ist für ihre Entwicklung absolut notwendig. Aber woher soll der Anreiz für Kinder kommen, besser zu werden, wenn diese Bewunderung kritiklos und automatisiert immer präsent ist? So führt die ständige Sättigung des kindlichen Geltungsbedürfnisses auch zu einem Verlust von Ehrgeiz und Willenskundgebung in Form von Leistungssteigerung.

Es hat den Anschein, dass auch die Leistungen perfekt kontrollierter Kinder immer perfekt sind und dass diese perfekten Kinder nicht nur vor allen Beschädigungen, sondern auch vor der Verletzung in Form von Kritik behütet werden sollen. Denn wehe, wenn ein Lehrer eine mittelmäßige Leistung schlecht beurteilt. Sofort knattern die Helikoptereltern heran, um ihr Kind zu beschützen. Und schaden ihm doch nur dabei.

So engen überbesorgte Eltern nicht nur den physischen, sondern auch den psychischen Freiraum ihrer Kinder ein. Denn es ist von eminenter Bedeutung für die Entwicklung, dass ein Kind seine eigenen körperlichen und seelischen Fähigkeiten ausloten und testen darf. Dazu gehören ganz banale Aktivitäten wie Laufen und Springen. Aber auch Lügen und Stehlen. Von wie hoch kann ich herunterspringen, ohne mich zu verletzen? Kann ich schneller laufen als der Bub von nebenan? Bleibt meine Lüge unentdeckt? Kann ich meinem Bruder eine Süßigkeit klauen, ohne dafür zur Rechenschaft gezogen zu werden? Erst durch diese Erfahrungswerte kann ein eigenes Körper- und Seelenbewusstsein entstehen, kann ein Kind im Extremfall einschätzen, ob es einem anderen Kind im Streit davonlaufen kann, ob es psychisch in den komplexen Verhältnissen einer Familie überleben kann.

Und vergessen wir nicht, dass die Familie eine Kopie des gesellschaftlichen Lebens im Kleinen darstellt. In einer gesunden Familie müssen Verhaltensweisen erlernt werden, die man für das ganze Leben benötigt. Wer seine ganze Kindheit lang hört: „Du darfst da nicht hinaufsteigen, du könntest dich verletzen", wird kein Hindernis erklimmen, geschweige denn eine Verletzung kennenlernen. Wer seine ganze Kindheit lang hört, wie großartig und perfekt er ist, wird im späteren Leben nicht damit umgehen können, wenn er einmal scheitert. Und wer als behütetes Kind übervorsichtiger Eltern in einem goldenen Käfig aufwächst, wird später Schwierigkeiten haben, mit der Freiheit zurechtzukommen, in die er doch einmal entlassen wird. Oder er wird, spätestens mit Eintreten der Pubertät, aus seinem goldenen Käfig ausbrechen und rebellieren wollen.

Deshalb kann man nur allen Eltern raten: Geben Sie ihren Kindern Freiräume. Lassen Sie Ihre Kinder dann und wann unbeobachtet sein, oder geben Sie ihnen zumindest das Gefühl, unbeobachtet zu sein. Sagen Sie Ihrem Kind klar, worin es gut ist, aber auch, worin es nicht gut ist. Und vor allem: Versuchen Sie nicht, Ihrem Kind jedes Leid zu ersparen.

Tätowieren, Piercings und Ritzen: Folge einer schmerzfreien Kindheit?

Den eigenen Körper durch gewaltsame Eingriffe zu „gestalten" und zu „schmücken" gehört heute unbestreitbar zur Kultur einer jüngeren Generation. Das Eintätowieren von Lebenssymbolen und Weltanschauungen ist Teil der Identität vieler junger Menschen geworden. Piercings in Nase, Zunge, Mund, Nabel und im Geschlechtsbereich sorgen für Aufmerksamkeit und neugierige Blicke. In den USA ist jeder vierte Einwohner tätowiert, in Österreich und Deutschland in etwa jeder zehnte – darunter mehr Männer als Frauen. 5 bis 15 Prozent der Tattoo-Träger bereuen dabei im Lauf des Lebens ihre Entscheidung zu einer Tätowierung, wie die Deutsche Gesellschaft für Konsumforschung ermittelt hat.

Als Hausarzt erscheinen mir die bunt geschmückten Körper von Jugendlichen oft wie ein stummer Hilfeschrei. Und ich stelle mir die Frage: Warum fühlt sich ein junger Mensch in seiner ursprünglichen Haut nicht mehr wohl? Denn wir müssen den Menschen stets als Einheit von Körper und Seele betrachten, bei dem eine Veränderung der Äußerlichkeit des Körpers stets mit einer Veränderung des seelischen Inneren einhergeht.

Eine ähnliche Frage stelle ich mir im Übrigen auch angesichts von vielen jungen Menschen, die sich mit

Messern und Klingen aller Art selbst verletzen, die sich „ritzen", ohne dabei konkrete Selbstmordgedanken zu haben. Immer wieder bin ich mit selbstverletzenden Jugendlichen konfrontiert, die ich als Hausarzt durch eine in Watte gepackte Kindheit begleitet habe. Wenn ich dann vorsichtig nach dem Warum frage, bekomme ich häufig zur Antwort: „Ich möchte mich endlich einmal spüren", oder: „Ich möchte endlich einmal etwas spüren." Eine ähnliche Antwort wie die übrigens, die Jugendliche häufig äußern, wenn man sie nach dem Reiz von Tätowierungen und Piercings fragt. Und ich frage mich: Verletzen sich besonders häufig jene jungen Menschen selbst, von denen bis dahin alle Verletzungen von überbesorgten Eltern erfolgreich ferngehalten worden sind?

Natürlich sollen all die verschiedenen Motive, mit denen man seinen Körper schmückt, von lieblich bis brutal, von anmutig bis bedrohlich, von Zierde bis Verunstaltung, etwas sagen.

Aussagen.

Aber was soll da gesagt werden? Und wem? Wer hat da nicht zugehört? Was ist da alles nicht ernst genommen worden? Was hat keinen Platz in einer so ordentlichen, so präzise durchstrukturierten Gesellschaft gehabt? Was muss da in die Haut „eingebrannt", unauslöschlich verankert werden? Welche Identität soll da zum Ausdruck gebracht werden? Können sich Jugendliche, die in ihrer Kindheit durch und durch normiert und optimiert worden sind, gar nur noch in ihren Tätowierungen voneinander unterscheiden? Wenn junge Menschen, auch mit einer guten Portion Narzissmus, ihren Körper durch ein Tattoo zum Darstellungsmedium machen, dann höre ich als Arzt darin auch den wortlos vorgebrachten Schrei: „Schaut, das bin ich, so fühle ich mich!", oder auch: „Das habt ihr aus mir gemacht!"

Ein besonders krasses Beispiel für Tätowierungen sind die eintätowierten Namen von (in vielen Fällen trotzdem nur vorübergehenden) Lebenspartnern. Ein solches Tattoo beinhaltet, wie z. B. auch ein eintätowiertes Lebensmotto oder ein religiös-philosophischer Glaubenssatz, ein Ziel und Versprechen als festgelegtes Merkmal der eigenen Identität, an dessen Einhaltung die Tätowierung ein Leben lang erinnern soll. So gesehen besteht zwischen einem Ehering mit dem eingravierten Namen des Partners und einem entsprechenden Tattoo kein größerer Unterschied als der, dass der Ehering bei Bedarf abgenommen und unter Umständen durch einen anderen ersetzt werden kann.

Damit äußert sich in einer derartigen Tätowierung ein ähnlicher Wunsch, wie er in der Zeremonie einer kirchlichen Hochzeit zum Ausdruck gebracht wird: ein vor aller Welt und für immer abgelegtes Zeugnis, den einmal gewählten Lebenspartner in guten wie in schlechten Tagen zu lieben, zu ehren, zumindest in der Haut verewigt zu tragen und zu ertragen. Ein Scheitern der Ehe war und ist dabei von Seiten der Kirche genauso wenig vorgesehen wie die medizinisch aufwendige, fast unmögliche und kostspielige Entfernung eines Tattoos.

Nicht vergessen werden darf bei alldem, dass die Farben, die für Tätowierungen verwendet werden, medizinisch zum Teil durchaus bedenklich sind. Bis vor wenigen Jahren wurden noch Farbpigmente, die eigentlich für Autolacke vorgesehen waren, unter die Haut gestochen. In den schwarzen Tuschen werden häufig Bestandteile von polyzyklischen aromatischen Kohlenwasserstoffen gefunden, die als krebserregend eingestuft werden. Zusammenhänge mit der Entstehung von Hautkrebs sind noch nicht durch groß angelegte Studien nachgewiesen, werden aber vermutet.

Zweifellos haben Tätowierungen, ebenso wie anderer Körperschmuck, eine kulturelle und individuelle Bedeutung.

Interessant ist auf jeden Fall, wie die einst in der abendlichen Fernsehwerbung dargestellte empfindliche, zarte, mit speziellen Windeln, Cremes und Puder zu verwöhnende und geschmeidig zu haltende Babyhaut mit – aus medizinischer Sicht – brutalen Methoden verstümmelt wird. Denn anatomisch gesehen stellt die Haut nichts anderes dar als das größte Organ des Menschen.

Lügen heißt auch lernen

„Mein Kind soll nicht lügen müssen." Ein hehres erzieherisches Ansinnen, das aber von vornherein zum Scheitern verurteilt ist. Nicht nur, weil es im Alltag praktisch kaum möglich ist, immer nur konsequent bei der Wahrheit zu bleiben. Sondern auch, weil die Lüge auch etwas Positives bedeuten kann. Etwa, durch eine Lüge jemandem etwas ersparen zu wollen, ihn schonen zu wollen.

Wer Kinder erzogen und ins Leben begleitet hat, wird festgestellt haben, dass Kleinkinder ab einer gewissen geistigen Entwicklungsstufe spontan zu lügen beginnen. Die Fähigkeit zur Lüge ist eng an das erwachende Reflexionsvermögen des Kindes gekoppelt. Wobei anfangs Phantasie und Lüge noch unscharf voneinander getrennt sind und erst in der zunehmenden Konfrontation mit den Wertmaßstäben der Eltern und der Gesellschaft ineinander übergehen. So eigenartig es klingt, aber auch das Lügen muss vom Kind erst mühsam erlernt werden. Ohne, dass es aus der Sicht der Eltern einen erkennbaren Grund dafür gäbe.

Aber warum lügen Kinder überhaupt? Die Antwort lautet ganz schlicht: weil die Lüge einen Vorteil bringt oder dabei hilft, einen Nachteil zu verhindern. Weil die Lüge eine Strategie ist, eigene Interessen durchzusetzen. Und weil die Lüge eines Kindes in gewisser Weise auch die selbstbewusste Behauptung seiner eigenen Wahrheit und Wirklichkeit darstellt – also den Kampf des Kindes um seinen eigenen Raum, der nur ihm gehört und durch ein entsprechendes Konstrukt von Bildern und Behauptungen verteidigt wird.

Aber nicht nur die Lügen des Kindes sind unvermeidlicher Bestandteil einer normalen Entwicklung, auch für die Eltern sind Lügen da und dort unvermeidlich. Oft sehen sich Eltern, mit unangenehmen Fragen ihrer Kinder konfrontiert, zu kleinen Notlügen oder auch nur zum Verschweigen der vollständigen Wahrheit gezwungen. Schon die kindliche Frage nach seiner eigenen Herkunft lässt so manche Eltern an der Wahrheit verzweifeln. Auf die Frage, ob sie ihre Kinder schon einmal belogen hätten, antwortet die Mehrheit der Eltern ehrlicherweise mit „Ja", fügt aber hinzu, dass sie überzeugt seien, dadurch nicht die gesunde Entwicklung des Kindes zu einem ehrlichen Menschen zu beeinflussen. Studien belegen, dass die Art und Weise, wie Eltern mit der Wahrheit umgehen, unabhängig von der Erziehung einen wesentlichen Einfluss auf das Lügenverhalten von Kindern hat. Was wiederum die These untermauert, dass für die Entwicklung eines Kindes weniger die Erziehung ausschlaggebend ist als die Verhaltensweisen, die sie von den Eltern vorgelebt bekommen, die sie imitieren und nachleben.

Kinder lügen also im gleichen Maß und oft auch aus den gleichen Gründen, wie das Erwachsene tun. Dennoch stellt für viele Eltern die Lüge ihres Kindes eine grobe Verfehlung dar. Ich muss zugeben, dass ich den Satz „Wenn du mich anlügst, machst du einen Riesenfehler" selbst in der Erziehung meiner Kinder verwendet habe.

Aber selbst wenn die Lüge ein Fehler ist: Ist das denn so schlimm? Die Natur selbst ist das beste Beispiel dafür, dass Fehler dazu da sein können, klüger zu werden. Denn nichts anderes passiert bei den zwei Grundprinzipien der Evolution, nämlich Mutation und Selektion.

Aus der Sicht des sich entwickelnden Kindes ist eine Lüge zunächst einmal eine Mutation, eine Veränderung der Wahrheit. In der Evolution haben Mutationen der Gene der Menschheit in ihrer Entwicklung geholfen, mit veränderten Umweltbedingungen besser zurechtzukommen. Und ebenso kann die Mutation der Wahrheit, die Lüge also, helfen, in einer veränderten oder angespannten zwischenmenschlichen Situation besser zurechtzukommen. Für Erwachsene und für Kinder gleichermaßen. Eine Lüge kann bedeuten, einen Konflikt zu entschärfen, eine Strafe zu vermeiden, einen Vorteil für sich zu erreichen. Ein einfaches Beispiel: Wenn ein Kind lernt, auf die Frage: „Hast du heute schon ein Stück Schokolade bekommen?", nicht wahrheitsgemäß mit „Ja" zu antworten, sondern zu lügen und die gestellte Frage zu verneinen, dann steigt seine Chance, ein zweites, nicht vorgesehenes Stück Schokolade zu bekommen. Unter Umständen könnte eine solche Lüge über längere Zeit unbemerkt bleiben und sich – im Sinne der Selektion – im kindlichen Verhalten fix etablieren, zum dauerhaften persönlichen Vorteil des Kindes. Ein Verhalten, das im Übrigen auch wir Erwachsenen kennen – denken wir zum Beispiel nur an unsere letzte Steuererklärung.

Und genauso, wie Lügen selten geplant eingesetzt werden, wie Eltern ihre Kinder nicht bewusst zur Lüge erziehen, ist auch die Mutation im Erbgut von Zellen weder vorgesehen noch geplant. Sie passiert zufällig. Als Irrtum. Als Übertragungsfehler bei der Zellteilung. Als Spielart der Natur. Und ein solches Spielen mit Irrtümern stellt ursprünglich auch die Entwicklung der kindlichen Phantasie dar.

Lügen sind also ein natürliches und nicht unbedingt nur negatives Verhaltensmuster jedes Menschen. Anders gesagt: Ein Leben ohne Lüge ist vermutlich überhaupt nicht möglich. Das zeigt alleine schon die Selbstbeobachtung: Es ist anzunehmen, dass jeder Leser dieser Zeilen bereits einmal oder vielmehr öfter in seinem Leben gelogen hat, ganz anders, als er es im Kindesalter gelernt hätte. Niemand ist deshalb ein schlechter Mensch. Denn alleine schon der Versuch, Mitmenschen nicht kränken zu wollen, führt in vielen Fällen unweigerlich zur Not der Lüge.

Wir sollten also nicht krampfhaft an dem unrealistischen Erziehungsziel festhalten, einem Kind jede Situation ersparen zu wollen, in der es lügen könnte. Wenn ein Kind lügt, ist das absolut nichts Unnatürliches. Ich halte es im Gegenteil für wichtig, die Lüge als Teil der menschlichen Entwicklung zu akzeptieren und auf beiden Seiten damit umgehen zu lernen. Und das bedeutet auch: Kinder müssen lernen, dass wir Erwachsenen ihre Lügen oft durchschauen. Und wir Erwachsenen müssen uns eingestehen, dass wir eben nicht alle Lügen enttarnen und sich unsere Kinder damit einen ersten eigenen Freiraum geschaffen haben.

Die „gesunde Ohrfeige"

Körperlicher Kontakt ist ein wesentlicher Bestandteil jeder Eltern-Kind-Beziehung. Er ist nicht nur ein Ausdruck von Verbundenheit und Emotion; es darf auch nicht vergessen werden, wie wichtig sinnliche Berührungen über die Haut aus medizinischer Sicht für das Überleben und die emotionale Entwicklung von Säuglingen und Kindern sind. In ihrer Grausamkeit erschreckende Experimente im 20. Jahrhundert haben zur Genüge gezeigt, dass Säuglinge und Kleinkinder, die ohne menschliche Berührung und

Wärme aufwachsen, schwere emotionale Schäden oder gar den Tod erleiden. Weit mehr grippale Infekte von Kleinkindern werden durch das Kuscheln und den liebevollen Hautkontakt mit den Eltern geheilt als durch die Gabe von antibiotischen Medikamenten. Denn kein einziges Medikament ist in der Lage, die wohltuende, das Immunsystem stimulierende Wärme der mütterlichen oder väterlichen Haut zu synthetisieren.

„Körperkontakt": Dieser Begriff hat eine enorme Bandbreite, die alle Schattierungen von zärtlich bis gewaltvoll kennt.

Auf besonders plakative Weise zeigt das eine der speziellsten Formen des Körperkontaktes, nämlich die körperliche Liebe zwischen zwei Menschen. Würde man einen Geschlechtsakt isoliert betrachten, ohne das Wissen um das Gefühl, das ihm zugrunde liegt, könnten Zweifel aufkommen, ob es sich tatsächlich um einen Akt der Liebe oder nicht vielmehr um eine aggressive Aus- und In-ein-ander-setzung zwischen zwei Menschen handelt. Das Gleiche gilt auch, wenn man nur die akustische „Tonspur" des menschlichen Geschlechtsverkehrs hören würde, ohne die Zärtlichkeit zu sehen, mit der er untrennbar verbunden ist.

Ähnliches gilt aber auch für jede Form von Körperkontakt zwischen Eltern und ihren Kindern: Er kann im Kuscheln, Berühren, Streicheln oder anderen angenehmen Formen körperlichen Kontaktes bestehen, aber ebenso in gewaltsamen Akten wie z. B. im Extremfall der berüchtigten „gesunden Ohrfeige". Wobei schon die Bezeichnung „gesund" suggeriert, dass es auch eine „ungesunde Ohrfeige" geben muss.

Anders als frühere Generationen haben unsere Zeit und unsere Gesellschaft zu dieser Frage eine klare Haltung: Jede Anwendung von körperlicher Gewalt gegenüber Kindern ist strikt abzulehnen. Es bleibt dennoch die Frage, welcher Philosoph, Pädagoge, Jurist oder gar Moralist eine klare Grenze festlegen könnte, an welchem Punkt der körperliche Kontakt vom Positiven, Liebevollen, Wärmespendenden in das Verletzende, Gewalttätige oder emotional Schädigende abgleitet. Denn auch ein scheinbar liebevolles Streicheln über den Kopf unter Gleichaltrigen kann im entsprechenden Kontext demütigend sein. Und ein gröberer Klaps eines gut gelaunten Vaters zugleich liebevoll.

Sehr schnell wird deshalb klar, dass eine solche Grenze nicht eindeutig gezogen werden kann. Denken wir nur an ein harmloses Raufen oder „Rangeln" (das Wort kommt übrigens vom „Rang", der dabei fest- und hergestellt wird) zwischen einem Vater und seinem Sohn oder zwischen einem – viel zu selten vorkommenden – Kindergärtner und einem ihm anvertrauten Schützling. Eine solche körperliche Auseinandersetzung kann ein liebevolles Machtspiel von Nähe und Abgrenzung sein, das unbestritten wertvoll und für die emotionale Entwicklung von Kindern wichtig ist: Es schärft die Reflexe und Sinne, gibt Selbstvertrauen und ein Gefühl für Kraft und die mechanischen Möglichkeiten des eigenen Körpers. Eine verstärkte Durchblutung stärkt obendrein das Immunsystem und fördert damit die Gesundheit. Und doch kann ein solches Raufen auch in eine zumindest kurzfristige heftige und gewaltsame Auseinandersetzung abgleiten, ohne dass dafür irgendjemandem ein Vorwurf zu machen oder ein bleibender Schaden zu erwarten wäre.

Nicht viel anders verhält es sich mit „erzieherischem" Körperkontakt: Ab wann ist ein Festhalten und Schütteln, ein lautes Wort oder ein Anschreien, ein Klaps oder ein Schlag ein Erziehungsmittel und wann ein gewaltsamer Übergriff? Wo verläuft die Grenze zwischen erlaubter

Erziehung bzw. Bestrafung und Gewaltausübung – und zwar in physischer wie in psychischer Hinsicht? Denn ein Kind zu kränken, es zu demütigen oder es mit absolutem Liebesentzug zu bestrafen ist nicht weniger gewaltsam als die gesellschaftlich sanktionierte Ohrfeige.

Jede Familienstruktur, jede Gesellschaft und jede historische Epoche, vor allem aber jede individuelle Situation und jeder individuelle Mensch verlangt und rechtfertigt individuelle und nicht normierbare Formen des Körperkontaktes. Allerdings muss man festhalten: Gezieltes Schlagen gehört sicher nicht dazu. Es kann und darf kein Pro in Bezug auf jedwede Form von bewusst eingesetzter Gewalt gegen Kinder geben. Kinder sind unserem Schutz anvertraut.

Das bedeutet aber nicht, dass sie in Watte verpackt werden müssen. Auch Kinder müssen lernen, dass es Konflikte und deren kultivierte Bewältigung gibt. Kinder müssen lernen, dass ihren Forderungen an die Eltern oft deren Überforderung gegenübersteht. Ein schmerzhafter Prozess für beide Teile. Bei dessen Lösung Angst vor Konflikten aber nicht weiterhilft.

Wichtig ist dabei, zwischen zwei Aspekten zu differenzieren: zwischen Gewaltanwendung als bewusst eingesetztem Erziehungsinstrument und Gewalt als Resultat von emotionaler Eskalation zwischen Eltern und Kindern.

Körperliche Gewalt als bewusst eingesetztes Erziehungsmittel lehne ich strikt ab, ohne Wenn und Aber. Und ich bin auch überzeugt: Sie ist nicht notwendig. Stattdessen benötigt es klar gesetzte Grenzen, seien es physische wie die Gitterstäbe eines Kinderbettes oder einer Gehschule, eines Kinderzimmers oder eines Hauses wie beim Hausarrest, ebenso wie ein lautes, klares und auch wirklich so gemeintes „Nein", vielleicht verbunden mit einer angedrohten Strafe. Wie zum Beispiel ein „Wenn du mein

Nein noch einmal missachtest, musst du für eine Viertelstunde in deinem Gitterbett bleiben".

Anders ist es beim Gewaltpotential einer bereits eskalierten, kritischen Situation zwischen Elternteil und Kind. Denn eine Mutter oder ein Vater, von einem Grenzen auslotenden Kind an den Rand des Wahnsinns getrieben, steht lediglich vor der Wahl, die aufgestaute Wut entweder gegen das Kind oder gegen sich selbst zu richten. Denn die Alternative zu einem Anschreien oder einem schmerzhaften Festhalten des Kindes ist nicht die Gewaltfreiheit, sondern die Suche nach einer anderen Kanalisationsmöglichkeit für die hochgekochten Emotionen. Und zwar sowohl auf Seiten des betroffenen Elternteils als auch auf Seiten des Kindes. Denn ausgebrannte, selbst der Hilfe bedürftige Eltern sind für Kinder auch keine sinnvolle Alternative.

Eine derartige Situation hätte sich in einer früheren Generation in der Regel in der viel beschworenen „gesunden Ohrfeige" entladen. „Das Kind schreit nach einer Ohrfeige", heute politisch unkorrekt und undenkbar, war früher ein oft gehörter Satz. Auch von der Erlösung durch eine Ohrfeige wurde gesprochen, vom reinigenden Gewitter. Und interessant ist auch der Satz: „Eine gesunde Ohrfeige hat noch niemandem geschadet." Dem Inhalt dieser Aussage kann nicht gänzlich widersprochen werden, die Problematik liegt allerdings im Gehalt des Wortes „gesund". Wer definiert die Gesundheit einer Ohrfeige? Wie muss eine Ohrfeige gestaltet sein, dass sie noch als gesund gelten kann? Wohin darf sie zielen, ohne der Psyche eines Kindes zu schaden? Wie groß darf die physikalische Kraft sein, damit der erzieherische Zweck erfüllt, aber kein psychischer Schaden angerichtet wird? Denn ein wesentliches Merkmal einer Ohrfeige ist, dass sie weder genormt noch im Sinne einer Qualitätssicherung kontrolliert werden kann. Eben weil sie eine spontane emotionale Reaktion darstellt.

Heute ist die Ohrfeige als Erziehungsinstrument ein Tabuthema. Und dennoch glaube ich, dass sie – stellvertretend für alle Formen erzieherischer Gewaltausübung – eine differenziertere Betrachtung verdient. Denn auch wenn es eine erfreuliche Entwicklung ist, dass die Gesellschaft zumindest nach außen hin diesen Formen körperlicher Gewalt als Erziehungsmittel energisch abgeschworen hat: Die Ohrfeige gesetzlich zu verbieten und damit gesellschaftlich unsichtbar zu machen kann die Problemstellen unserer Gesellschaft bei der Erziehung unseres Nachwuchses genauso wenig verdecken, wie das Feigenblatt einst Adams Nacktheit beenden konnte. Wenn wir Maßnahmen wie der Ohrfeige abschwören, löst das keine Probleme in der Erziehung und verhindert keine eskalierenden familiären Konflikte. Es bedeutet lediglich, dass wir nach neuen Mitteln und Wegen suchen müssen, Kindern ihre Grenzen aufzuzeigen und eskalierende Situationen zu entladen, ohne dabei die eigenen erzieherischen Kompetenzen aufgeben zu müssen. Und ich bin dabei der Meinung, dass psychische Gewalt wie Liebesentzug in all seinen Formen für ein Kind wesentlich brutaler und psychisch deformierender ist als ein kleiner Klaps auf den Popo, der deutlich zum Ausdruck bringt, dass eine vorgegebene Grenze überschritten worden ist.

Die Lösung dieses Dilemmas sehe ich darin, klar definierte, gewaltfreie Strafen zu verhängen wie das berühmte Fernseh- oder Naschverbot. Und weiters darin, diese Strafen konsequent umzusetzen – und das ist es, woran viele moderne Eltern scheitern. Wie oft habe ich in meiner Ordination erlebt, dass Eltern ihrem Kind drohen: „Wenn du den Herrn Doktor nicht in den Mund schauen lässt, dann wird er dir heute kein Gummibärchen geben." Aber wenn ich ein solches Versprechen dann tatsächlich in die Tat umsetzen will, höre ich regelmäßig: „Herr Doktor, kann der Kleine doch noch ein Gummibärchen bekommen?" Nein, so hat das keinen Sinn. Das ist schlechte Erziehung, die in ihrer Langzeitauswirkung auch nicht besser ist als eine kleine „ausgerutschte" Ohrfeige.

Und nicht zuletzt: Es muss Eltern auch erlaubt sein, hin und wieder Fehler zu machen – solche Ausnahmefälle wirken sich auf die Entwicklung des Kindes weit weniger aus als das „Gesamtpaket" der Erziehung. Denn Kinder sind sehr wohl in der Lage, zwischen einem liebevollen Gesamtpaket mit kleinen Ausnahmen und einer letztlich lieblosen, emotional abgeflachten Grundstimmung zu unterscheiden.

Die Korrektur der eigenen Kindheit

Ein wichtiger Faktor in der Erziehung ist die Reflexion auf die eigene Kindheit der Eltern. Defizite, die sie damals, als Kind, empfunden haben, sollen nun ausgeglichen werden. Das eigene Kind soll besser erzogen werden. Eine schönere Kindheit haben. „Mein Kind soll es einmal besser haben als ich", so lautet ein oft gehörter Satz. Dabei wird das Kind zum Spiegelbild der eigenen vergangenen Kindheit. „Ich werde mein Kind so erziehen, wie ich selbst gerne erzogen worden wäre." Das gilt vor allem dann, wenn die eigene Kindheit obendrein auch noch als besonders hart empfunden worden ist. Hier und jetzt gilt es, ein neues „zweites Ich" fehlerfrei und perfekt auf das eigenständige Leben vorzubereiten. Vielleicht sogar auf ein besseres Leben, als man das eigene gerade empfindet.

Dabei übersehen jedoch viele Eltern, dass es gerade diese eigene Erziehung – mit all ihren scheinbaren Härten – war, die sie zu dem gemacht haben, was sie sind. Und ebenso häufig vergessen sie, dass ihr eigenes Kind keine genetisch identische Reproduktion ihrer selbst ist, sondern ein eigenes, einzigartiges neues Lebewesen. Und das bedeutet, dass eine Erziehungsmethode, die man im Rückblick für die eigene Kindheit als wünschenswert betrachten würde, für das nunmehr eigene Kind durchaus ungeeignet sein kann. Und eine Selbsterziehung im Rückblick kann nicht funktionieren.

Und sie funktioniert auch in der Praxis tatsächlich nie. Denn so wie der Weg zur Hölle immer mit guten Vorsätzen gepflastert ist, so gelingt es auch den meisten Eltern letztendlich doch nicht, jene Erziehungsmethoden, die sie an ihren eigenen Eltern kritisiert haben, gegenüber ihren Kindern zu vermeiden. Mit schlafwandlerischer Sicherheit, und gegen ihren eigentlichen Willen, wiederholen die meisten Eltern genau jene Verhaltensweisen, die sie an ihren eigenen Eltern als verbesserungswürdig erkannt haben, gegenüber ihren Kindern.

Und das ist auch gut so. Denn auch das ist Teil des „Projekts Kindererziehung". Das Weitergeben. Die Tradition. Die sprichwörtliche „Familientradition". Natürlich ist, im Anblick eines Säuglings, der Erziehungsweg stets mit guten Vorsätzen gepflastert – das ist bei den heutigen Eltern nicht anders, als es bei deren Vorfahren war. Wir alle verfallen dem Kindchenschema. Den großen Augen, dem Gesichtsausdruck und den kindlichen Proportionen, die als Schlüsselreiz bei allen Primaten reflexartig das Brutpflegeverhalten auslösen. Am Beginn der Erziehung steht stets das Bemühen, Friktion und Frustration von einem Kind fernzuhalten.

Doch dieses Bemühen soll und muss – wenn es im Lauf der kindlichen Entwicklung nicht abgewandelt wird – zwangsläufig scheitern. Wenn aus dem Weg eines heranwachsenden Kindes konsequent alle Stolpersteine entfernt werden, gibt es für den lernenden kleinen Menschen keine Möglichkeit mehr, das Stolpern, Fallen und Stürzen unter „sicheren Bedingungen" – also ohne sich dabei körperlich oder seelisch lebensgefährlich zu verletzen – zu erlernen. Und damit auch keine Möglichkeit zu lernen, sich nach einem Sturz aus eigenen Stücken wieder hochzukämpfen.

Wenn man will, kann man die hohe Zahl an in sich nicht gefestigten, therapiebedürftigen Kindern und Jugendlichen unserer Tage als Folge einer Erziehung verstehen, die den Kindern die Erfahrung von Frustration ersparen wollte. In vielen psychotherapeutischen Sitzungen werden dann mühselig jene Techniken zur adäquaten Bewältigung des eigenen Lebens erarbeitet, die diese jungen Patienten in ihrer Kindheit nicht erworben haben. Wie bei einem neuen, unsachgemäß gebauten Haus, an dem dann im Nachhinein ständig auftretende Schäden behoben werden müssen. Vor diesem Hintergrund müsste man der Gesellschaft dringend raten, neben dem Recht auf die dauernde Würde und Unversehrtheit eines Kindes auch ein Recht auf dessen Frustration und erzieherischen Widerstand einzuführen.

Freie Zeit und Freizeitstress

Eines der paradoxesten Phänomene unserer Gesellschaft ist mit dem Wort „Freizeitstress" abgebildet. Denn eigentlich möchte man den Begriff „Stress" doch viel eher mit Arbeit und Verpflichtung verbinden und Freizeit als den ausgleichenden Gegenpol dazu mit Ruhe und Entspannung. Und dennoch klagen immer mehr Erwachsene über den Stress, der durch das überreichliche Angebot an Freizeitaktivitäten und die damit verbundenen Wünsche entsteht.

Kinder dagegen kennen – zumindest vor dem Eintritt in das staatliche Betreuungssystem – von sich aus weder den Begriff „Freizeit" noch „Stress" – zumindest keinen durch Zeitnot verursachten Stress. Die Zeit eines Babys und Kleinkindes ist frei von Verpflichtungen und daher zunächst scheinbar unendlich. Lediglich Hunger und Müdigkeit stellen einen ersten Zeitplan im Leben des Säuglings dar. Im Laufe einer natürlichen Entwicklung kommen dann Schritt für Schritt weitere Fixpunkte und Bedürfnisse in diesen ursprünglich leeren Terminkalender. Die gleichförmig verlaufende Zeit bekommt zunehmend Struktur und wird damit auch zunehmend als begrenzter und knapper empfunden. Dennoch existiert kein Gegensatz von Verpflichtung und Freizeit. Frühestens mit dem Schulbeginn würde ein Kind den „freien" Nachmittag als Freizeit erkennen.

Für eine gesunde psychosoziale Entwicklung ist es notwendig, dass Kinder lernen, sich selbst zu beschäftigen und ihrer Zeit einen Inhalt abgewinnen zu können. Dazu dient das einfache Spiel, womit auch immer. Und je nach Alter in anderer Form. Diese Zeit ist für Kinder von eminenter Bedeutung. Und wenn Kinder miteinander spielen, kennen sie dabei keinen Stress.

Es sind die Erwachsenen, die die Zeit der Kinder in Freizeit und in belegte Zeiteinheiten und Verpflichtungen teilen. Ohne jeden Zweifel ist es wichtig und richtig, dass Eltern ihre Kinder fördern. Aber wie bei vielen anderen Themen stellt sich auch hier die Frage nach dem richtigen Maß. Das wir heute verloren zu haben scheinen: Mit ihrer Funktion selbst überforderte Eltern neigen häufig im guten Glauben, das Beste für ihre Kinder zu tun, dazu, auch ihre Kinder zu überfordern. Ballettstunde, Reitstunde, Cheerleading, Fußball, Tennis, Chor, Klarinetten- und Flötenstunde, Fechten und Wasserball, je nach sozialer

Schicht und je nach Möglichkeiten der Eltern. Und auch je nach „Nachholbedürfnis" der Eltern. Das Motto lautet: „Mein Kind soll all das verwirklichen, wozu ich nie die Gelegenheit hatte."

Ob dieses manchmal schon grotesk anmutende Maß an Freizeitaktivitäten von den Kindern selbst als „Dürfen" oder „Müssen" empfunden wird, entscheiden dann letztendlich oft die Ärzte oder Kinderpsychologen, die in psychosomatischen Krisenzeiten aufgesucht werden müssen.

Natürlich kann man positiv argumentieren, dass vielfältige Freizeitbeschäftigungen ein Kind in seiner Entwicklung fördern und ihm gleichzeitig Umgang mit Gleichaltrigen ermöglichen. Ein durchaus sinnvoller Gedanke, wenn man bedenkt, dass das durchschnittliche Kind statistisch gesehen nur 0,4 Geschwister hat.

Die Kritiker dieser gesellschaftlichen Entwicklung befürchten jedoch zu Recht Überforderung und Dauerstress. Denn tatsächlich zerbrechen Kinder häufiger am Freizeitehrgeiz der Eltern als an den eigenen Ambitionen – um das festzustellen, genügt es, die ehrgeizigen Väter am Rand eines Fußballfeldes zu beobachten.

Bei allem Bemühen um Förderung der Kinder wäre es daher richtig, dem Kind die Einteilung seiner Zeit so weit wie möglich selbst zu überlassen. Denn „man muss ja auch noch Zeit haben, einfach dazusitzen und vor sich hinzuschauen" (Astrid Lindgren).

„Herr Doktor, ich muss mit meiner Tochter wieder einmal zu Ihnen kommen." Als ich darauf lapidar antwortete: „Na, dann machen Sie doch mit meiner Assistentin einen Termin aus", erwidert die Mutter: „Ja, aber das geht nicht so einfach, weil die J. hat zu Ihren Ordinationszeiten keine Zeit." „Dann sagen Sie mir doch einmal, warum Sie mit Ihrer Tochter kommen wollen." Da bricht die Mutter in Tränen aus und sagt: „Die Kleine ist oft so müde und abgeschlagen, und in der Nacht schläft sie dann trotzdem schlecht ... Und überhaupt, in letzter Zeit hat sie oft Bauchschmerzen am Nachmittag, immer wenn wir von der Reitstunde nach Hause kommen. Aber das ist eben das Problem, dass wir immer Reitstunde haben, wenn Sie nachmittags Ordination hätten." Ich überlege kurz und sage dann: „Sie können ja einmal versuchen, die Reitstunde ausfallen zu lassen. Wenn Ihre Tochter dann immer noch Bauchweh hat, dann kommen Sie eben in der Ordination vorbei."

Dankbar nimmt die Mutter den Vorschlag an. Und ein paar Monate später erfahre ich: „Und übrigens, Sie haben recht gehabt, wir haben die Reitstunden aufgegeben, und jetzt hat J. mehr Zeit für die Hausaufgaben, und es geht ihr viel besser. Ich habe ihr auch gleich gesagt, wenn sie wirklich will, können wir es nächstes Schuljahr noch einmal mit dem Reiten versuchen." Und im Verlauf des Gesprächs erfahre ich schließlich ganz nebenbei auch noch, dass die Mutter selbst als Kind gerne Reiten gelernt hätte, aber nie die Gelegenheit dazu hatte.

Der Freizeitstress, den Eltern ihren Kindern auferlegen, resultiert nicht nur aus dem Wunsch, das so wertvolle Kind bestmöglich zu fördern und ihm alle Chancen zu geben, die man selbst nicht hatte. Ein anderer Aspekt ist auch schlichter Egoismus: Die Anmeldung zum Tennis- oder Fußballcamp bedeutet für die Eltern ein paar Tage „frei vom Kind". Eine sinnvolle Überbrückung der Sommerferien oder der Urlaubszeit der Tagesmutter. Je mehr der Nachwuchs beschäftigt und mit Aktivitäten versorgt ist, umso ruhiger ist es im eigenen Zuhause. Endlich sind die Kinder optimal und maximal versorgt. Und zwar ohne schlechtes Gewissen. Denn sie tun etwas Sinnvolles und sind dabei nicht sich selbst überlassen, sondern stehen unter der Aufsicht von Trainern und anderen kompetenten Kinderhütern.

So sind viele Eltern froh, wenn ihr Kind keinen Stress verursacht, in Krabbelstube, Kindergarten, Schule, Sportverein oder Musikschule gut verwahrt und wie in einer gut geölten Maschine auf das Leben vorbereitet wird. Und wehe, diese öffentliche Aufbewahrungsmaschine funktioniert zeitweise nicht oder muss wegen Servicearbeiten vorübergehend geschlossen werden, so wie die Schulen im Sommer:

Zum Ende des ersten Schuljahres bereitet eine junger, engagierter Volksschullehrer gemeinsam mit seinen Schülern 21 kleine Blumensträuße vor. Um sich bei 21 Elternpaaren für die gute Zusammenarbeit während des ersten Schuljahres zu bedanken. Eine nette Geste – auch wenn sich ältere Leser daran erinnern werden, dass sich vor noch nicht allzu langer Zeit die Eltern beim Lehrer bedankt hätten.

Im Verlauf der letzten Schultage vor den Sommerferien übergibt er den Eltern eines jeden Kindes einen Blumenstrauß, gemeinsam mit ein paar persönlichen Worten. Wobei er auch darauf hinweist, dass sich die Kinder beim Blumenpflücken und Binden der kleinen Sträußchen tüchtig beteiligt hätten.

Und dann spielt sich folgende Szene ab: Der Lehrer drückt einer Mutter den bunten Blumenstrauß in die Hand und sagt mit Blick auf den neben der Mutter stehenden siebenjährigen Buben: „Der M. hat auch fest mitgeholfen. Und jetzt wünsche ich Ihnen gemeinsam schöne neun Sommerwochen!"

Stolz über das Lob seines Lehrers, schaut M. freude-strahlend zum Gesicht seiner Mutter hinauf. Aber die nimmt seinen Blick gar nicht wahr und sagt verärgert zum Lehrer: „Wie sollen das schöne neun Wochen wer-den, wenn der jetzt dauernd zu Hause ist?"
Das Gesicht des siebenjährigen Knaben verfällt. Er kämpft mit den Tränen. Aber die Mutter bemerkt nicht im Geringsten, was sie angestellt hat, drückt dem Sohn lediglich den Blumenstrauß in die Hand und sagt: „So, komm, und benimm dich jetzt nicht so!"

Mit erschreckender Regelmäßigkeit lese ich Meldun-gen über einen Mangel an Kinderbetreuungsplätzen und Kinderbetreuern. Vor allem im Sommer. Es fällt auf, dass in der öffentlichen Diskussion Kinder immer betreut und nur selten erzogen werden müssen. Die Freizeit der Kinder bedeutet Stress für die Eltern. Wo-hin mit den Kindern in der Freizeit? Als Arzt fühle ich mich an den Mangel von Altenbetreuungseinrichtungen erinnert. Wohin mit den Alten? Zwei ähnliche Erschei-nungsformen von Freizeitstress der Erfolgs-, Lust- und Spaßgesellschaft? Die österreichische Familienministe-rin schlug im Sommer 2016 vor, die Sommerferien um zwei Wochen zu verkürzen und stattdessen die Herbst-ferien zu verlängern, um den Druck, den die neunwö-chigen Schulferien im Hinblick auf die Kinderbetreu-ung oft verursachen, abzumildern. Aber warum sollte die Kinderbetreuung im Herbst besser gelingen als im Sommer? Und warum sorgt eine Familienministerin nicht dafür, dass Kinder in der Familie erzogen werden können und nicht immer nur familienextern betreut werden müssen?
Denn das ist es, was den Kindern Stress macht: Wenn sie immer nur versorgt und betreut, aber nicht geliebt und

wahr- oder ernst genommen werden. Wo bleibt da die Kindheit, wenn Familie nur noch einen geografischen Ort und nicht mehr eine psychoemotionale Heimat darstellt?

Sollen Kinder arbeiten dürfen – oder müssen?

Arbeit hat – ebenso wie auch Armut – für Kinder eine andere Bedeutung als für Erwachsene. Kinder beurteilen ihre Umwelt nach anderen Kriterien und mit anderen Vorstellungen, als sie in der Erwachsenenwelt üblich und zweckmäßig sind. Vereinfachend könnte man formulieren: Für das Kind steht bei der Beurteilung einer Situation eher das momentane Über- und Weiterleben im Vordergrund, während eine längerfristige Planung dem Denken von Erwachsenen entspricht. Das kindliche Lustprinzip ist primär auf die schnelle Erfüllung unmittelbarer Wünsche ausgerichtet.

Daraus lässt sich der Schluss ziehen, dass der Begriff von Arbeit, wie Erwachsene ihn besitzen, für ein Kind nicht existiert. Während für Erwachsenenarbeit Aspekte wie finanzielles Einkommen, Karriere, Verpflichtung und Notwendigkeit im Vordergrund stehen, ist freiwillige kindliche Arbeit stets lustbetont.

Jahrhundertelang war auch in Europa Kindheit untrennbar mit kindlicher Arbeit verbunden. Anders war das kollektive Überleben nicht möglich. In landwirtschaftlichen Betrieben etwa war der Arbeitseinsatz der Kinder unabdingbar. Die häufig diskutierte Länge der heutigen Sommer-Schulferien war übrigens politisch ursprünglich dazu gedacht, dass Kinder ihren Eltern bei der sommerlichen Feldarbeit helfen konnten.

Den Begriff von Kindheit, den wir heute kennen, gibt es erst seit relativ kurzer Zeit. Und definitiv ist Kinderarbeit kein Teil dieses modernen Kindheitsbegriffes. Es wäre absolut gegen den Strom der Zeit, ein gewisses Maß an Arbeit auch für Kinder zu fordern.

Doch ganz so einfach, wie es auf den ersten Blick erscheint, ist die Situation auch heute nicht. Man muss nämlich streng unterscheiden zwischen erzwungener Arbeit und zumindest teilweise selbstbestimmten Formen von Kinderarbeit. Jede Form von Kinderarbeit, die unter ausschließlichem Zwang und mit dem Zweck der Bereicherung von Erwachsenen stattfindet, ist strikt abzulehnen und zu sanktionieren. Ein selbst gewählter Ferialjob von Jugendlichen hingegen ist gesellschaftlich akzeptiert und steht damit am anderen Ende des Spektrums.

Dazwischen gibt es aber noch einen weiten Spielraum, in dem Kinderarbeit als positives Erlebnis und Bereicherung einer erfüllten kindlichen Entwicklung anzusehen ist, von Arbeitswelten als Teil kindlichen Rollenspiels bis hin zu von Eltern eingeforderten Aufgaben wie dem Aufräumen nach dem Spiel. Ich erinnere mich dabei z. B. daran, mit welcher Freude mir mein damals dreijähriger Sohn beim Errichten eines Klettergerüstes im Garten geholfen hat. Es war eher sein Eifer, der mich angetrieben hat, als umgekehrt.

Und diese Formen der Arbeit können Kindern eine wichtige Erfahrung bescheren: Das Empfinden von Freude in der Arbeit, ein Ziel vor Augen zu haben, eine Anstrengung zu bewältigen, und das Gefühl der angenehmen Müdigkeit nach einer körperlichen Arbeit sind wichtige Aspekte von Arbeit während der Kindheit.

Erfahrungsgemäß macht hingegen das Ausleeren von Mistkübeln Kindern weniger Spaß. Die Einbindung von Kindern in die Hausarbeit wäre aber eine Möglichkeit, Kinder auch mit den unangenehmen Seiten von notwendiger Arbeit vertraut zu machen. Und ein kleiner Zuschlag zum Taschengeld würde vielleicht sogar diese ungeliebten

Aufgaben attraktiv machen. Und in jedem Fall ist es sinnvoll, Kinder schon so früh wie möglich mit den Mechanismen des wirklichen Lebens in Berührung zu bringen. Und dazu gehört nun eben auch einmal Arbeit. Denn die Aussage: „Wir haben eine Bedienerin, bei uns müssen die Kinder nicht im Haushalt mithelfen", kann also zwar junge Millionäre auf ihre Zukunft vorbereiten, trägt aber nicht zu einem generell lebenstauglichen Arbeitsbild für heranwachsende Kinder bei.

Und wenn wir heute darüber nachdenken und diskutieren, welche Form und welches Ausmaß von Arbeit unseren Kindern zumutbar ist, dann sollten wir uns stets vor Augen halten: In anderen geographische Regionen ist Kinderarbeit nicht nur auch heute noch Teil der gesellschaftlichen Normalität, sondern oft auch das geringere Übel für die Lebenssituation des jeweiligen Kindes. Nämlich dann, wenn die Alternative vollkommene Verwahrlosung, perspektivenlose Armut, Abgleiten in Kriminalität oder sogar Tod bedeutet.

Patchwork – Flickwerk

Es liegt auf der Hand, dass Kinder, die wiederholt erleben, dass bei der geringsten Spannung oder Uneinigkeit zwischen den Eltern einer der beiden Elternteile einfach ausgetauscht wird, später einmal selbst nicht in der Lage sein werden, eine längere Beziehung mit all ihren Tief- und Höhepunkten zu führen. Denn es fehlt schlicht und einfach das Vorbild, die Erfahrung, wie man mit Beziehungsproblemen zurechtkommen kann. Es fehlt das Erlebnis, dass eine Beziehung sowohl Momente des besonderen Glücks als auch Momente der Alltäglichkeit beinhaltet. Es fehlt die Erfahrung, innerhalb und unabhängig von der momentanen Qualität der Beziehung der Eltern zu jedem

Zeitpunkt von beiden Elternteilen angenommen und geliebt zu werden.

Zurzeit erreicht nicht einmal jede dritte Ehe eine Dauer von 25 Jahren, jene Zeitspanne also, die, grob gerechnet, notwendig wäre, um Kinder lebensfertig zu machen. Aber man sollte sich keine Illusionen machen: Egal, zu welchem Zeitpunkt sich die Eltern trennen – Kinder leiden immer.

Eine Mutter besucht mich mit ihrem zweieinhalbjährigen Sohn in der Ordination. Das Kind klammert sich an die Mutter, die Mutter umklammert ihren Sohn. Schon dieser Anblick stimmt mich nachdenklich. Aber zugleich erkenne ich, noch bevor ein Wort gesprochen worden ist, dass der kleine Knabe offensichtlich an einem hochfieberhaften Infekt leidet. Die Nase rinnt, die Augen sind rot, der Kopf glüht. Immer wieder hustet der kleine Patient. Sein Allgemeinzustand ist deutlich reduziert. Und während sich meine ärztlichen Gedanken darauf vorbereiten, wie die Mutter zu beruhigen und das Kind zu behandeln sein wird, sagt die junge Frau ganz unvermittelt: „Herr Doktor, uns geht es sehr schlecht."

Seit Jahrzehnten ist mir dieses „uns" bekannt. Die demonstrative Identifizierung der Eltern mit dem Kind. Mit der Krankheit des Kindes. Schon lange frage ich mich, warum Eltern nicht zulassen können, dass es ihrem Kind alleine schlecht geht. Denn kein fieberndes oder hustendes Kind verlangt von seinen Eltern, dass sie mit ihm krank sein sollen. Ganz im Gegenteil. Kranke Kinder erwarten sich von ihren Eltern eine feste Stütze, kein ohnmächtiges Mitleid. Deshalb habe ich mir angewöhnt, auf Sätze wie: „Herr Doktor, wir haben Fieber", oder: „Wir sind krank", sarkastisch zu antworten: „Ja, bei Ihrem Kind sehe ich es, aber bei Ihnen wäre es mir nicht aufgefallen."

Normalerweise bekomme ich dann zur Antwort: „Nein, das war nur so dahingesagt, es hat natürlich nur das Kind Fieber." Aber diesmal staune ich nicht schlecht, als die Mutter antwortet: „Nein, Herr Doktor, es geht uns wirklich beiden sehr schlecht." Die junge Frau betont dabei bewusst das Wort „beiden". Dann macht sie eine Pause und beginnt zu weinen. Zuerst noch verhalten, dann kann sie aber den Fluss der Tränen nicht mehr zurückhalten. Wortlos reiche ich ihr ein Papiertaschentuch und warte auf die Erklärung. Die Zeit verstreicht. Ich versuche dabei, mir meine innerliche Unruhe nicht ansehen zu lassen.

Fast immer, wenn Patienten in meinem Ordinationszimmer zu weinen beginnen, folgt die Schilderung eines gravierenden zwischenmenschlichen Problems. Und so ist es auch diesmal. Nach einer Weile gibt sich die tränenüberströmte Frau einen Ruck und schluchzt: „Stellen Sie sich vor, der Papa vom kleinen P. hat uns verlassen." Dabei senkt die Frau ihren Blick liebevoll auf das klammernde Kind.

Wieder einmal ein kleiner Weltuntergang, eine unsichtbare Katastrophe, ein Riss in der Zeit. Wieder einmal ein kleines Kind, das nicht nur den Vater, sondern auch die gewohnte Umgebung verloren hat. Denn das höre ich als Nächstes: „Wir haben innerhalb von zehn Tagen aus der Wohnung ausziehen müssen, und seine neue Freundin wohnt schon dort." Dann wieder Schluchzen und Tränen ohne Ende.

Das Wartezimmer ist voll. Was fehlt, ist Zeit. Zeit, um mit der verzweifelten Mutter über mögliche Perspektiven zu sprechen. Zeit, die sich das Paar hätte nehmen sollen, um schon früher nach Lösungen zu suchen.

„... und stellen Sie sich vor, und das finde ich, ist das Schlimmste, er will den Kleinen gar nicht so oft sehen!"

Zeit zuzuhören. Zeit zu begreifen. Aber es ist Dienstagnachmittag, 16 Uhr, es sind noch 27 Patienten auf der Warteliste. Und dann kommt noch, was kommen musste: „Herr Doktor, bitte geben Sie dem Kleinen unbedingt ein Antibiotikum. Denn wenn der P. jetzt länger krank ist und ich nicht mehr arbeiten gehen kann, dann weiß ich auch nicht mehr, wie es mit uns weitergehen soll." Und nach einem weiteren Schwall Tränen kommt der erschütternde Satz: „Wissen Sie, wir zwei sind jetzt ganz alleine." Nicht das, denke ich, was ein noch nicht einmal dreijähriges Kind hören will oder begreifen kann.

Also verschreibe ich schon aus psychologischen Gründen das verlangte Antibiotikum. Auch wenn mir bewusst ist, dass diese medizinische Behandlung eigentlich gegen die Regeln der ärztlichen Heilkunst verstößt. Und weil ich schon dabei bin, den kleinen Spielraum der Heilkunst auszuschöpfen, versorge ich die körperlich gesunde, aber seelisch gebrochene Mutter mit einer Arbeitsunfähigkeitsmeldung. Denn ihre Gegenwart wird die beste Medizin für den kleinen Buben sein. Und eine kleine Auszeit kann ihr in dieser Situation wohl nicht schaden. Dankbar nimmt sie an.

Bei der Kontrolluntersuchung eine Woche später, die Mutter wirkt an diesem Tag deutlich gefasster, haben sich die Dinge ganz offensichtlich zum Besseren gewandelt. Gleich nach der Begrüßung sagt sie mit Zuversicht: „Stellen Sie sich vor, wir haben schon eine neue Wohnung gefunden." Dann macht sie eine kurze Pause, schaut liebevoll auf ihren Sohn und fährt fort: „Und dem Kleinen geht es auch schon viel besser."

Natürlich freue ich mich darüber. Ich nehme den Ohrenspiegel, um P.s Ohren noch einmal zu untersuchen. Währenddessen sagt die Mutter, die Augen auf mich, die Worte allerdings an den Sohn gerichtet: „Dann wird die Mama ab morgen wieder arbeiten gehen müssen." Ich spüre, dass sie auf meine Zustimmung wartet. Bewusst lasse ich mir mit der Untersuchung des kindlichen Trommelfells etwas Zeit. Verstecke mich gleichsam im Ohr des Buben.

Dann bemerke ich aus dem Augenwinkel, wie sie ihren Blick auf den Sohn richtet. Als ob sie darauf warten würde, dass er sagt: „Ja, Mama, ich freue mich, wenn du wieder arbeiten gehen kannst." Ihr die Absolution erteilen würde.

Aber stattdessen sagt der kleine Bub, für sein Alter sehr deutlich und bestimmt, und blickt dabei seine Mutter freudestrahlend an: „Mama, kann ich dann zum Papa gehen?" In diesem Augenblick verschwindet das Lächeln aus dem Gesicht der jungen Frau. Kurz, nur ganz kurz habe ich den Eindruck, dass sie erst nach den richtigen Worten suchen will. Dann sagt sie aber rasch, sachlich und klar: „Der Papa hat leider keine Zeit für dich."

Noch einmal erlebe ich im Rahmen dieses grippalen Infektes eines Kindes eine kleine Katastrophe. Und weit und breit kein Kriseninterventionsteam, das doch immer zur Stelle ist, wenn es gilt, ein familiäres Unglück zu bewältigen. Noch einmal bricht eine kleine Welt zusammen. Ein kleiner Bub in Tränen aus. „Aber ich will aber zum Papa!" Und die Tränen des Buben bringen die dürftig aufgerichtete Mauer der Mutter sofort zum Einsturz. Wieder weinen beide.

Und wieder muss ich eine Ordination beenden, ohne helfen zu können. Wieder ein Kind, denke ich, das ich zu mir nach Hause mitnehmen möchte. Und muss dabei innerlich lächeln, denn wenn es nach mir gegangen wäre, hätte ich in den vergangenen Jahren eine für meine Frau schon bedenkliche Menge von Kindern mit nach Hause gebracht.

An die Stelle der „klassischen" Familie von Vater, Mutter und Kind oder Kindern tritt heute zunehmend die sogenannte Patchworkfamilie. Das Verb „patch" bedeutet „flicken". Also das Wiederzusammenfügen oder Wiederherstellen von etwas, das gerissen ist.

Als in den achtziger und neunziger Jahren des vergangenen Jahrhunderts die Scheidungsraten in den Wohlstandsländern des Westens nach oben kletterten, wurde der Begriff „Patchworkfamilie" für die dadurch neu entstandenen Stieffamilien verwendet. Eine fast lieblich verklärende Bezeichnung, denn das Wort „stief" stammt aus dem Althochdeutschen und bedeutet „hinterblieben" oder „verwaist", hat also eine deutlich düsterere Bedeutung als „flicken". Viele gescheiterte Familiengründer wollten und wollen ihr familiäres Glück auch nach einer gescheiterten Beziehung noch einmal, oder auch mehrmals, versuchen und gehen neue familiäre Beziehungen ein.

Stieffamilien hat es im Lauf der Geschichte immer gegeben. Lediglich die Gründe für ihr Zustandekommen haben sich verändert. War es in früheren Zeiten, bei geringerer Lebenserwartung und schlechterer medizinischer Versorgung, meist der vorzeitige Tod eines Ehepartners, so sind die gestiegenen Scheidungsraten unserer Tage wohl hauptsächlich durch die zunehmende Selbstständigkeit der einzelnen Ehepartner zu begründen. Männer brauchen nicht mehr unbedingt eine Ehefrau, die den Haushalt führt und die Kindererziehung übernimmt, und Frauen brauchen nicht mehr unbedingt einen Ehemann, der sie materiell absichert. Die Ehe ist nicht länger eine auf den familiären Alltag ausgerichtete Zweckgemeinschaft, sondern eine freiwillige Verbindung zweier Menschen auf der Basis wechselseitiger Liebe geworden.

Aber auch die biologische Dauer von Ehen hat sich markant geändert. Aufgrund der geringeren Lebenserwartung in den vergangenen Jahrhunderten endete die Ehe statistisch gesehen meist nach dem Erwachsenwerden der Kinder durch den Tod eines der beiden Partner. Silberne Hochzeiten waren etwas Besonderes, goldene und diamantene die Ausnahme. Mit der nicht immer einfachen gemeinsamen Zeit nach dem Erwachsenwerden der Kinder mussten sich Ehepaare meist nicht mehr viel auseinandersetzen.

Dazu kommt, dass die familiären und gesellschaftlichen Rollen von Mann und Frau sich im Laufe der vergangenen Jahrzehnte einander angenähert haben, sodass sie heute fast beliebig austauschbar geworden sind.

Die Folge ist, dass es leichter geworden ist, ohne einander zu leben – und man sich daher auch in Krisenzeiten leichter und leichtfertiger trennt, auch dann, wenn es bereits gemeinsame Kinder gibt. Für diese Kinder bedeutet das, dass viele von ihnen im Laufe des Lebens in ihrem menschlichen Beziehungsgeflecht zusätzlich zu den eigenen Eltern und eventuell vorhandenen Geschwistern auch Stiefeltern und Stiefgeschwister dazugewinnen. Und oft auch wieder verlieren, denn die Statistik zeigt, dass die Erfolgsquote von zweiten Beziehungen nach einer gescheiterten Ehe eher schlechter und die Dauer dieser Folgebeziehungen mit steigender Zahl laufend kürzer wird.

Immer öfter entstehen so kurzlebige, vorübergehende Beziehungsgeflechte, die bei den Kindern oft mehr Verwirrung auslösen, als dass sie das Gefühl eines neuen Zuhauses und neuer Geborgenheit geben. Aus der Sicht der Kinder werden die klaren und bis dahin nicht in Frage gestellten Strukturen einer Kernfamilie aufgeweicht. Bisher erlebte Sicherheit löst sich auf. Grundfesten werden erschüttert.

Aber Kinder lernen rasch. Und lernen auch, die Vorzüge dieser neuen Beziehungsgeflechte zu sehen. Denn Neues reizt, verlockt, weckt Neugier. Und neue Konstellationen bieten neue Möglichkeiten, die eigenen Bedürfnisse durchzusetzen. Schließlich führt das schlechte Gewissen der getrennten Eltern häufig dazu, das Wohl der zerrissenen Kinder an die erste Stelle des Wertekataloges zu setzen.

Langfristig überwiegen aber die negativen Facetten für die Trennungs- und Scheidungskinder. Verwirrung und Hilflosigkeit, weil die ursprünglich erlebten und erlernten Strukturen ihre Gültigkeit verloren haben. Überforderung, wenn plötzlich zwei Väter oder zwei Mütter um ihre Gunst buhlen. Und Überforderung auch mit ihrer neuen Rolle als Mittelpunkt in einer fremden zwischenmenschlichen Konstellation.

Betroffene Kinder werden oft unruhig, unrund, hyperaktiv. Verstellen sich und verändern sich, um geliebt zu werden und um all die neuen Valenzen abdecken und bedienen zu können. Fühlen sich für das Wohlergehen ihrer Eltern verantwortlich. Wollen retten, „patchen" oder flicken, oftmals auch die eigentlichen Eltern wieder zusammenbringen. Und müssen schon früh ihr Scheitern erleben.

Aber abgesehen von dieser emotionalen Verwirrung und den fehlenden Beziehungsvorbildern bedeuten die Strukturen auch eine Belastung für den praktischen Alltag von Kindern: Die Organisation, wer wann für das Kind zuständig ist, nimmt viel Raum ein, das Kind wird dauernd vom einen zum anderen geschoben, verbringt das

Wochenende beim Vater, hat seine Schulsachen aber bei der Mutter und kann die Hausaufgaben nicht machen etc. Vieles, was im „klassischen" Familienalltag deutlich unkomplizierter ist, wird von nun an plötzlich schwierig und kompliziert.

Eine Belastung sind derartige Patchworkstrukturen aber auch für die Eltern. Getrieben vom schlechten Gewissen, sind sie umso mehr bemüht, eine perfekt harmonische Atmosphäre ohne alle Spannungen und Reibungen zu schaffen. Kämpfen um die Liebe der Kinder. Wobei alleine schon der Begriff „um Liebe kämpfen" zeigt, dass dieses Vorhaben von vornherein zum Scheitern verurteilt ist. Denn ebenso, wie um den Frieden nicht gekämpft werden kann, ist das auch bei der Liebe nicht möglich. Auch nicht innerhalb der Familie. Der Kampf der Erwachsenen ist vielmehr einer mit eigenen Unsicherheiten. Und gerade in dieser Situation wird die Liebe von Kindern als wohltuend und selbstbestätigend wahrgenommen: Hat man schon die Liebe des Partners verloren, so ist die Liebe des Kindes umso wichtiger. Übersehen wird dabei, dass die Eltern dadurch die Liebe des Kindes instrumentalisieren. Das Kind überfordern und emotional missbrauchen.

Kinder erleben mit dem Zerfall ihrer ursprünglichen Familie auch das Ende einer unbelasteten Kindheit. Scheidungskinder müssen früher und schneller erwachsen werden. Und wie beim vorzeitigen Kaiserschnitt fehlt wieder ein Stück natürlicher Reifezeit.

Kinderbetreuungseinrichtungen als Familienersatz

Infolge der gesellschaftlichen Entwicklung verbringen immer mehr Kinder immer mehr Zeit außerhalb ihres ursprünglichen Nestes. Außerhalb eines räumlichen oder emotionalen Zuhauses. Einrichtungen für „übrig gebliebene Kinder" hat es im Lauf der Geschichte immer schon gegeben, dass aber eine ganze Generation von Kindern institutionell verwahrt und erzogen werden muss, ist neu.

Die Gründe dafür sind vielfältig: Weniger Familien, weniger Geschwister, mehr getrennt lebende Eltern. Weniger Zeit, weniger Zuwendung, mehr Egoismus. Mehr Eltern, die arbeiten müssen oder wollen. Weniger Freiheit, mehr Kontrolle. Eine überalterte Gesellschaft nimmt die immer weniger werdenden, unkontrolliert frei herumlaufenden Kinder als Fremdkörper wahr. Ebenso wie das Interesse, Kinder in die Welt zu setzen, nimmt auch das Interesse, sie selbst zu erziehen, ab – vielleicht weil viele Eltern noch zu sehr damit beschäftigt sind, sich selbst zu erziehen, selbst ihren Platz im Leben zu finden. Die Option, Kinder von staatlichen Institutionen großziehen zu lassen, gewinnt dabei an Attraktivität. Denn die Verantwortung für sich selbst zu übernehmen ist oft schon schwer genug. Und mit dem Abschieben der Kinder wird auch ein Teil der belastenden Verantwortung für sie abgeschoben.

Eine zentrale Frage bei jeder Scheidung ist jene nach dem Sorgerecht: Wer hat nun das Recht, für den Nachwuchs zu sorgen? Alleine schon das Wort „Sorge-Recht" suggeriert, dass es sich bei der Versorgung der Kinder um etwas Erfreuliches handeln müsse, worauf man ein Recht zu haben begehrt. Und das entspricht auch durchaus dem natürlichen Sinn von Kindern für die Gesellschaft. Nicht umsonst hat man früher über ein Neugeborenes gesagt, es sei „ein Geschenk des Himmels" oder „von Gott geschenkt".

Allerdings lässt ein Blick auf den Umgang der heutigen Gesellschaft mit Kindern fast das Gegenteil vermuten. Es scheint sich bei der Erziehung von Kindern mittlerweile eher um eine lästige Pflicht zu handeln. Wenn kleine und kleinste Kinder zum frühestmöglichen Zeitpunkt in Kinderkrippen, Krabbelstuben, Spielgruppen, in Kindergärten und in Horte verfrachtet werden, muss man annehmen, dass diese Kinder ihren Eltern bei der eigenen Lebensplanung und -entfaltung hinderlich sind.

So müsste das Wort „Sorgerecht" konsequenterweise durch den Begriff „Sorgepflicht" ersetzt werden. Denn zunehmend wird aus dem Sorgerecht auch das Recht abgeleitet, unbegrenzt auf die erzieherisch tätigen Institutionen der Gesellschaft zurückzugreifen. Die Überforderung vieler Eltern wird zur Forderung: Die nach Lust, Spaß und Selbstverwirklichung schreiende Gesellschaft soll sich doch selbst als Ganzes um eine optimale Erziehung des Nachwuchses kümmern. Jene Erwartungen, an denen man individuell zu scheitern droht, sollen gefälligst von den Angestellten der „Kindererziehungsindustrie" erfüllt werden.

Diese Forderung unterstützt der Gesetzgeber, der – zusammen mit Wissenschaftlern und Pädagogen – ein utopisches Regelwerk von Normen und Anforderungen an diese Institutionen aufstellt. So legen wir die Latte immer höher und tolerieren keine Fehler, keine Benachteiligung der kostbaren Kinder, keinen Schaden, der ihnen zugefügt werden könnte. Und fertig ist eine zum Scheitern verurteilte Gemengelage: Denn so überfordern wir nicht nur die Eltern und die Erzieher, sondern auch die betroffenen Kinder, die verzweifelt nach einem Zuhause mit festen und zuverlässigen Anhaltspunkten suchen.

In der Tageszeitung „Kurier" war Anfang 2016 über den Kindergarten zu lesen: „Er ist die erste außerfamiliäre Bildungseinrichtung: Die Kleinen werden im Kindergarten nicht nur beim Spracherwerb unterstützt, auch soziale oder motorische Fähigkeiten werden trainiert. Ein verpflichtendes Kindergartenjahr einzuführen war deshalb richtig. Dringend nötig wäre, dass es bundeseinheitliche Mindeststandards gibt. Mehr akademisch ausgebildetes Personal, das Defizite der Kinder früh erkennt, würde einen Qualitätsschub bringen."

Nicht nur der Pflegeberuf soll also, wie seit vielen Jahren gefordert, akademisiert werden, nun folgt auch der öffentliche Ruf nach einer Akademisierung der Kinderbetreuer. Denn, so suggeriert dieser Artikel, durch einen Qualitätsschub beim Personal der Kinderbetreuung gäbe es auch gleich einen Qualitätsschub bei den motorischen und kognitiven Fähigkeiten der Kleinkinder. Warum aber nicht gleich den Beruf „Eltern" akademisieren? Dann gäbe es endlich nur noch diplomierte Väter und Mütter. Und vielleicht bräuchten wir dann weniger diplomierte Kindergärtnerinnen, die einjährigen Kindern die Windeln wechseln. Lässt sich das Wickeln überhaupt akademisch erlernen? Und zwar nicht nur der mechanisch erlernbare Akt des Windeltausches, sondern auch die emotionale Dimension dieses Aktes, der Befreiung des Gesäßes von Kot und Urin, des liebevollen, sorgenden Abwischens der Haut, des Eincremens, Streichelns und Berührens eines Kleinkindes. Ein Akt, bei dem die empathische Liebe einer mütterlichen oder väterlichen Hand nur schwer durch eine akademisch ausgebildete „Kinderbetreuungshand" zu ersetzen sein wird.

Oder handelt es sich bei den inflationären Rufen nach der Akademisierung aller Lebensbereiche vielleicht gar nur um Verzweiflungsschreie von Politikern, die nicht mehr wissen, was sie dem Quantitäts- und Qualitätsverlust des gesellschaftlichen Nachwuchses entgegensetzen sollen? Und wo bleibt im Übrigen der längst fällige Ruf nach einer verpflichtenden Akademisierung des Politikerberufes?

Es bleibt in jedem Fall zu bezweifeln, dass akademische Bildung ausreicht, um Defizite von Kindern erkennen und behandeln zu können. Liebe, Gefühl, emotionale Wahrnehmungsfähigkeit, Empathie, Fürsorge und Obsorge und vor allem Intuition und Individualität in Beziehungen lassen sich weder standardisieren noch normieren und lehren. Und schon gar nicht in Form eines Kurzstudiums erlernen.

Vielleicht ist der Ruf nach einer Akademisierung der Kinderbetreuung aber auch einfach ein Indiz dafür, wie weit die Ansprüche an Kinderbetreuungseinrichtungen, Erzieher und Pädagogen gestiegen sind. Früher haben die Eltern zu Hause die Grundlagen der Erziehung gelegt, sich mit ihren Kindern beschäftigt. Ein paar Stunden des Tages war der Nachwuchs im Kindergarten – oder blieb zu Hause, wenn das Kind krank war. Die Kinder spielten, bekamen eine Jause, bastelten und waren gut aufgehoben. Sie kamen in den Genuss sozialer Kontakte, die sie häufig aber auch mit ihren Geschwistern zu Hause, am Spielplatz, im Hof oder – in ländlichen Gebieten – auf der Straße hatten. Und die Mutter konnte die Kindergartenzeit nutzen, um ungestört Hausarbeit zu erledigen oder einem Teilzeitjob nachzugehen.

Heute haben sich die Verhältnisse umgekehrt. Ein paar Stunden des Tages sind Kinder noch zu Hause. Die Eltern passen auf sie auf oder setzen ihre Sprösslinge vor den Fernsehapparat, denn dort sind sie am ehesten ruhig. Aber den größten Teil ihrer Zeit verbringen Kinder in einer Aufbewahrungs- und Erziehungsinstitution.

Und dort soll auch die Erziehung stattfinden, sollen die Grundlagen für soziale Fähigkeiten und menschliche Kompetenz gelegt werden. Axel R. Langner, der Vizepräsident des Berufsverbandes der Erzieherinnen und Erzieher in Deutschland, sagt in einem Interview: „Früher waren wir eine Erziehungsergänzung. Heute sind wir ein

Erziehungsersatz. Es wird alles der Kita auferlegt." Bei den Eltern, so erklärt er weiter, seien in den letzten Jahren besonders zwei Gruppen stark angewachsen: die „Ist mir egal"-Fraktion und die überengagierten Helikopter-Eltern, die nachfragen, welche Fremdsprachen in der Kita gelehrt werden. Dabei gehe es in Wirklichkeit darum, sagt Langner weiter, „dass das Kind einen ganzen Satz unfallfrei sprechen kann".

Eine diplomierte Kindergärtnerin sitzt im Büro ihres Vorgesetzten. Anlass des Gesprächs ist der Anruf eines Vaters aus der Türkei, bei dem er die Kindergärtnerin in rüden Worten darauf hinwies, dass sein in Österreich lebender Sohn ihm heilig sei; wenn die Kindergärtnerin daher seinen Sohn belästige, werde er sie „tot machen".
Unter Tränen schildert die Kindergärtnerin dem Inspektor ihre tägliche Überforderung im Umgang mit den völlig ungezügelten Kindern ihrer Gruppe. Der Blick des Beamten fällt währenddessen auf das T-Shirt, das die junge Frau trägt: Sie hatte es anlässlich des Abschlussfestes im Kindergarten von den Eltern der Kinder geschenkt bekommen; es trägt die Aufschrift: „stressgetestet, 100 % geprüft".

Das Anforderungsprofil an die ideale Kindergärtnerin unserer Tage würde eine lange Liste von Kompetenzen aufweisen: Sozialpädagogin, Sozialarbeiterin, Psychologin, Therapeutin, Physiotherapeutin, Verhaltenstherapeutin, Ergotherapeutin, Integrationsbeauftragte, Logopädin, Krankenschwester und Kinderärztin. Und das alles bei nur einem einzigen, nicht allzu üppig bemessenen Gehalt. Und als Draufgabe sollten diese Fabelwesen auch noch das perfekte Bindeglied zwischen Eltern und Kindern darstellen, immer freundlich, immer ausgeglichen, immer Herr oder Frau der Lage.

Wäre es da nicht wesentlich klüger, effizienter und kostengünstiger, stattdessen den Beruf „Vollzeitmutter" oder auch „Vollzeitvater", der sich jahrhundertelang als familienkompatibel und gesellschaftstauglich erwiesen hat, mit einem Aktivgehalt, Sozial- und Pensionsversicherung zu honorieren und damit die Kirche wieder zurück ins Dorf zu holen? Denn auch bestens verwahrte, aber letztlich eltern- und damit lieblos aufgewachsene Kinder bleiben suboptimal auf die Anforderungen des Lebens vorbereitet – ein Mangel an sozialer Kompetenz macht sich spätestens im Schulbetrieb bemerkbar. Denn keine noch so gut qualitätsgesicherte Kinderbetreuungseinrichtung kann ersetzen, was eine stabile familiäre Umgebung leisten kann.

Dies betrifft im Übrigen auch die Rollenbilder, mit denen ein Kind hier wie dort, in der Erziehungseinrichtung wie in der Familie, konfrontiert ist. Es mutet eigenartig an, wenn auf der einen Seite das Recht der Frauen auf berufliche Selbstverwirklichung gefordert und gefördert wird, wenn Frauen aus der Mutterrolle ins Berufsleben wechseln, aber auf der anderen Seite Kinder fast ausschließlich von Frauen, von Tagesmüttern, Kindergärtnerinnen und Erzieherinnen großgezogen werden. Denn von einer Gleichwertigkeit der beiden Geschlechter im Zusammenhang mit der Kindererziehung kann keine Rede sein. Während Kinder in traditionellen Familien auch dann, wenn sie primär von der Mutter großgezogen werden, zumindest am Abend und am Wochenende mit dem dann präsenten Vater ein männliches Rollenbild erfahren, sind sie in Kinderbetreuungseinrichtungen fast ausschließlich mit weiblichem Erziehungspersonal konfrontiert. Die Anzahl von männlichen Kindergärtnern dümpelt – trotz aller Bemühungen der Politik, den Beruf attraktiver zu machen – auf niedrigstem Niveau, und auch der Schulbetrieb ist fest in weiblichen Händen. Während in Österreich auf 100 Kindergärtnerinnen nur ein männlicher Erzieher kommt, sind es in der Schweiz immerhin 4,5 und in Dänemark 8,5 männliche Kindergärtner.

Noch weniger Männer finden sich lediglich in Einrichtungen wie Kinderkrippen, in denen kleine und kleinste Kinder untergebracht werden. So gesehen hat sich gegenüber den vergangenen Jahrhunderten nicht viel verändert.

Dabei zeigt die Erfahrung, dass sich Buben in Gruppen mit männlichen Erziehern eher in die Gesamtgruppe integrieren und weniger am Rande bleiben als in ausschließlich weiblich geführten Kindergärten. Ebenso zeigt die Erfahrung, dass männliche Erzieher großzügiger darin sind, scheinbar gefährlichere Situationen zuzulassen. So wie auch in der Natur die weiblichen Familienmitglieder eher eine beschützende Rolle einnehmen, während Machtkämpfe und das Abstecken von Grenzen innerhalb eines Rudels eher unter männlicher Leitung stattfinden. Zwei Rollenbilder, die für das Kind gleichermaßen wichtig zu erfahren sind. Vereinfacht könnte man also sagen, dass das antiquierte Vater-Mutter-Kinder-Modell bereits den besten pädagogisch vorstellbaren Kindergarten angeboten hat.

Die überforderte Schule

Seit 30 Jahren bin ich Schularzt an einer kleinen Volksschule am Land. Seit 30 Jahren wiederholt sich, immer im Mai oder Anfang Juni, dasselbe Ritual: Der Schularzt kommt und unterbricht den frühsommerlichen Schulalltag. Die Lehrerinnen kündigen den Termin den Eltern im Mitteilungsheft an, die Kleineren unter den Kindern sind schon Tage vorher aufgeregt.

Ich selbst denke mir seit 30 Jahren: Wozu diese neuerliche Untersuchung von Kindern, die ich doch schon, ebenso jedes Jahr und ebenso im Mai oder Anfang Juni, im Kindergarten untersucht habe? Was soll sich in diesem einen Jahr geändert haben? Die dicken Kinder sind immer noch zu dick, und jene Eltern, die letztes Jahr mit ihren Kindern trotz schriftlicher Mitteilung nicht zum Zahnarzt gegangen sind, haben das auch heuer nicht getan. Trotzdem freue ich mich auf die Untersuchung dieser kleinen Menschen, die noch ursprünglich und ehrlich, unbedarft und offen mit der Medizin und ihren Forderungen an den menschlichen Körper umgehen. Außerdem sind sie die Letzten, die mich noch mit „Herr Doktor" ansprechen. Das freut mich, nicht wegen des Titels, sondern wegen des Respekts, der in jedem Gespräch mit Kindern auf beiden Seiten mitschwingt.

Also: Alles so wie jedes Jahr, scheinbar keine Änderungen. Aber nur scheinbar.

Denn vermutlich habe nicht nur ich mich in diesen 30 Jahren verändert, ich spüre auch eine Veränderung beim Lehrpersonal und im Benehmen der Kinder. Vor allem aber haben sich auch im Schulbereich die Respekt- und Machtverhältnisse umgedreht. Vor 30 Jahren unterrichteten selbstsichere Pädagogen beiderlei Geschlechts in einem hierarchisch organisierten Schulsystem mehr oder weniger angepasste, lern- und wissbegierige Kinder. Heute buhlen hoch engagierte, aber sichtlich verunsicherte Lehrerinnen um den Respekt der Kinder.

Dieselbe Veränderung spüre auch ich als Schularzt:

Wenn ich vor 30 Jahren das Klassenzimmer der Sechsjährigen betreten habe, wurde ich mit einem im Chor gesprochenen „Grüß Gott, Herr Doktor" und anschließender gespannter Ruhe begrüßt. Dem steht heute, wenn ich die Türe in den Klassenraum öffne, völliges Desinteresse bei hohem Lärmpegel gegenüber.

So ist es auch im Frühsommer 2015, als ich die erste Klasse der Volksschule besuche. Lediglich die Lehrerin bemerkt mein Eintreten. Die Kinder tummeln sich in einem wilden Treiben unter und auf den Tischen, ein Teil von ihnen knabbert an einen Snack, ein anderer betrachtet, um ein Handy versammelt, ein Video. Ein kleiner Bub mit Migrationshintergrund läuft erfreut auf mich zu, zerrt an meiner Arzttasche und schreit: „Bist du Doktor!"

Die Lehrerin begrüßt mich, wie alle Lehrerinnen es seit 30 Jahren getan haben, überaus freundlich. Gleichzeitig bringt sie in Wort und Gestik deutlich ihre Verzweiflung über das Verhalten der ihr anvertrauten Kinder zum Ausdruck. Ich schmunzle und sage: „Wir leben eben in einer anderen Zeit. Trotzdem wäre es wichtig, dass die Kinder auch heute Autorität und Grenzen erleben dürften."

Dann geht die Lehrerin wortlos zu einem Glockenspiel, nimmt einen hölzernen Stab und bringt damit das Glockenspiel zu einem leisen, harmonischen Klingen. Wie ich es erwartet habe, ebbt der Lärmpegel im Klassenzimmer nicht wirklich ab. Ich frage – zugegebenermaßen etwas scheinheilig – die verzweifelte Lehrerin, was sie denn mit dem zarten Klingelton erreichen möchte. Worauf sie antwortet, dieses Zeichen sei mit den Kindern vereinbart, wenn sie ruhig sein sollten. Sie dachten aber nicht daran, ruhig zu werden.

Während ich vorne am Lehrerpult stehe, die tobenden Kinder und das verzweifelte Gesicht ihrer Lehrerin sehe, fasse ich mir ein Herz und frage sie, ob ich selbst versuchen dürfe, für Ruhe zu sorgen. Durch ein kurzes

Zucken mit den Schultern erlaubt sie mir, offensichtlich ungläubig, einen Versuch zu starten.

Ohne weitere Vorankündigung hole ich tief Luft und brülle mit der ganzen Kraft meiner Stimme ein einziges Wort: „Ruhe!" Und ganz plötzlich kehrt Ruhe in das wilde Treiben. Ungläubiges Staunen in den Gesichtern der Kinder. Die Klassenlehrerin wendet sich mir entsetzt zu: „Herr Doktor, so etwas dürfen wir auf keinen Fall machen!" Nach einer kurzen Pause fügt sie erklärend hinzu: „Da würden am nächsten Tag sicher gleich die Eltern zur Frau Direktor kommen."

Mit dem kleinen Gewicht meiner 30-jährigen ärztlichen Tätigkeit im Ort und an der Schule bitte ich die Lehrerin, allfällige Beschwerden von Eltern doch bitte vertrauensvoll an mich weiterzuleiten. Bis heute hat mich keine einzige solche Beschwerde erreicht. Dafür ist es mir, mit zweimaliger Wiederholung meines Rufs zur Ruhe, während der ganzen Untersuchungsstunde gelungen, einen einigermaßen akzeptablen Geräuschpegel aufrechtzuerhalten. Fast so wie vor 30 Jahren, im Mai oder Anfang Juni.

„Wir leben eben in einer anderen Zeit", so lautete meine Feststellung gegenüber der mit ihrer Klasse überforderten Lehrerin. Man könnte noch hinzufügen: Und es ist die Zeit, die ihre Kinder prägt, nicht umgekehrt. Wie eine Gesellschaft, wie Eltern und Erziehungsberechtigte mit ihren Kindern umgehen, hinterlässt unwiderruflich Spuren im Wesen und Verhalten dieser Kinder – das zeigt auch eine kleine Geschichte, die mir eine Lehrerin berichtete:

„Die Klassengemeinschaft in meiner Schule wird ständig von einem einzigen Mädchen gestört. Es ist nicht mehr möglich, mit allen Schülern gleichzeitig zu arbeiten, weil sich diese K. immer in den Mittelpunkt drängt. Dauernd schaukelt sie auf ihrem Stuhl und fällt auch immer wieder herunter. Dann lachen die anderen Kinder alle, und die Aufmerksamkeit in der Klasse ist dahin. Wenn ich den Schülern eine Rechenaufgabe stelle, ruft sie immer als Erste heraus. Ihre Antworten sind auch sehr oft richtig, K. ist sicherlich ein sehr kluges Kind.

Manchmal, wenn sie den Bogen wieder überspannt hat, stelle ich sie dann vor die Klassenzimmertüre, aber das hilft inzwischen auch nicht mehr sehr lange. Und unlängst habe ich ihr angedroht, dass ich sie zur Frau Direktor schicken werde. Nachdem die Kinder diese Drohung von mir noch nie gehört hatten, herrschte im Klassenzimmer plötzlich Totenstille. Aber K. hat ganz frech und heiter gesagt: Und, was wird die Frau Direktor dann mit mir machen? Und dabei gelacht.

Ich habe schon öfter mit ihrer Mutter über ihr Verhalten gesprochen, aber das hat alles keinen Sinn. Die Mutter sagt nur, dass ihre Tochter halt besonders intelligent sei und es Aufgabe der Schule wäre, mit ihrem Verhalten entsprechend umzugehen. Und wenn ich eh wisse, dass ihr Kind überdurchschnittlich klug sei, dann solle ich es auch entsprechend fördern. Und dann fragt sie mich noch ganz frech, ob ich nicht die psychologischen Gutachten aus der Kindergartenzeit gelesen hätte."

Diese beiden kleinen Episoden handeln aber nicht nur von verloren gegangenem Respekt und veränderten Machtverhältnissen. Sie zeigen auch einen verunsicherten Schulapparat, der um seine Identitätsfindung kämpft. Denn die Institution Schule hat neben der Aufgabe der Wissensvermittlung auch gesellschaftliche Funktionen zu erfüllen, die sich zunehmend in den Vordergrund drängen. Wie davor der Kindergarten übernimmt auch die Schule die Funktion des Aufbewahrungs- und Erziehungsortes. Neben dem

Unterricht zählen auch Anrufe bei Ärzten zwecks Terminvereinbarung, das Annähen von abgerissenen Knöpfen oder ganz einfach das Zuhören, wenn Kinder über Probleme oder Erlebtes erzählen wollen, zum erweiterten Aufgabenspektrum der Lehrkräfte. Damit wird auch klar, warum der modernere Begriff des Pädagogen sich für die Beschreibung der Tätigkeit von Lehrkräften weit besser eignet.

Neben dem elterlichen Druck, dem die Pädagogen in Bezug auf eine perfekte Erziehung und Betreuung der ihnen anvertrauten Kinder ausgesetzt sind, wächst zunehmend auch der rechtliche Druck. Der Begriff der „rechtlichen Sicherheit" hat auch im Schulbereich schon längst zwischenmenschliche Kriterien wie Respekt, Vertrauen oder natürliche Autorität ersetzt. Keine zwischenmenschliche Aktion, keine menschliche Reaktion, keine Schulveranstaltung, kein Experiment, keine pädagogische Maßnahme und vor allem auch keine spontane Kommunikation zwischen Kindern, Eltern und Lehrern kann ohne rechtliche Absicherung auskommen.

Eine engagierte Betreuungslehrerin an einer kleinen Schule im Westen Österreichs organisiert und leitet Jahr für Jahr eine Schulveranstaltung für 14- und 15-Jährige. Immer wieder betont sie im Gespräch, dass man bei den Jugendlichen in diesem Alter noch vieles gutmachen, aber nicht mehr so viel Grundlegendes falsch machen könne wie in den ersten Schuljahren. Im organisatorischen Vorfeld der Veranstaltung kassiert sie von jedem Schüler 150 Euro für die Reise und die Unterbringung und gibt den Jugendlichen dafür eine unterschriebene Empfangsbestätigung. Jahrelang funktioniert dieses System einwandfrei. Im Schuljahr 2013/14 passiert dann Folgendes: Ein massiv übergewichtiger Schüler, bei dem die Lehrerin von vornherein vermutet, dass er wegen der körperlichen Überforderung an der Sportwoche nicht teilnehmen würde, fordert plötzlich „seine" 150 Euro zurück. Die Lehrerin klärt ihn ruhig darüber auf, dass er das Geld ja noch gar nicht einbezahlt habe und sie ihm deshalb auch keines zurückgeben könne. Wortlos verlässt der Schüler den Raum.

Drei Stunden später betritt seine Mutter die Schule. Lautstark und vehement fordert sie ein sofortiges Treffen mit der Betreuungslehrerin und dem Direktor. Aufgebracht empört sie sich dann, dass ihr Sohn sein Geld nicht zurückbekommen habe. „Bloß weil er dick ist, können Sie mit ihm nicht machen, was Sie wollen!"

Die Lehrerin versucht zu erklären, dass der Geldbetrag noch nicht an die Schule bezahlt worden sei. Sofort schreit die Mutter sie an, ob die Lehrerin öfter das Geld ihrer Schüler für sich privat abzweige. Denn sie habe bereits vor zehn Tagen ihrem Sohn die 150 Euro mitgegeben, und außerdem gebe es einen Zeugen, der die Übergabe der Summe an die Lehrerin jederzeit bezeugen würde.

Als nach einer Schrecksekunde auch noch der Direktor die Betreuungslehrerin mit betonter Höflichkeit um Aufklärung bittet, erklärt sich diese erschrocken und angsterfüllt sofort bereit, der aufgebrachten Mutter im Zweifelsfall die geforderten 150 Euro zurückzuerstatten. Weder Mutter noch Direktor erwägen dabei, ob der Jugendliche den Geldbetrag vielleicht auch anderweitig ausgegeben haben könnte.

Nachdem sich die Lehrerin von ihrem ersten Schock erholt hat, bittet sie noch den als Zeugen angegebenen Mitschüler zu sich und fragt ihn, warum er die nie stattgefundene Geldübergabe bezeugen würde. Lapidar und herablassend gibt der zur Antwort, es handle sich dabei um einen Freundschaftsdienst für seinen Mitschüler. Denn er vertraue seinem Freund, und wenn der beteuere, dass er die 150 Euro bezahlt habe, dann sei das auch sicher so.

Daraufhin beschließt die Betreuungslehrerin, die – bisher unbescholten – nur noch drei Jahre von der Pension trennen, endgültig auf den Geldbetrag zu verzichten, den ohnehin angeschlagenen Glauben an eine Gerechtigkeit gänzlich aufzugeben, und schwört sich, ihr Engagement an das der übrigen Kollegen an der Schule anzupassen.

In der „Ärzte-Woche" wurde unlängst unter der Überschrift: „Schulärzten kommt beim Umgang mit chronisch kranken Kindern eine entscheidende Rolle zu, nicht nur bei der Erstversorgung, auch als Kommunikatoren", eine Landesschulärztin befragt, welche Maßnahmen zu Beginn des neuen Schuljahres sinnvoll wären. Die Antwort der Schulärztin: „Am wichtigsten ist die rechtliche Absicherung der Lehrkräfte, wenn diese freiwillig entsprechende Hilfestellungen leisten."

Die Angst, eine rechtliche Finesse übersehen oder außer Acht gelassen zu haben, lähmt dabei jede Spontanität. Wie Angst und Misstrauen eben stets lähmend wirken. Eltern haben nicht nur Angst um ihre Kinder, sondern oft auch Angst vor ihren Kindern. Lehrer haben Angst vor den Kindern und vor den Eltern, aber auch Angst vor ihren Vorgesetzten. Die Vorgesetzten wiederum haben Angst vor den Eltern und rechtlichen Konsequenzen. Und niemand bemerkt, welche fatalen Auswirkungen dieser tagtägliche Teufelskreis hat. Wie wäre es sonst zu erklären, dass die österreichischen Schulen im internationalen Vergleich regelmäßig schlecht bis mittelmäßig abschneiden, obwohl der finanzielle und personelle Aufwand, der an ihnen betrieben wird, höher ist als je zuvor?

Denn bei einer Prüfung im Jahre 2015 geht der österreichische Rechnungshof mit der ausufernden Schulbürokratie streng ins Gericht. Hohe Repräsentationskosten und ungerechtfertigte Dienstwagen von Landesschulräten sind nur die Spitze des Eisberges. Ein unverständlicher Kompetenzdschungel zwischen Bund, Ländern und Gemeinden macht die Schulverwaltung in Österreich kompliziert, undurchsichtig und teuer. Erfahrene und altgediente Lehrkräfte berichten, dass immer mehr Geld für die Verwaltung der Schulen aufgewendet wird und nicht im Bereich der Bildung ankommt. Und gemeinsam mit einem funktionierenden Schulsystem geht auch ein wesentlicher Teilaspekt von „Kindheit" verloren.

Alle Schüler sind gleich?

Die Normierung und Vereinheitlichung der Kinder macht auch vor dem Schulbetrieb nicht halt. Auch in der Schule soll es nicht mehr gute und schlechte Schüler geben. Noten sollen abgeschafft, jede negative Emotion von Schülern ferngehalten werden. Per Verordnung bringen alle Kinder die gleichen Fähigkeiten mit.

Und wenn sich in der Realität des Schulalltags herausstellt, dass ein Kind doch besonderen Förderungsbedarf hätte, muss es – aufgrund einer Intervention des Klassenlehrers – dem Schulpsychologen vorgestellt werden. Dieser stellt dann in seinem Gutachten bei Bedarf den sogenannten sonderpädagogischen Förderbedarf (SPF) fest, der aber zusätzlich noch von einer Kommission bewilligt werden muss. Ein enormer zeitlicher und bürokratischer Aufwand, ohne dass dadurch irgendeinem Kind geholfen worden wäre. Denn, so jedenfalls die Wahrnehmung der Lehrkräfte, die Mehrzahl der Ansuchen auf SPF wird ohnehin abgelehnt, was auch dazu führt, dass die Anzahl der gestellten Ansuchen im Laufe der vergangenen Jahre ständig zurückgegangen ist.

Die Begründung lieferten die Richtlinien des österreichischen Unterrichtsministeriums selbst: „Sonderpädagogischer Förderbedarf im schulrechtlichen Sinn gemäß § 8 Schulpflichtgesetz 1985 liegt vor, wenn eine Schülerin beziehungsweise ein Schüler in Folge physischer oder psychischer Behinderung dem Unterricht in der Volks- oder Hauptschule oder der Polytechnischen Schule ohne sonderpädagogische Förderung nicht zu folgen vermag und nicht gemäß § 15 Schulpflichtgesetz 1985 vom Schulbesuch befreit ist." Einige Zeilen weiter kann man dann allerdings relativierend lesen: „Nicht jede Behinderung zieht sonderpädagogischen Förderbedarf nach sich. Seit jeher besuchen viele körper- oder sinnesbehinderte Kinder allgemeine Schulen, ohne dass sonderpädagogische Maßnahmen notwendig wären." Und in einer Broschüre über den sonderpädagogischen Förderbedarf aus dem Jahre 2010 heißt es u. a.: „Die Zusammenfassung der *relevanten gesetzlichen Grundlagen* betreffend Schülerinnen und Schüler mit sonderpädagogischem Förderbedarf versteht sich als Übersicht über die bestehenden Regelungen, kann in konkreten Anlassfällen jedoch nicht die Fachmeinung von Rechtsexpertinnen beziehungsweise Rechtsexperten ersetzen."

Mit enormem Aufwand, einer ungeheuren Anhäufung von Bürokratie, teuren Gutachten und langwierigen Entscheidungsprozessen wird versucht, unterdurchschnittlich geförderte und weniger begabte Kinder an einen imaginären Durchschnitt heranzuführen, ohne dabei die guten Schüler aus den pädagogischen Augen zu verlieren. In immer neuen Ansätzen, in immer neuen Modellen. Immer dem Zeitgeist angepasst, immer politisch korrekt.

Und dabei doch ein Ding der Unmöglichkeit. Denn wenn man der Gauß'schen Verteilungskurve vertraut, wird es immer Leistungsunterschiede bei Schülern geben. Weil jeder Schüler ein eigener Mensch mit einer eigenen persönlichen Herkunft und Geschichte ist. Weil jedes kindliche Gehirn unterschiedlich gefordert und gefördert worden ist. Weil Kinder weder physisch noch psychisch identisch sind. Das liegt in der Natur der Natur.

Und auch, weil Kinder sich von unterschiedlichen familiären Startvoraussetzungen aus entwickeln. Die „Salzburger Nachrichten" haben im April 2016 getitelt: „Ohne Eltern schaffen es die Schulen nicht! Bildung wird meist vererbt, geringes Interesse daran ebenso." Das belegt auch eine Untersuchung der Statistik Austria: Laut ihr schaffen nur sieben Prozent der Kinder, deren Eltern maximal einen Pflichtschulabschluss haben, den Sprung auf eine Universität, hingegen aber fast jedes zweite Kind aus einem Akademikerhaushalt. Der Bildungsforscher Stefan Hopmann von der Universität Wien erklärt, dass Erziehung und Lebensumstände der Kinder in der aktuellen Bildungsdebatte massiv unterschätzt werden. Dabei erwähnt er das Gespräch beim Mittagessen oder die Nachfrage der Großeltern als Beispiele für Faktoren, mit denen das soziale Umfeld die Bildungsvoraussetzungen eines Kindes fördern kann.

Das staatliche Schulsystem ist nicht dazu geeignet, Defizite zu kompensieren, die ihre Grundlage im familiären Umfeld haben. Wenn Untersuchungen ergeben, dass nur noch 20 Prozent der Kinder nach vier Jahren Volksschule die Bildungsstandards im Bereich Schreiben erreichen, dann bedeutet das nichts anderes, als dass ein jahrzehntelang einwandfrei funktionierendes Schulsystem an den Anforderungen zerbricht, die eine „familienreduzierte Gesellschaft" an dieses stellt. Wenn den Kindern in der Schule Naseputzen, die richtige Benützung des Bestecks u. Ä. beigebracht werden müssen, fehlt diese Zeit für den eigentlichen Unterricht. Oder mathematisch ausgedrückt: Schule minus Familie ist gleich Bildungsdefizit.

Je nach Studie ist ein Drittel der Schüler am Ende der Pflichtschule nicht imstande, ausreichend lesen und schreiben zu können. In Österreich sind bis zu 1,6 Millionen Menschen, in Deutschland ca. 7,5 Millionen Menschen zwischen 18 und 64 Jahren „funktionelle Analphabeten". Mehr oder weniger geschickt schwindeln sie sich, meist in schlecht bezahlten Tätigkeiten, durch das Berufsleben und verbergen dabei oftmals ihre Behinderung mit unheimlicher Geschicklichkeit. Und: Nur ein geringer Teil der Betroffenen weist einen Migrationshintergrund auf. Dagegen gibt es einen eindeutigen Zusammenhang zwischen traumatischen körperlichen oder familiären Ereignissen in der Kindheit und einem anschließenden selbst vollzogenen, oft von Schamgefühlen begleiteten Rückzug aus dem Schulalltag.

Intakte familiäre Strukturen sind zwar noch lange keine Garantie für ein hohes Bildungsniveau. Ein niedriger Sozialstatus, verbunden mit zerrütteten Beziehungsverhältnissen, ist aber auf jeden Fall die beste Brutstätte für soziale Ausgrenzung und die Entstehung von funktionellem Analphabetismus.

Eine seit 25 Jahren tätige Mittelschulprofessorin formuliert im Interview scharfzüngig: „Es wird immer gescheite Kinder geben, und die gehen dann eben ins Gymnasium. Und die weniger leistungsfähigen Kinder gehen in die Hauptschule, ohne dass sie deshalb schlechtere Menschen sind. Und dann gibt es leider noch Kinder, die der besonderen Hilfe und Unterstützung von Seiten des Schulsystems bedürfen, und auch für diese Schüler gab es immer entsprechende Einrichtungen. Aber auch wenn die Politik noch so viel Geld in die Vereinheitlichung der Schulen pumpt, es wird einfach nicht funktionieren. Es kann nicht funktionieren. Weil die Schüler genauso wie alle anderen Menschen eben unterschiedlich sind. Auch weil sie aus verschiedenen Familien kommen. Das führt dann dazu, dass die Eltern, die es sich leisten können, ihre Kinder einfach auf Privatschulen schicken. Und das ist dann ja wieder genau das, was die Politik nicht will. Es geht einfach nicht, alle Menschen gleich zu machen, und es geht auch nicht, alle Kinder gleich zu unterrichten. Und wenn wir uns immer nach dem schlechtesten Schüler in einer Klasse richten, dann werden wir immer mehr durchschnittliche oder sogar unterdurchschnittliche Schulabsolventen produzieren und keine geistige Elite mehr haben. Ganz abgesehen davon, dass immer mehr junge Menschen keine Lehre mehr absolvieren wollen. Weil ihnen allen vorgegaukelt wird, dass sie unbedingt Akademiker werden müssten. Aber ich weiß es ohnehin, das Wort Elite wird nicht mehr gerne gehört. Obwohl es sie in jeder Gesellschaft und zu jeder Zeit gegeben hat und gibt. Dieser Wahrheit müssen wir einfach ins Auge sehen."

Als Gesellschaft sollten wir den Mut aufbringen, auch weniger begabten oder von ihrem familiären Umfeld weniger geförderten Kindern eine wertvolle Rolle in der Gesellschaft zuzutrauen. Das Zauberwort dabei lautet Respekt. Respekt, den auch das politisch und gesellschaftlich geforderte Gleichmachen von Kindern nicht erzwingen kann.

Kinder sollten lernen, sich gegenseitig zu respektieren, unabhängig von ihren Schulnoten. Eine Aufgabe, die nicht nur dem Schulsystem, sondern vor allem auch der Familie zufallen würde – denn Bildung kann Erziehung nicht ersetzen.

Abgesehen von der Realität gibt es keinen Grund, sich gegen gleiche Bildungschancen für alle Kinder auszusprechen. Im Extremfall bis hin zu einer Gesellschaft, in der alle jungen Menschen mindestens ein Bachelor-Studium abgeschlossen haben und trotzdem arbeitslos sind. Denn die Chance auf Bildung bedeutet noch lange nicht das Recht auf einen Arbeitsplatz. Und auch wenn man dem Ruf nach allgemeiner höherer Bildung zustimmen möchte, so ist doch auch zu bedenken, dass ein akademischer Grad nicht gleichbedeutend ist mit einer Berufsausbildung. Tatsächlich gibt es in Österreich heute mehr Architekturstudenten als Maurerlehrlinge. Provokant könnte man vermuten, dass man auch alle Handwerksberufe akademisieren müsste, um ihre Attraktivität wieder zu steigern.

Schlusswort und Dank

„Eine Heilung ist nicht möglich" – zu diesem Schluss kommt eine Ärztin in einem Fallbeispiel, das ich im Kapitel über die „heilige Kuh Alkohol" erzählt habe. Diese fünf Worte stimmen mich selbst nachdenklich.

Als Arzt ist mir bewusst, dass Heilung immer nur vorübergehend stattfinden kann. Letztendlich ist jeder von uns vergänglich und dem Tod geweiht. Und der Lauf der Geschichte lässt vermuten, dass diese Prognose auch für Gesellschaften als Ganzes gilt.

Aber es erfüllt mich mit aufrichtigem Bedauern, dass sich unsere hochentwickelte, kultivierte Wohlstandsgesellschaft durch ihre Nachwuchs- und Perspektivlosigkeit von selbst aufzulösen droht. Denn natürlich kann man auch ohne Kinder ein erfülltes und vollwertiges Leben führen. Aber eben ein endgültig letztes. Wer seine Gene nicht mehr weitergibt, enthält sich aus biologischer Sicht auf jeden Fall der Zukunft vor. Ganz abgesehen davon, dass er persönliche Wertvorstellungen nicht mehr direkt weitergeben kann.

Wenn man mich – als Arzt und Vater – fragt, welche grundsätzlichen Fehler unsere Gesellschaft in der Begleitung ihrer Kinder begeht, lautet meine Antwort: Die meisten Eltern beschäftigen sich heute entweder zu wenig mit dem eigenen Nachwuchs, weil sie mit sich selbst zu sehr beschäftigt sind; oder kümmern sich mit einem krankhaften Übermaß an Engagement viel zu viel um ihre Kinder und verzichten dabei ihnen zuliebe auf ein eigenes Leben. Beides kann für Kinder und ihre Kindheit nicht gut sein.

Ein geeignetes Mittelmaß zwischen diesen beiden Extremen finden dagegen viel zu wenige Eltern: Jene Eltern, die verstanden haben, dass Kinder individuelle Wesen sind und daher auch eine individuelle Form und ein individuelles Ausmaß von Zuwendung und Aufmerksamkeit für eine gesunde Kindheit benötigen. Jene Eltern, die verstanden haben, dass Liebe auch reflektierten und sorgsamen Umgang mit Grenzen bedeutet. Jene Eltern, die Kindern einen festen Platz in der Mitte ihres Lebens geben. Nicht im Sinne von Mittelmäßigkeit, sondern indem sie die kindlichen Bedürfnisse und die eigenen Ressourcen realistisch einschätzen und die entsprechenden Kompromisse im Rahmen einer Familie finden.

Die Gruppe der Eltern, die diese goldene Mitte gefunden haben, ist leider klein. Viele Kinder müssen mit der Hypothek einer krankmachenden Kindheit ins Leben starten, mit tief sitzenden Verletzungen, die sie zu Beginn des Lebens erlittenen haben. Denn: „Was kränkt, macht krank."

Dennoch bin ich optimistisch. Denn die Erfahrung hat mir gezeigt, dass Kinder ungeheure Selbstheilungskräfte entwickeln können. Und ich glaube fest daran, dass auch die Kinder unserer Tage ihre Zukunft meistern werden. Es muss uns aber bewusst sein, dass die Welt, in der sich unsere Kinder zurechtfinden werden müssen, eine andere sein wird, als wir sie gewohnt sind. Denn in Anbetracht ihrer schwindenden Mitgliederzahl ist unsere Gesellschaft auf Zuwanderung – auch aus anderen Kulturkreisen – angewiesen.

Die Überlegungen, die ich in diesem Buch angestellt habe, speisen sich aus unterschiedlichen Quellen: aus meiner langjährigen Erfahrung als Haus-, Schul- und Gemeindearzt, aus unzähligen Gesprächen mit Kollegen, Kindergärtnerinnen und Lehrerinnen und den daraus resultierenden Denkanstößen, aus Stunden der Recherche, der Analyse und der Reflexion an meinem Schreibtisch und nicht zuletzt aus meiner persönlichen Geschichte, vor allem auch als Ehemann und Vater von drei Kindern.

Bedanken möchte ich mich daher besonders bei meiner Frau, die mir während der vergangenen 22 Jahre in ihrer unermüdlichen Konsequenz gezeigt hat, dass persönliches Glück und Kinder untrennbar miteinander verbunden sein können. Ihre Aussage zu Beginn unserer Beziehung, dass sie einmal als Mutter gerne bei ihren Kindern zu Hause bleiben würde, hat mich tief beeindruckt und nicht unwesentlich zur Gründung unserer Familie beigetragen. Sie hat für fünf Menschen – einer davon bin ich – ein warmes, gemütliches und zuverlässiges Zuhause geschaffen, und auch den Satz „Liebe geht durch den Magen" verstehe ich heute ganz anders als früher. Sie ist die Erdung meines Lebens.

Unsere drei Kinder auf ihrem Weg in ein eigenes Leben zu beobachten und zu begleiten erfüllt uns gemeinsam mit Freude. Unser erzieherisches Ziel war stets, ihnen Freude an einem selbstbestimmten Leben zu vermitteln, auch wenn wir, was den idealen Weg anbelangt, da und dort – zur Freude unserer Kinder – unterschiedliche Meinungen hatten.

Bei meinen Kindern Moritz, Felix und Magdalena möchte ich mich für die reichhaltigen Erfahrungen als Vater bedanken, die ich ohne sie nicht erlebt hätte.

Ich freue mich besonders, dass mir mein langjähriger Lektor Georg Hasibeder endlich erlaubt hat, mich im Nachwort des siebenten gemeinsamen Buches bei ihm für seine feinfühlige, konstruktive und gewissenhafte Arbeit zu bedanken. Ohne seine konsequente gedankliche Beharrlichkeit wären meine Texte oft sprunghaft und stellenweise unverständlich. In den unzähligen gemeinsamen Gesprächen und Reflexionen ist er mir ein treuer Freund geworden. Und auch nach 14 Jahren gemeinsamer Arbeit freue ich mich immer noch auf jeden Kontakt mit ihm, sei es eine E-Mail, ein Telefonat oder ein Kaffeehaustreffen in Innsbruck oder Wien.

Stellvertretend für die vielen Kindergärtnerinnen, Lehrerinnen und in anderen Funktionen der Kindererziehung und -betreuung Tätigen möchte ich mich bei Gabi Fasslabend für die vielen gemeinsamen Gespräche, ihre intensive und engagierte Auseinandersetzung mit den Entwicklungen im Schul- und Erziehungssystem in Österreich und den daraus resultierenden Folgen für unsere Kinder bedanken.

Nicht zuletzt danke ich all meinen Patienten, die mir im Lauf der letzten Jahrzehnte einen tiefen, manchmal schmerzhaften und manchmal versöhnlich stimmenden Einblick in die unbegreiflich komplexe emotionale Fülle des Lebens gegeben haben.

Dr. med. Günther Loewit
Sterben
Zwischen Würde und Geschäft
328 Seiten, € 12.95
HAYMON taschenbuch 171
ISBN 978-3-85218-971-0

Der medizinische Fortschritt lässt heute nahezu jede Krankheit heilbar erscheinen. Der Gedanke an den Tod rückt in weite Ferne, mit modernen Behandlungsmethoden, Operationen und Medikamenten erkämpfen wir uns immer noch mehr Lebenszeit. Doch welchen Preis zahlen wir dafür? Wer übernimmt die Verantwortung, wer trägt die Kosten für die Lebensverlängerung auf der Intensivstation? Ist Sterbehilfe für unheilbar Kranke moralisch vertretbar? Bedeutet ein längeres Leben automatisch ein besseres? Haben wir verlernt, das Sterben als Teil unseres Lebens zu akzeptieren?

Dr. Günther Loewit greift ein brisantes Thema auf: „Sterben" ist ein Plädoyer für Ehrlichkeit, Respekt und für menschenwürdige medizinische Begleitung von Sterbenden anstelle von Geschäftemacherei mit der Angst vor dem Tod.

www.haymonverlag.at

Dr. med. Günther Loewit
Wie viel Medizin überlebt der Mensch?
280 Seiten, € 12.95
HAYMON taschenbuch 117
ISBN 978-3-85218-917-8

Österreich gibt jährlich 11 % des BIP für den Gesundheitsbereich aus – über 30 Milliarden Euro. Die Ausgaben steigen von Jahr zu Jahr um 5 % – und doch waren noch nie so viele Menschen krank wie heute. Scheitert die moderne Medizin an ihren eigenen Ansprüchen? Macht zu viel Medizin gar krank? Und wer sind die Nutznießer dieses Systems?

Der Arzt und Schriftsteller Günther Loewit stellt in seinem neuen Buch unbequeme Fragen. Anhand authentischer Beispiele zeigt er, wie gefährlich die Spirale von Medikamenten, Operationen, Diagnosen und Therapien sein kann, warum Medikamente nicht das Allheilmittel für alle Beschwerden sind – und dass es manchmal gesünder sein kann, nicht zum Arzt zu gehen.

www.haymonverlag.at

Dr. med. Günther Loewit
Der ohnmächtige Arzt
Hinter den Kulissen des Gesundheitssystems
208 Seiten, € 9.95
HAYMON taschenbuch 24
ISBN 978-3-85218-824-9

Seit Jahren wird mit Erfolg am Ansehen der Ärzteschaft gekratzt: Ein aufgeblähter Verwaltungs- und Kontrollapparat, der den Ärzten beinahe täglich neue Protokolle, Formulare, Erklärungen und Rechtfertigungen abverlangt und immer neue Hürden erfindet; eine gewinnoptimierte Pharmaindustrie, die mit stets neuen, teuren Präparaten in die Arztpraxen und Spitäler drängt; überinformierte Patienten, die selbst am besten zu wissen glauben, welche Behandlung ihnen zusteht; und eine Menschheit, die den Traum von Gesundheit bis ins hohe Alter, von der Heilbarkeit jeder Krankheit träumt: Sie alle arbeiten an der schleichenden Demontage der Heilkunst.

Mit dem Insiderwissen des erfahrenen Arztes und Kammerfunktionärs, sensibel, präzise und doch mit polemischer Schärfe, diagnostiziert Günther Loewit die Krankheiten, an denen unser Gesundheitssystem leidet, blickt schonungslos auf die Geschäftemacherei mit der Krankheit, auf die Schikanen und Doppelgleisigkeiten des Gesundheitssystems, auf die zunehmende Wert- und Würdelosigkeit der Ärzte und auf den verlorengegangenen Respekt des Systems vor der Heilkunst.

www.haymonverlag.at